日本会计制度、跨国并购与对日投资

王　琳◎著

Japanese Accounting System, Cross−border Mergers and
Acquisitions, and Investment in Japan

中国财经出版传媒集团

经济科学出版社
Economic Science Press

·北京·

图书在版编目（CIP）数据

日本会计制度、跨国并购与对日投资／王琳著．--
北京：经济科学出版社，2024.3
ISBN 978 - 7 - 5218 - 5783 - 2

Ⅰ.①日⋯ Ⅱ.①王⋯ Ⅲ.①会计制度 - 研究 - 日本
②企业兼并 - 跨国兼并 - 研究 - 日本 ③外商投资 - 研究 -
日本 Ⅳ.①F233.313②F279.313③F833.134.8

中国国家版本馆 CIP 数据核字（2024）第 069099 号

责任编辑：杜　鹏　武献杰　常家凤
责任校对：王肖楠
责任印制：邱　天

日本会计制度、跨国并购与对日投资
RIBEN KUAIJI ZHIDU，KUAGUO BINGGOU YU DUIRI TOUZI
王　琳　著

经济科学出版社出版、发行　新华书店经销
社址：北京市海淀区阜成路甲 28 号　邮编：100142
编辑部电话：010-88191441　发行部电话：010-88191522
网址：www.esp.com.cn
电子邮箱：esp_bj@163.com
天猫网店：经济科学出版社旗舰店
网址：http://jjkxcbs.tmall.com
固安华明印业有限公司印装
710×1000　16 开　12.5 印张　240000 字
2024 年 3 月第 1 版　2024 年 3 月第 1 次印刷
ISBN 978 - 7 - 5218 - 5783 - 2　定价：99.00 元
（图书出现印装问题，本社负责调换。电话：010 - 88191545）
（版权所有　侵权必究　打击盗版　举报热线：010 - 88191661
QQ：2242791300　营销中心电话：010 - 88191537
电子邮箱：dbts@esp.com.cn）

前　言

2009 年，启程赴日留学之前，我拜读了两本关于日本会计的书。一本是田昆儒和昆诚一主编的《中日会计模式比较研究》，另一本是千代田邦夫著的《日本会计》。这两本书的出版时间分别是 2002 年和 2006 年，是当时关于日本会计最新及最全面的介绍，对于当时不懂日语的我而言，这两本书可以说是我硕博阶段日本会计学习的启蒙。

2022 年，在准备给研究生上日本会计这门课的时候，我又重新找了一些介绍日本会计的中文书籍，结果发现，十几年过去了，关于介绍日本会计的书，只能找到我当初看的那两本。我想要为读者提供系统、全面的关于日本会计的知识和理解，这一想法促使了本书的诞生。

中国"一带一路"的建设、日本引资战略的持续以及东亚区域经济合作的深化，都将成为促进中日经济合作和中国对日投资增长的有利因素。日本会计属于亚洲会计体系，但是日本的会计体系在形成过程中受到了德国和美国的双重影响，并展现了独有的特点。企业是经济交流的主体。在企业交流合作以及投资的过程中，了解日本会计制度、日本税制、日本对外投资以及外国对日投资的成功案例是非常有必要的。

本书共由五章构成。第一章介绍日本企业会计制度，包括日本企业会计制度的概要、日本的会计环境、日本财务报表体系的变迁、日本企业会计准则以及日本会计准则的国际化。第二章介绍日本税制与改革，包括日本税收体系、日本税制改革的变迁、对外国法人的课税、日本转移定价税制以及税务会计的生成与发展。第三章介绍日本信息披露发展动态，包括日本综合报告发展动态、日本 ESG 信息披露的现状以及日本 ESG 信息披露的过程与方法分析。第四章对日本跨国并购案例进行分析，包括日本跨国并购现状、如何避免跨国并购失败、如何取得跨国并购成功以及对日本跨国并购成功案例进行分析。第五章对在日投资的成功案例进行分析，选取了在日投资具有代表性的 30 家公司，作为对日投资的成功案例，分析和总结了其对日投资成功的因素，以期能够为准备对日投资的中国企业带来借鉴意义。

本书将日本会计制度独特的特点与跨国并购、投资等热点问题融合在一起，期望让读者了解最新的日本会计的相关知识；帮助跨国企业更好地理解日本企业的经营状况和财务状况，从而更好地进行商业决策、适应日本的会计规则和要求，以确保跨国企业遵守当地法规和准则；为跨国企业、政策制定者和学者提供有益的洞察和分析。

本书主要面向在财经类大学学习的学生以及日语专业想要进行跨专业学习的学生，同时也面向具有对日投资业务企业的管理者、商务人员，以及对日本会计制度感兴趣的人士。

日本的会计制度和实践与其独特的商业文化有着密切的联系。笔者期望本书不仅可以增加对日本会计的理解，还可以提供针对有关日本商业环境和市场特点的深入洞察；可以为学术界和研究人员提供有关日本会计的重要信息和分析，成为进一步研究和探索的起点；可以打破文化和语言的障碍，将日本会计的知识和见解传达给读者，增进读者对日本商业文化和会计实践的理解，推动中日之间的交流与合作。

值得一提的是，《中日会计模式比较研究》是 2002 年由经济科学出版社出版的，22 年后的今天，本书依然选择了相同的出版社。日本长崎大学的徐阳教授在 20 年前便参与了《中日会计模式比较研究》的编写工作，感谢徐阳教授，这一次依然参与了本书的主审工作。我想，这便是缘分的妙不可言吧。

最后，感谢我的同事、好友张瑞丽老师不厌其烦地帮助我对初稿进行修正；感谢广东外语外贸大学会计学院的支持；感谢我的恩师太田正博教授，先生之风，山高水长，岁月如歌，师恩难忘！

王琳

2024 年 1 月

目　录

第一章　日本企业会计制度

第一节　日本企业会计制度的概要

日本宪法规定了日本国民的三大义务：劳动义务（宪法第 27 条）、教育义务（宪法第 26 条）以及纳税义务（宪法第 30 条）。因此，纳税是国民的义务，而有效使用税金是国家的义务。

在日本，法人公司主要有股份公司（株式会社）、合资公司、合名公司和联营公司 4 种类型。根据国税厅的调查，2020 年，日本的法人公司数量为 2 804 371 家，其中，集团母公司 1 823 家，集团子公司 13 811 家。法人公司的资本金总额为 1 429 454 亿日元，其中，1 000 万日元以下的公司占 86.6%，1 000 万日元以上 1 亿日元以下的公司占 12.7%。具体如表 1 – 1 所示。

表 1 – 1　　　　　　　　日本的法人公司类型及数量

资本金（日元）	公司数量	股份公司	合名公司	合资公司	联营公司	其他
<100 万	498 453	366 088	2 190	7 585	98 316	24 274
≥100 万	75 635	62 240	349	1 574	9 205	2 267
≥200 万	1 138 951	1 108 536	420	2 258	19 939	7 798
≥500 万	710 143	684 203	255	1 090	5 496	19 099
≥1 000 万	144 930	137 396	66	245	311	6 912
≥2 000 万	150 263	142 237	59	188	294	7 485
≥5 000 万	52 730	51 071	12	23	221	1 403
≥1 亿	11 270	10 682	1	3	81	503
≥5 亿	1 587	1 478	—	—	10	99
≥10 亿	2 990	2 682	—	1	10	297
≥50 亿	733	636	—	—	2	95
≥100 亿	1 052	860	—	—	5	187
合计	2 788 737（100%）	2 568 109（92.09%）	3 352（0.12%）	12 967（0.46%）	133 890（4.80%）	70 419（2.53%）

资料来源：日本国税厅（2022b）"第 146 回国税厅统计年报书"，笔者整理。

一、日本会计法规体系

日本以其完整的会计体系在国际会计中占有一席之地。日本会计奉行法规主义，属于立法会计。日本的企业会计制度，主要是由《公司法》（原《商法》）、《金融商品交易法》（原《证券交易法》）和《法人税法》三项法规形成的。这三项法规各自有其目的和适用范围，并配套了相关的实施施令、省令、府令和通告等。具体归纳如表 1-2 所示。

表 1-2　　　　　　　　　　　　　　日本会计法规体系

法律	目的	相关配套法令（例）
《公司法》（原《商法》）	保护债权者利益	公司法实施细则、公司核算规则、电子公告规则等
《金融商品交易法》（原《证券交易法》）	保护投资者权益	财务报表等规则、合并财务报表规则、季度财务报表规则、季度合并财务报表规则、内部控制府令等
《法人税法》	保证课税公平	法人税法实施细则、租税特别处置法、关于折旧资产使用年限等省令

然而，上述法律没有对会计进行整体规定，只是相关部分的规定。因此，企业会计审议会和企业会计基准委员会制定了以《企业会计原则》为首的各种会计准则（代表性的会计准则等名称参见表 1-7 和表 1-8）。这些会计准则是企业会计实务的具体规定。企业会计准则与三大法律之间的关系如图 1-1 所示。

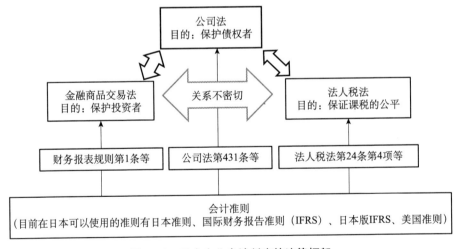

图 1-1　日本企业会计制度的法律框架

如图 1-1 所示，三大法律不是孤立存在的，而是相互之间有密切的联系。例如，《法人税法》由于采用"确定决算主义"（最终核算方针），所以要依存于《公司法》；而《金融商品交易法》《证券交易法》中的有关会计规定，就其性质规定而言，也要遵循《公司法》。这种以《公司法》为中心、三个法令密切联系的日本会计制度，往往被称为"三法体制"，或者"三角形体系"。

另外，在《公司法》和《金融商品交易法》中，对财务报表编制规定的差异如表1-3所示。

表1-3　　　　　　　　　　　　　　财务报表的体系

公司法（核算资料）		金融商品交易法（财务报表）	
单独	合并	单独	合并
资产负债表	合并资产负债表	资产负债表	合并资产负债表
利润表	合并利润表	利润表	合并利润表 合并综合收益表
		现金流量表	合并现金流量表
所有者权益变动表	合并所有者权益变动表	所有者权益变动表	合并所有者权益变动表
单独附注表	合并附注表	附注明细表	合并附注明细表

二、《公司法》中的会计规定

《公司法》是关于公司的设立、组织、运营、管理等的基本法。《公司法》对股份公司有严格规定，因为股份公司以股东有限责任为原则，需要保护公司的债权人，有必要披露监管经营者的信息。

《公司法》的目的如表1-3所示，主要是保护债权人。这一目的，从《公司法》的前身——《商法》的时期开始一直没有改变。但是，如果只重视保护债权人的话，会产生债权人与股东之间的利益冲突，所以《公司法》也有调节股东和债权人利益关系的一面。

在股份公司中，重视债权人保护主要是因为股东有限责任制。所谓有限责任，是指公司破产时，债权人不能要求其偿还本金，也不能要求处理股东的私人财产。也就是说，公司破产时，股东仅承担自己出资资金范围内无法偿还的风险，不承担超过自己出资金额的偿还义务（个人债务保证的情况除外）。这与无限责任相对立。另外，股东可以在股东大会上发表意见，但债权人没有发表意见的机会，这也是保护债权人的理由。

在有限责任制下，对于债权人来说，公司财产（资产）只在紧急情况下，才能作为债权回收的担保。然而，当公司破产时，公司资产通常不足以偿还债权人本金。因此，在日常运营中，《公司法》要求在制度上确保企业应维持一定金额的净资产，例如分红限制。分红是公司资产向股东的流出，会减少公司的净资产，因此，站在债权人的角度是不希望公司分红的。但是从冒着风险出资的股东的角度来看，公司在亏损的时候得不到分红，如果盈利的时候也得不到分红的话，持有公司股票就没有意义了。此时，债权人和股东之间便产生了利益冲突。为了调节债权人和股东的利益关系，《公司法》设置了关于可分配盈余的计算规定，既不允许完全不分红，也不允许无限制地分红。年末可分配额的计算如式（1-1）所示。

$$可分配额 = 留存收益 - （库存股 + 公司法第 461 条第 2 项第 6 号规定的金额） \tag{1-1}$$

式（1-1）中的"公司法第 461 条第 2 款第 6 号规定的金额"包括：

①根据商誉及递延资产的扣除额（商誉的 1/2 和递延资产的合计额超过资本金和准备金的合计额时的超过额）。

②其他有价证券的公允价值变动损失。

③土地重估损失。

④基于合并红利规定的扣除额。

⑤基于 300 万日元净资产的扣除额。

式（1-1）中留存收益的计算如式（1-2）所示。

$$留存收益 = 资产 + 自有资本 - （负债 + 实收资本 + 资本公积 + 盈余公积 + 法务省令规定的各科目的合计金额） \tag{1-2}$$

式（1-2）中的"法务省令规定的各科目的合计金额"相当于其他综合收益累计额、新股预约权以及少数股东权益。

日本资产负债表中所有者权益要素的构成如表 1-4 所示。

表 1-4　　　　　　　　　资产负债表中所有者权益的组成部分

所有者权益的构成
所有者权益
实收资本
资本剩余金
资本公积
其他资本剩余金
留存收益
盈余公积
其他留存收益
专项储备金
结转盈余公积
库存股
公允价值变动·换算差额等（其他综合收益累计额）
其他有价证券公允价值变动
递延套期损益
土地重估差额
（外汇折算差额）
（养老金调整累计额）
（权益法下的权益额）
认股权
新股预约权
（少数股东权益）

资料来源：公司核算规则第 76 条。括号里面的项目为合并资产负债表列示的项目。

另外，《公司法》将股份公司分为大公司和其他公司，并在审计和财务报表公开方面对大公司作出了严格的规定。

《公司法》规定①，大公司有义务设置注册会计师（《公司法》第 327 条第 5 项、第 328 条），并且其核算文件应接受注册会计师或审计法人的审计（《公司法》第 436 条）。

根据《公司法》，披露财务报表的公开方式包括将财务报表附在召开股东大会的通知上（《公司法》第 437 条），以及在股东大会召开前两周将财务报表保存在总公司（五年）或分公司（三年）（《公司法》第 442 条第 1 项）。此外，必须在股东大会后立即发布财务报表公告 [《公司法》第 440（1）条]，但根据《金融工具和交易法》，向首相提交年度证券报告的公司无须发布公告 [《公司法》第 440（4）条]。此外，还可以通过公司网站或其他方式发布公告（《公司法》第 440 条第 3 项）。

有关会计确认和计量，《公司法》第 431 条规定，"股份公司的会计，应遵照一般公认为公正妥当的企业会计的惯例"；《公司法》第五章《公司核算规则》第 3 条规定，"对本省令中用语的解释以及规定的应用必须符合一般公认的企业会计惯例"。根据《企业会计原则》的定义，"企业会计原则是从企业会计实务中发展形成的惯例中，对一般公认为公正的部分予以归纳所形成的，即使没有法律强制，企业在进行会计处理时必须遵循的准则"，因此，《公司法》所指的一般公认为公正妥当的企业会计惯例实质上就是指以《企业会计原则》为代表的各种会计准则。

三、《金融商品交易法》中的会计规定

《金融商品交易法》的前身是《证券交易法》，参考了美国 1933 年《证券法》及 1934 年《证券交易法》，于 1947 年 3 月 28 日公布。2007 年 9 月，《证券交易法》改为《金融商品交易法》，《金融商品交易法》规定了新的内部控制规则。具体而言，它规定管理层必须向总理提交"内部控制报告书"以及"有价证券报告书"，这些报告书必须由注册会计师或审计法人证明。此"内部控制报告"的部分有时被通俗地称为日本版的 SOX 法案（J - SOX）。

《金融商品交易法》的目的是保护投资者的利益，使投资者免遭信息不对称

---

① 日本《公司法》规定，在上一营业年度的资产负债表中记录的资本至少为 5 亿日元，或在资产负债表的负债部分记录的负债总额至少为 200 亿日元的企业均被视为大公司。

导致的损失。《金融商品交易法》要求公司向投资者提供便于其作出投资决策判断的必要信息。这里包含着两层要求：第一，提供不准确信息的公司不能进入证券市场；第二，应向投资者提供投资决策判断的必要信息。会计主要跟第二层要求有关，涉及会计信息披露制度（冈田裕正等，2010）。

《金融商品交易法》的适用对象是在日本证券交易所上市的公司，并不是日本所有的股份公司。日本的证券交易所有东京证券交易所（东证）、名古屋证券交易所（名证）、福冈证券交易所（福证）以及札幌证券交易所（札证）四所。原来的大阪证券交易所已经被合并到东京证券交易所。

有价证券报告书在公司总行及主要分行、财务局和证券交易所公开（《金融商品交易法》第25条、关于企业内容等公开的内阁府令第21~第23条）。上市公司的财务报表应当在结算日后3个月内向内阁总理大臣提交，同时向证券交易所和证券业协会提交其复印件（《金融商品交易法》第24条）。另外，证券交易所可以利用"电子披露系统"（electronic disclosure for investors's NETwork，EDI-NET）在网上披露，供公众阅览（《金融商品交易法》第27条）。EDINET在互联网上发行市场的披露文件包括有价证券申报书、招股说明书等；流通市场的披露文件包括有价证券报告书、季度报告等。日本上市公司大都披露季度报告，不披露季度报告的公司则必须披露半年度报告。

《金融商品交易法》对财务报表披露格式作出了具体规定，在披露财务报表（即有价证券报告书和有价证券申报书）时，必须遵守《有关合并财务报表用语、格式以及编制方法规则》（简称《合并财务报表规则》）、《有关财务报表用语、格式以及编制方法等规则》（简称《财务报表规则》）等法律编制。不过，《金融商品交易法》及其配套法规中并没有关于会计处理的具体规定，一切会计处理遵照《企业会计原则》等会计准则。根据这些准则编制的财务报表还必须接受注册会计师或审计法人的审计。另外，从2008年4月开始，内部控制确认书也需要接受审计（《金融商品交易法》第193条第2项）。

四、《法人税法》中的会计规定

《法人税法》主要包括公司所得税法，而公司所得税的会计处理直接影响到会计实务的发展。公司的利润是法人税的征税对象。为了保证公平征税，《法人税法》和相关法令作出了详细的规定。这些规定尤其涉及有关利润计算的收益和费用。在《法人税法》中的"所得"对应会计中的"利润"，《法人税法》中的

"益金、损金"对应会计中的"收入、费用"。其计算公式如式（1－3）所示。

$$\left.\begin{array}{l}\text{财务会计的利润} = \text{收入} - \text{费用}\\ \text{法人税法的所得} = \text{益金} - \text{损金}\end{array}\right\} \quad (1-3)$$

　　会计与税法的认定标准有所不同，收入不等于益金，费用不等于损金，"利润"也不等于"所得"。"利润"是按会计准则的规定计算的利润总额，"所得"是按税法规定计算的应税利润。在计算应纳税所得时，以股东大会批准或报告确定的损益表的利润为基础，加减调整项目，即可得到应纳税所得。另外，法人税法和相关法令也经常利用税金优惠措施作为调整经济的政策手段。例如，根据2007 年度税制改革中的"关于折旧资产使用年限的省令"，2007 年 4 月 1 日以后取得的折旧资产的残值为 1 日元，定率法的折旧率为定额法的 2.5 倍（现在为 2倍）。

第二节　日本的会计环境

　　自 2005 年欧盟各国强制使用《国际财务报告准则》（IFRS）以来，使用 IF-RS 的国家正在逐渐增加。趁着国际化的浪潮，日本也在 2010 年 3 月开始自愿选择使用 IFRS。但是为了反映日本固有的会计环境，日本仍然维持并且制定了一整套可以代替 IFRS 的会计准则，相比除了美国以外的其他发达国家，日本也更加慎重地推进与 IFRS 的融合。

　　日本学者以各种方式指出了考虑"日本固有的会计环境"的必要性。例如，2009 年 6 月企业会计委员会发布的《国际会计准则处理意见书（中期报告）》中指出，"在充分关注国际财务报告准则的基本内容和未来修订意向的同时，也必须根据日本的商业惯例、经营的实际情况和会计实务来传达能够被国际社会所接受的信息"。

　　那么"日本会计环境的固有性"究竟是什么？本节将通过引用格农和华莱士（Gernon and Wallace，1995）的会计生态学框架（accounting ecology frame-work）来阐述日本固有的会计环境。

　　会计环境是指会计赖以存在和发展的各项条件。会计环境会影响会计信息的需求，影响会计程序与方法，乃至影响企业提供会计信息的意愿等。格农和华莱士（1995）提出，各国的会计环境是以下（1）～（5）环境相互作用的结果。

（1）社会环境（societal environment），是指包括社会结构、文化、人口等要素的环境。

（2）组织环境（organizational environment），是指包括组织规模、技术、人力、资本等要素，影响会计系统的选择和设计的环境。

（3）专业环境（professional environment），是指包括职业教育、研修、登记制度、纪律、职业伦理、职业文化等要素的环境。

（4）政治环境（individual environment），是指游说会计准则制定机构并使用会计数据谋取个人利益的环境。

（5）会计环境（accounting environment），是指包括会计实务、会计准则等要素的环境，会计环境受到其他四种环境的影响并影响其他四种环境。

下面，我们将按照格农和华莱士（1995）的五个环境来依次介绍。

一、社会环境

日本拥有世界领先的资本市场、稳定的金融体系、现代化的治理体系和系统的法律制度等基础制度设施。

日本的第二产业和制造业的比重高于其他主要发达国家（日本企业会计审议会，简称 BAC，2011）。历史成本会计最初是"从供应商处购入，根据商业计划将其转化为产品，再以高于成本的价格向客户销售该产品，从而创造出商业价值"（Nissim and Penman，2008）。历史成本会计更适合制造业企业。因此，像日本这种"制造立国"的国家，历史成本会计更加可取，进而会抑制公允价值会计的过度使用。

由《公司法》《金融商品交易法》和《法人税法》组成的"三法体制"也是日本独特会计环境的重要因素。在《金融商品交易法》和《公司法》的共同作用下，人们不仅重视会计的信息提供功能，还重视利益协调功能；不仅重视投资者（股东），还重视包括经营者、债权人和其他相关方在内的广泛利益相关者。在《公司法》和《法人税法》的共同作用下，日本采用以会计利润为基础加减调整项目计算应纳税所得的方式，这与英美模式不同。在这种"三法体制"下，由于可分配利润和应纳税所得额的计算更要求确定性和可验证性，保守的会计数值更加受到青睐（新井和白鸟，1991）。

除了经济和法律制度的影响，历史成本比公允价值更受欢迎，也有文化因素的影响。如表 1-5 所示，根据霍夫斯泰德（Hofstede，2001）的研究，日本的权利差距指数（与特权和权利有关的上下级关系）以及长期志向指数都很高，但个人主义倾向指数却比较低，因此，人们更喜欢稳定、协调的等级制度，并重视支持这种等级制度的保守思维和长期增长。

表1–5　　　　　　　　　　文化因素——日德美的比较

国家	权力差距		个人主义		长期志向	
	Index	Rank	Index	Rank	Index	Rank
日本	54	33	46	22～23	80	4
德国	35	42～44	67	15	31	22～24
美国	40	38	91	1	29	27

资料来源：笔者整理。

二、组织环境

由于组织环境和社会环境的要素有所交叉，本书从企业类型、经济因素和财务因素方面来对日本会计的组织环境进行分析。如表1–6所示，日本企业的类型根据适用的会计准则不同，可以分为《金融商品交易法》下的上市公司、非上市公司、《公司法》下的大公司以及上述以外的股份公司。

表1–6　　　　　　　　　　　企业类型和会计准则

企业的类型	公司数量	合并财务报表	个别财务报表
①上市公司	约3 900家	自愿选择日本准则、日本版IFRS、美国准则、IFRS	日本准则
②《金融商品交易法》下披露的企业（①以外）	约1 000家（①以外）	自愿选择日本准则、IFRS	日本准则
③《公司法》下的大公司（①②以外）	约10 000家（①②以外）	无义务	日本准则（简便法）
④上述以外的股份制公司	约2 500 000	无义务	中小企业会计指南

资料来源：参考日本国税厅（2022b）"第146回国税厅统计年报书"，笔者整理。

（1）上市公司。截至2023年3月，日本的上市公司约有3 900家。根据日本《金融商品交易法》，这些公司可以自愿选择使用日本准则、日本版IFRS、美国准则或IFRS编制合并财务报表。这种选择权为公司提供了一定的灵活性，以便根据其特定情况和需求选择适合的财务报告准则。此外，个别财务报表的编制要求使用日本准则。这意味着在编制独立公司财务报表时，要求使用日本准则作为基准。

选择适用的财务报告准则是公司战略决策的一部分，会受到多个因素的影响，包括公司盈利模式、国际业务需求、股东和投资者的期望、监管要求等。每种准则都有其独特的要求和规定，包括会计政策、资产评估、收入确认等方面的规定。

无论选择哪种财务报告准则，上市公司都需要确保准确、透明地编制财务报表，以便对投资者和利益相关方提供有关公司财务状况和业绩的可靠信息。

（2）非上市公司。日本的非上市公司约 1 000 家，这些公司可以自愿选择日本准则或者 IFRS 编制合并财务报表，个别财务报表的编制要求使用日本准则。

（3）大公司。《公司法》下的大公司（指拥有资本金 1 亿日元或以上的公司）约 10 000 家，大公司无义务编制和披露合并财务报表，个别财务报表编制要求使用简便法的日本准则。

（4）股份公司。上述三种类型公司以外的股份公司约有 2 500 000 家，这是四种类型公司中数量最多的一种。与大公司类似，这些股份公司也没有义务编制和披露合并财务报表。它们需要按照中小企业会计指南编制个别财务报表。关于融资方式，日本 99% 以上的股份制公司的融资方式主要是以间接融资①为主。这一融资方式的偏向可能是由于中小企业规模较小，融资需求较为有限，因此，更倾向于通过金融机构获取融资资源。

围绕会计准则适用范围的诸多问题，不仅与企业规模有关，还与经济体制以及股权结构密切相关。发达国家的经济体制大致可以分为自由市场经济（liberal market economies，LMEs）和协调市场经济（coordinated market economies，CMEs）两种模式。在 LMEs 下，市场竞争以及市场监管是最优先的；在 CMEs 下，除了市场竞争之外，还重视企业与银行之间、不同企业之间和劳资双方之间的长期协作。与英、美为典型的 LMEs 相比，以日、德为典型的 CMEs 的股份更加集中（市场流动性小），由各利益相关者的代表参与经营管理的情况更加常见，相关人员也更容易获得企业内部消息（Franks and Mayer，1997；Kaplan，1997；Schmidt and Spindler，2002，2006；Leuz and Wustemann，2003；Schmidt and Tyrell，2004；Hackethal et al.，2005）。

在这样的 CMEs 模式下，既然主要利益相关者可以通过私人渠道获取信息，那么提高财务报告的透明度的驱动力就比较弱（Koga and Rimme，2007）。实际上，银行总行处于监管融资企业的地位，有办法获取那些不在公开财务报表中披

---

① 间接融资是指通过金融机构（如银行、证券公司、保险公司等）进行融资，例如债券、贷款等形式。相对而言，直接融资是指企业直接从资本市场上融资，例如发行股票、债券等。

露的详细信息（浜本，1995；首藤，2002）。

20 世纪 70 年代末开始的金融自由化使大企业增加了债券的发行量，90 年代以后，企业和银行之间的关系发生了戏剧性的变化（Hoshi and Kashyap，2001）。1991～2010 年的 20 年间，日本上市公司股东中，金融机构的持股比例从 42.8% 下降到 29.7%，交叉持股比率从 27.7% 下降到 6.5%，外国投资者的持股比率从 6% 上升到 26.7%。一般来说，比起长期稳定的关系，外国投资者更关心回报率（Konzelmann，2005；Vogel，2006）。也就是说，外国投资者大多以 LMEs 为前提，而不是 CMEs。

三、专业环境

本节从注册会计师制度、税务会计师制度以及教育培训制度三个方面对日本会计的专业环境进行分析。

日本的注册会计师数量在这 20 年间虽然增长了大约 3 倍（1990 年：11 401 人；2010 年：30 092 人；2022 年：41 706 人；2023 年：42 844 人），但与美国相比，也仅仅是它的 1/5。鉴于此，人们以各种形式提出应扩大注册会计师数量和提升注册会计师质量。例如，2002 年金融委员会的报告提出了"注册会计师在扩大数量的同时也要追求质量的提升，注册会计师不仅是审计业务的承担者，同时也是扩大审计业务并使审计业务多样化的承担者，以及企业专业性实务的承担者，将发挥越来越重要的作用"。

比较日、美的制度还会发现，日本注册会计师考试合格者大多从事法定审计（statutory audit），而美国注册会计师考试者中约有 40% 是在民间企业从事审计以外的业务。另外，日本注册会计师考试的最终合格率（论文合格者/提交申请书者）在 10% 以下，而美国四个考试科目的合格率都高达 50%（AICPA，2010，2011；FSA，2010）。

税务会计师制度也影响着会计的专业环境。在日本，财务报告和应纳税所得额的计算是一体的，税务会计师既负责编制财务报表，也负责计算应纳税所得额。日本约有 250 万家中小型股份制企业（见表 1–6），约雇用了 7 万名税务会计师，这是欧美各国所没有的。

而且，比起尊重"判断"的原则主义（IFRS 所提倡的），日本注册会计师和税务会计师更习惯于遵循"规则"的细则主义（日本、美国所提倡的）。随着 IFRS 的应用越来越广，日本需要培养更多国际化会计专业人士，了解并理解原则主义以及为原则主义提供技术支持的内部控制系统。而要想成功培养国际化人才，需要大学、注册会计师协会（JICPA）、监管机构以及其他组织之间的协作（Zarb，2006；Karr，2008；BAC，2009；平松，2012）。因此，培养精通日本国内制度和IFRS、具有高度判断能力和职业道德的会计专业人士就成为了一个紧迫的课题（Hellmann et al.，2010）。

JICPA于2009年7月在经济界、学术界和相关各界的协助下成立了会计教育研究机构，旨在培养具备专业知识和职业道德、能够准确进行会计和审计判断的人才。此外，财务会计准则基金会（Financial Accounting Standards Foundation，FASF）和日本会计准则委员会（ASBJ）于2011年8月在日本经济团体联合会（日本经团联）、日本证券分析师协会、JICPA、主要审计机构和金融厅的协助下，启动了会计人才发展支持计划，它旨在培养全球性的会计人才。

总体来看，日本会计的专业环境虽然经历复杂，但也在逐渐向英美模式转变（Tsunogaya et al.，2011）。

四、政治环境

日本企业会计委员会（BAC）的委员们由不同利益相关者的代表组成，代表们的意见大致可以分为两种：一种意见认为，要根据日本的会计制度及其周边制度的完善情况，更加谨慎地引入IFRS（日本国内调整派）；另一种意见认为，为了提高国际影响力，要更加积极地引入IFRS（日本国际对应派）。不过，两派都不否认1997年以来的会计准则大修订以及2005年以来与IFRS的加速融合。BAC总结道："作为迄今为止努力的结果（'会计大爆炸'和国际化融合等），日本的会计准则已经成为高品质且在国际上毫不逊色的准则，甚至被欧洲评价为与IFRS相当的会计准则"。BAC也对引进IFRS进行了反复讨论——"要更广泛地考虑到会计准则对各行各业的企业经济活动、税法和公司法等周边制度、金融以及资本市场产生的影响……"

可以认为，两派的对立点在于IFRS的适用条件和其背后的依据。简单来说，作为理论基础，日本国内调整派支持协调市场经济（CMEs），而日本国际对应派重视自由市场经济（LMEs）。

具体来说，日本国内调整派主要从日本的产业结构和企业的实际经营状况（即日本的第二产业和制造业的比重比其他主要发达国家高）出发考虑问题。代表制造业的企业会计委员会的委员谈道："至今为止，日本的制造业一直以来都尊重以持续经营为前提的企业会计原则，简而言之就是尊重保守主义和连续性等原则，在此情况下进行健康的经营。突然就使企业金融商品化，通过这样的方式进行制造业的生产真的好吗？"（BAC，2011a）

"制造""持续经营""从长期视角出发进行经营管理"等词语是日本国内调整派人士（包括日本经济团体联合会、制造业、日本工会总联合会、国家税务官员和大多数专家学者）的共同关键词。他们进一步主张，历史成本比公允价值更加可取；以收入费用法为基础计算的净利润比以资产负债法为基础计算的综合收益更加可取。

"财务报告透明度""国际可比性""建立有吸引力的资本市场"等词语是日本国际对应派（包括证券公司和信用评级机构、服务业、东京证券交易所、证券分析师、日本注册会计师协会、注册会计师以及极少一部分的专家学者）的共同关键词。他们以日本经济日趋成熟以及国内市场经济前景不明为理由，呼吁"从全球视角进行经营管理"的必要性。在全球经济环境下，"让大家了解日本的准则是非常困难的""不应该让企业管理和会计准则存在天壤之别""将 IFRS 作为统一标准，更加合适"（BAC，2011c）。尤其是对于全球性企业来说，使用 IFRS 更加方便海外企业和资本市场的监督和管理。

五、会计环境

本节将列举"连单分离"以及"连单统一"方式作为会计环境因素进行分析。日语中的"连单分离"是指，对于同一交易事项，连结（合并）财务报表和单个（个别）财务报表的会计处理应不同，即按照 IFRS 编制合并财务报表，按照日本准则编制个别财务报表。与之相对应的"连单统一"是指无论是合并财务报表还是个别财务报表都采用统一的会计准则。关于到底应该是"连单分离"还是"连单统一"，BAC 以及日本经济团体联合会都各持己见。

BAC 的中期报告（BAC，2009）提出了"连单统一"的概念，以促进财务报告的融合。其思路是，从强化信息提供功能和提高国际可比性的角度出发，略微缓和合并财务报表和个别财务报表之间的关系，在保留日本具体商业惯例和传统会计惯例密切相关的个别财务报表基础之上，灵活地修订与合并财务报表有关的会计准则（BAC，2009）。BAC 最初可以同时实现国际和国内的协调，并且可以遵守"基准原则"（合并财务报表编制原则是合并财务报表，应当以个别财务报表为基础编制）这两点为理由（三井，2009），选择支持"连单统一"方式。

另外，日本经济团体联合会一直提出"连单分离"的想法，为了加强日本金融和资本市场的国际竞争力，保持市场的吸引力和可靠性，在加强合并财务报表披露的同时，从降低关于编制个别财务报表的成本的角度出发，也要实施"连单分离"的方式（日本经团联，2009，2010）。

"连单分离"方式也和"连单统一"方式一样，以同时达到国际对应和国内调整为目标。实际上，日本国内调整派强调，"对于个别财务报表部分，包括《公司法》《法人税法》或者日本固有的商业惯例在内，都应该根据日本的产业结构或者企业活动的实际情况进行编制"（BAC，2011d）；而日本国际对应派则强调，"国际资本市场所需要的企业信息是以合并为基础"（BAC，2011c）。为了避免产生误解这里要先强调一下，大多数的日本国际对应派人士也没有对日本准则的维持和开发将一如既往地进行下去这件事持否定的态度。日本国际对应派否定的不是日本准则的存续，而是"以日本会计环境的固有性为由推迟会计准则的国际化进程"（BAC，2011d）。

此外，只有从事国际财务和经营活动的上市公司的合并财务报表适用 IFRS（目前选择任意适用的企业在增加），关于这一点，也能看出日本国内调整派和日本国际对应派之间的连结点。日本国内调整派认为，如果将 IFRS 的适用对象限定为全球的上市公司，就可以防止在日本国内融资的上市公司（以制造业为中心）被削弱（BAC，2011b）；而日本国际对应派认为，向日本国内外的投资者提供高度透明的信息，在海外寻求低成本的融资的企业才叫作国际化企业（BAC，2011d）。虽然存在消极和积极支持的差异，但两者都是以"连单分离"方式为前提，试图将 IFRS 的适用范围限定于国际化企业的这一点没有变。

另外，"连单分离"同时也贯穿于以合并财务报表为主要监管对象的《金融商品交易法》与以个别财务报表为主要监管对象的《公司法》之间。《金融商品交易法》期待对 IFRS 的迅速对应（国际对应），而《公司法则》期待反映日本的实际经营状况和会计实务（国内调整）。总结来说，以"连单分离"方式为前提，越推进 IFRS 的迅速对应，就越可能促进日本国内会计制度及周边制度的功能分化。也就是说，这不仅会导致合并财务报表和个别财务报表之间相背离，还会导致《金融商品交易法》与《公司法》之间的分化（角ヶ谷，2011b）。

由此可见，"连单分离"还是"连单统一"，最终不仅会影响到 IFRS 在日本的发展进程，也会影响到《金融商品交易法》与《公司法》之间的融合与分化。

第三节 日本财务报表体系的变迁

众所周知，财务报表是对企业的交易活动进行会计处理的结果的总结，是概括地表示企业一个期间的经营成果和期末的财务状况等文件。财务报表由资产负债表、利润表、现金流量表等各种报表组成，既可以是关于一个企业的个别财务报表，也可以是关于企业集团的合并财务报表。财务报表体系是指编制、披露的财务报表由哪些财务报表构成。

财务报表体系是将企业活动及其结果的状态按照损益的流动、现金流量的状况、净资产的期中变动和期末的状态等企业的各种行动范畴进行一览表化的总体。财务报表体系与会计准则有机地融为一体，是以利益相关者的经济决策为导向而制定的。

随着企业的经济、社会环境的变化，财务报表的构成内容随之发生变化。财务报表体系伴随着经济发展阶段、日本国内及海外金融资本市场的要求、企业会计准则的全球化等各种条件的变化而变化。因此，追溯日本财务报表体系的变迁，可以帮助我们正确认识在不断发展的经济社会环境下不断变化的会计制度的本质。

本节从日本第二次世界大战以来企业会计制度的生成发展的潮流中，跟踪财务报表体系发生了怎样的变化，并对促使其发展变化的因素进行探讨。先考察个别财务报表体系的建立和发展，然后考察合并财务报表体系的建立和发展。

一、个别财务报表体系的建立和发展

1. 1949 年企业会计原则中个别财务报表体系的建立。

第二次世界大战后，日本政府认识到建立健全的会计核算制度的重要性——支持国家的经济复苏和重建工作。

二战结束后，日本面临庞大的恢复和重建任务。为了有效实施经济发展计划，需要建立一套完整的会计体系，以提供准确的经济数据和财务信息，为政府和企业的决策提供支持。战后的日本积极借鉴了西方先进国家的会计制度和经验，尤其是美国的会计准则和实践。通过学习和借鉴国际最佳实践，日本建立起更加现代化和国际化的会计核算制度。

为了确保会计规范的实施和合规性，战后不久，日本政府颁布了一系列会计相关的法律法规。其中，最重要的是 1948 年颁布的《会计法》，确立了会计准则、财务报告要求和审计制度等重要框架。这为日本的会计核算制度奠定了法律基础。在日本的企业会计制度中，个别财务报表体系是于 1949 年建立的。

1949 年设定的《企业会计原则》中的财务报表体系如下。

①资产负债表。

②损益表。

③剩余金表①。

④剩余金分配表。

⑤附注。

资产负债表的性质和构成与今天的基本没有变化，但损益表的性质和构成有一些差异。当时的损益表立足于当期损益观，只记载企业的期间性、经常性的收益及费用，仅以当期收益和当期费用计算当期净利润，以衡量当期的净经营成绩修正上年度记录错误的前期损益修正项目（期间外损益），火灾、洪水等造成的临时损失、固定设备资产处置带来的临时性损益是与当期日常性经营活动无直接关系的项目。因此，与当期经营活动无直接关系的期间外损益、非经常性损益项目不计入损益表，而列在剩余金表中。剩余金表由利润剩余金表②和资本剩余金表③组成。

相比之下，综合收益观要求将非经常性损益等临时性或异常的损益项目也包含在当期净利润的计算中。综合收益观的思路是，企业的真正盈利能力需要长期观察才能明确。作为企业经营的结果，临时性或异常的损益项目虽然不是每期重复发生的，但从长期来看具有一定的重复性。企业的真正盈利能力应长期考察，为此，不只经常性损益项目，临时性或异常性损益项目也应列在损益表中，纳入当期净利润计算要素。

2. 1963 年的变更。

1963 年，日本对《企业会计原则》进行了重要的修改。这次修改的主要目

---

① 日文直译而来，中文里面没有此表。

② 剩余金表（retained earnings statement）：利润剩余金是指企业在经营活动中所获得的未分配利润。利润剩余金表用于记录企业在一定期间内的利润分配情况和剩余利润的变动。在损益表中，可以通过剩余金的区分来单独标识利润剩余金的明细。

③ 资本剩余金表（capital surplus statement）：资本剩余金是指企业在筹资活动中所获得的超过股本金额的资金。资本剩余金表用于记录企业的资本剩余金的变动情况。该表可以在资产负债表中记载资本剩余金的明细。

的是进一步提升会计准则的质量和适用性，以反映当时日本经济的变化和发展。修改的内容包括：一是对会计核算方法、财务报表的编制要求以及披露规定进行了调整和改进，以更好地反映企业经营情况和财务状况。二是修改后的《企业会计原则》注重财务报表的透明度，以提高信息披露的质量和可比性。这些修改鼓励企业提供更准确、全面和可理解的财务信息，以帮助利益相关者作出决策。三是对某些会计核算方法进行了调整和引入。例如，引入了新的折旧方法，以更好地反映资产价值的变化。此外，也对收入确认、费用计提等方面进行了更新和调整。

由于 1963 年《企业会计原则》的修改，变更后的财务报表体系如下。

①资产负债表。

②损益表。

③利润剩余金表。

④剩余金分配表。

⑤附注。

根据 1963 年《企业会计原则》及财务报表等规则的修改，1949 年的剩余金表改为利润剩余金表。资本剩余金表被排除在剩余金表之外，转移到财务报表附属明细表中。此外，剩余金表的"利润剩余金"中的"利润准备金及任意公积金"转移到财务报表附录明细表中。

3. 1974 年的变更。

由于在证券交易法会计和商法会计中，适用对象和法律要求存在差异，导致一些企业需要同时履行双重的会计处理和披露规定，从而带来不便和额外的会计负担。在这种背景下，为了解决这种双重会计负担的问题，1974 年，日本政府修改了《企业会计原则》。

由于 1974 年《企业会计原则》的修改，变更后的财务报表体系如下。

①资产负债表。

②损益表。

③利润分配表。

④附注。

在该体系中，利润剩余金表消失，并用利润分配表取代了剩余金分配表，损益表的内容发生了显著变化。

此前的损益表结构采取当期损益观，1974 年修正的《企业会计原则》中采取了当期损益观和综合收益观相结合的方式，将当期损益观下计算出来的利润命名为经常性损益，将期间外损益和非经常性损益也列示在了损益表中，原利润剩余金表也随之消失。

另外，剩余金分配表改名为利润分配表，在内容上没有太大的差异。

4. 1998 年的变更。

1998 年是日本财务报表体系发生重要变更的一年。在这一年，日本实施了新的财务会计准则，即《日本企业会计准则》（Japanese Generally Accepted Accounting Principles，JGAAP），以取代此前的旧会计准则。这一变更对日本的财务报表编制和披露产生了重大影响。

另外，1998 年的金融危机也是推动日本改革财务报表体系的重要因素。这场危机揭示了日本公司在财务披露方面存在的问题，包括会计规则的灵活性和披露不足。为了增强投资者对日本市场的信心，提高财务报表的质量和透明度成为当务之急。

1986 年 10 月，企业会计审议会发布了《关于完善证券交易法规定的财务报表（中间报告）》的建议，旨在提高资金周转信息的披露和透明度。根据这份建议，针对不编制合并财务报表的公司，代替以往的资金收支表，可以引入个别现金流量表。这是为了更准确地反映企业的现金流入流出情况，以提供更具参考价值的财务信息。

该审议会于 1997 年 6 月公布了《关于修改合并财务报表制度的意见书》，从重视合并财务报表的观点出发，在引入基于合并现金流量表的同时，建议废除个别资金收支表。根据该建议，在导入合并现金流量表时，对于不编制合并财务报表的公司，代替以往的资金收支表，正式导入个别现金流量表。

1998 年，变更后的财务报表体系如下。

①资产负债表。

②损益表。

③现金流量表。

④利润分配表。

⑤附注。

5. 2005 年的变更。

2005 年，日本《商法》的主要部分向《公司法》过渡，并进行了相关法令的完善和修订。这一变化对日本的财务报表体系产生了影响。《公司法》是日本商业活动的基本法律框架，它规定了公司组织、运营和财务披露等方面的要求。在过渡到《公司法》后，财务报表制度得到了改革和完善，以符合新的法律要求。

变更后的财务报表体系如下。

①资产负债表。

②损益表。

③所有者权益变动表。

④现金流量表。

⑤附注。

在这个体系中，增加了所有者权益变动表，编制所有者权益变动表的原因如下。一是利润分配由股东大会决定。根据《商法》，公司的利润分配由股东大会决定。这意味着股东大会可以决定将利润分配为现金红利或留作未分配利润。这种利润分配决策的灵活性会导致资产负债表中净资产部分的构成要素的频繁变动。二是公司法中分红由董事会决定。相对于商法，公司法赋予了董事会决定分红的权力，并且在公司法下，分红可以随时进行。这种灵活性可能导致公司在不同时间点和频率上进行分红。三是净资产部分构成的频繁变动。由于股东大会和董事会对利润分配决策的自由度，资产负债表中的净资产部分的构成要素（如未分配利润、股本、股东权益调整等）可能会频繁变动。这种变动可能在一定程度上影响投资者对企业财务状况的理解和分析。

为了明确这种净资产部分构成要素的变动情况，股东和利益相关者要求编制所有者权益变动表。通过所有者权益变动表，可以清楚地展示在一段时间内净资产的变动情况，包括利润分配、股本变动和其他影响净资产的因素。

与此同时，随着利润分配表不再存在，所有者权益变动表也承担了一部分利润分配信息的披露功能。它提供了有关利润分配对净资产的影响，使投资者能够更好地理解企业的盈利能力和分红政策。

上述这五张报表构成了日本财务报表的体系，并且至今没有发生变更。

二、中期财务报表的出现

在 1974 年《商法》修改前，日本企业几乎都采用半年结算制度，即每半年制作一次财务报表。然而，《商法》的修改成为了一个重要的契机，使日本的财务决算制度从半年结算制度转变为一年决算制度。《商法》的修改为企业提供了更大的灵活性和机会，允许企业自行决定财务决算的时间跨度。这导致许多企业选择一年决算制度，即在每年结束时制作一次财务报表。

一年决算制度的产生基于以下的想法。

第一，一年决算制度能够排除季节性变动对企业业绩的影响，平均化上半年和下半年的业绩偏差。这可以避免企业为了掩盖上半年业绩不良而进行利益操作，从而提供了更加真实和可靠的财务报表。这对于投资者和利益相关者来说，能够为其提供更准确的企业经营状况和业绩评价。第二，从一年两次结算变为一年一次决算也可以简化企业的会计工作。半年结算需要进行两次财务报表的编制和审查，增加了会计部门的工作量和复杂性。而一年决算制度只需要一次决算，减少了企业内部会计工作的负担，并且提高了工作效率。

一年决算制度是按照以上的宗旨，考虑公司方面以及利益相关者双方的立场来实施的，但与此同时，一年决算制度存在一定的缺陷，其中之一是信息披露的减少。

在半年结算制度下，企业每半年都会发布财务报告，这意味着投资者和利益相关者能够更频繁地获取关于企业业绩和财务状况的信息。这样频繁的信息披露有助于减少信息不对称性，提供更多的信息供投资者和利益相关者作出决策。

然而，在一年决算制度下，企业只在每年结束时制作并披露一次财务报告，这导致了信息披露的机会减半。投资者和利益相关者可能需要等待较长时间才能获取最新的财务信息，这增加了信息获取的不确定性，可能导致信息不对称性的问题。

为了弥补这一缺陷，许多企业在一年决算制度下会选择进一步增加信息披露的内容和透明度，以确保投资者和利益相关者能够得到足够的信息。此外，监管机构也会制定和加强信息披露的规定，以推动企业提供更加全面和准确的财务信息。

为了确保利益相关者在同一时期能够获得同一内容的企业信息，并在信息利用上拥有对称性，一年决算的公司被要求进行中间结算，编制中间财务报表并公开，由此产生了中期报告制度。中期报告制度是指在一年决算制度下，企业在年度报告之外还需编制和公开半年度或季度财务报告。这样可以缩短信息披露的时间间隔，使利益相关者能够更及时地了解企业的财务状况和业绩表现。

引入中期报告制度的背景之一是1971年修改的《证券交易法》，这个修改对于加强信息披露和保护投资者利益起到了重要的作用。接着，在1974年《商法》的修改中，中期报告制度更加得到关注，并提高了其重要性。

通过中期报告制度，企业能够在年度报告之外提供与年度报告类似的财务信息，向内部者和外部者传达企业的经营情况和财务状况。这样可以减少信息不对称性，使得投资者和利益相关者能够在更公正的条件下作出决策。

中期财务报表体系内容如下。

①中期资产负债表。

②中期损益表。

③中期现金流量表。

上述中期财务报表体系中不包括所有者权益变动表的原因有以下几点：

①审计考虑。中期财务报表往往需要在较短的时间内编制和公开，而包括所有者权益变动表可能需要更多时间来进行审核和确认。由于中期报告的时间周期相对较短，编制所有者权益变动表可能会给审计程序带来额外的工作量和时间压力。

②简化报表体系。为了简化中期财务报表体系，日本的规定可能偏向于包含最基本的财务报表，以提供核心的财务信息。在中期报告中，资产负债表、损益表和现金流量表通常被认为是最具重要性的报表，它们能够提供全面的财务状况和经营情况。

③关注核心业务表现：中期财务报表主要关注企业在短时间内的核心业务表现和财务状况。所有者权益变动表更多关注的是长期范围内的所有者权益变动情况，例如股份发行、股东权益调整等。在中期报告中，则更集中于考察企业的近期收入、成本、利润和现金流量等指标，以便及时了解企业的经营活动和盈利能力。

关于中期财务报表的性质，有两种见解，一种是纯粹应该显示上半年经营业绩的实绩主义观（discrete view），另一种是认为应该预测年度业绩的预测主义观（integral view）。采用的见解不同，中期决算准则的内容也不同。

实绩主义观的思路是，过去是预测将来的依据，使用者想知道的是将来的状况，可以利用过去的事实进行推测。预测值和计划值不能验证，不具有可靠性。中期财务报表是公布财务报表制度的一环，因此，不允许公布未来的预测值。预测主义观的思路是基于未来的状况和发展趋势进行决策和规划。预测主义认为过去的数据和实绩有限，不能完全反映将来的情况，因此，需要对未来可能发生的变化和趋势进行预测和估计，以指导决策和规划。

如前所述，引入中期报告制度的背景之一是 1971 年修改的《证券交易法》，在 1972 年公布的《关于中期报告书中财务报表编制程序的试行方案》中，采用了上述实绩主义观。但是，在 1977 年的《中期财务报表编制准则》中，实绩主义观被放弃，取而代之的是预测主义观。

三、合并财务报表体系的建立和发展

在经济活动全球化和企业竞争加剧的背景下，企业通过集团化可以追求多种目标，包括确保利润率、应对经营风险、实现稳定经营等。通过集团化，企业可以实现规模经济效益。此外，集团化还可以帮助企业分散风险。在全球化环境下，市场风险、经济波动、政治变化等因素可能对单个企业造成冲击。通过集团化，企业可以在不同地区、不同行业或不同产品领域分散风险，降低整体经营风险。一旦某个子公司或业务部门面临困境，其他子公司可以提供支持，确保整个集团的稳定经营。

在这种情况下，仅通过个别企业编制、公布财务报表，就无法掌握集团整体的经营成绩和财政状态等。因此，集团内部各个企业分别编制财务报表，并以此为基础对。基于此，社会上要求对整个企业集团进行合并结算、编制并公布以企业集团为一个会计主体的合并财务报表（consolidated financial statements），这样，既可以观察企业集团整体的经营成绩和财政状态，又可以防止集团成员间粉饰结算。合并财务报表可以使利益相关者进行投资、融资等决策时掌握整个企业集团的经营业绩、财政状态、现金流量等信息。

日本在经济发展过程中对建立合并财务报表制度的需求逐步增强。一方面，企业的业务范围扩大，通过子公司等形式进行投资和业务拓展的情况越来越普遍，需要更全面的财务信息来进行决策和评估；另一方面，随着日本企业在国际市场上的竞争加剧，合并财务报表也成为国际会计准则和国际会计规范的一部分，以满足国际的信息需求和比较要求。然而，建立合并财务报表的制度并非一蹴而就。日本的合并财务报表制度的发展经历了以下几个阶段：

（1）初期阶段。1975 年 6 月 24 日，日本正式发布了《合并财务报表原则》，为日本的合并财务报表提供了框架和规范。这标志着对合并财务报表制度的正式认可和规范。

（2）会计准则的逐步完善。日本的会计准则在后续的发展中逐步完善了合并财务报表的规定和要求。1997 年，《会计准则公告第 2 号》为合并财务报表的编制提供了更为细致和详尽的规定，包括企业范围的确定、资产负债表和利润表项目的合并处理等方面的规定。

（3）会计审计制度的建立。为了确保合并财务报表的准确性和可靠性，日本建立了相应的会计审计制度。1990 年，《会计审计法》颁布，规范了会计审计

师的资格和职责，包括对合并财务报表的审计。

（4）国际会计准则的影响。随着国际会计准则的发展和日本企业在国际市场的竞争加剧，日本的合并财务报表制度也受到了国际会计准则的影响。2001年，国际会计准则委员会（International Accounting Standards Board，IASB）发布了《国际财务报告准则第 3 号——企业合并》（IFRS 3），为合并财务报表的编制提供了全球通用的原则和规定。日本也在一定程度上接受和应用了国际会计准则，与国际接轨。

在 1975 年设定、1997 年修订的合并财务报表原则中，合并财务报表的构成如下。

①合并资产负债表。

②合并损益表。

③合并剩余金表。

日本企业近年来加强了经营的多元化和国际化等倾向，为此，投资者，特别是海外投资者强烈要求公开披露集团公司的事业类别、日本国内国外类别、本来的事业和新事业类别等，并在观察企业业绩、判断其动向的基础上，要求公开各部门的会计信息。据此，大藏省企业会计审议会于 1988 年 5 月 26 日公布了《关于部门分类信息披露的意见书》，其中规定了《部门分类信息披露标准》。从1991 年 3 月决算期开始，上市公司要据此进行部门分类信息的公开。

2007 年，合并剩余金表被取消，取而代之的是合并所有者权益变动表，再加上合并现金流量表，合并财务报表的体系如下。

①合并资产负债表。

②合并损益表。

③合并所有者权益变动表。

④合并现金流量表。

⑤合并附注。

2010 年 6 月，日本会计准则委员会（ASBJ）制定了《关于综合收益列示的会计准则》。该准则规定了综合收益的概念和核算方法，并引入了综合收益报表的概念，将基于综合收益的报表纳入整个财务报表体系中。综合收益等于当期净利润加上其他综合收益。

2012 年，在合并财务报表体系中加入了合并综合收益表，如下所示。

①合并资产负债表。

②合并损益表。

③合并综合收益表。

④合并所有者权益变动表。

⑤合并现金流量表。

⑥合并附注。

上述这六张报表构成了当前日本合并财务报表的体系，并且至今没有发生变化。

四、财务报表体系变迁的原因及展望

日本自第二次世界大战后企业会计制度发生了很大的变化，作为其中一环的财务报表体系也如上所述，发生了巨大的变化。理解这些变化背后的原因对于我们更好地理解日本企业会计制度的演进和意义非常重要。以下是一些主要的原因：

（1）经济重建和增长需求。日本为了实现经济的快速重建和增长，需要一个更加现代化和规范化的企业会计制度来支持和促进经济发展。财务报表体系的变化是为了更准确和全面地反映企业的财务状况和经营绩效，从而提供更可靠的信息供投资者、政府和其他利益相关方使用。

（2）国际接轨和全球化需求。随着全球经济一体化的加深，日本企业越来越需要与国际接轨，以满足国际投资者、合作伙伴和利益相关方的需求。这就需要财务报表体系能够符合国际会计准则和规范，并具有与国际标准的可比性。日本相继引入了国际会计准则，使其财务报表与国际标准越来越契合，提高了日本企业的国际竞争力。

（3）提升透明度和监管要求。日本在第二次世界大战后经历了一系列财务丑闻和金融危机，为了提升经济的透明度和防范风险，政府和监管机构对企业财务报表提出了更高的要求。财务报表体系的变化旨在增加财务信息的可靠性和可比性，加强企业的内部控制和外部监管，维护市场秩序和金融稳定。

（4）投资者保护和信息需求。财务报表是投资者了解企业财务状况和经营绩效的重要依据。为了保护投资者的权益和增强市场信任，日本不断完善财务报表体系，提高信息披露的质量和透明度，以满足投资者对准确、及时和可靠信息的需求。

财务报表体系由哪些报表所组成，基本上是由其使用者的需求决定的。

资产负债表和损益表传统上由来已久，但与剩余金相关的报表，之前从未出现过。剩余金的概念本身是第二次世界大战后新引进的，前面提到的关于剩余金的两个报表，是以美国的会计制度为范本选择的，即在设定企业会计原则时作为会计原则体系的一环从海外引入的。

1899 年，日本以德国《商法》为母法制定了《商法》。在德国《商法》中，保护债权人的思想受到重视，这一点也影响了日本《商法》。战后，随着经济成长，债权人的利益和股东的利益相冲突，相关协调在《商法》的规定中也得到了反映。2005 年，《公司法》从《商法》中分离出来。此时直接融资即股权融资已经取代间接融资，成为企业筹资的主流。随着机构投资者、对冲基金等在股东大会上的发言权增强，公司法中的一些规定体现了股东在公司治理中的优势地位。其中一个例子是剩余金的分配可以根据股东的要求进行多次分配。此外，为了反映这一点，所有者权益变动表取代了剩余金表。这种变化反映了股东权益在公司治理中地位的增强。

在引入美国准则和国际准则之前，企业会计原则经历了多次变更，并且这些变化主要是由国内因素引起的，与国际上的会计准则的影响相比不太重要。这些变化在一定程度上与《证券交易法》和《商法》会计的需求相呼应。

国际会计准则委员会的成立和国际会计准则的发布对日本财务报表体系的发展产生了显著影响。日本作为 IASC 的成员国，与国际会计准则委员会有着密切的合作和互动。根据国际会计准则委员会的引入方式，成员国在采用国际会计准则时可以采取不同的阶段性措施。首先是认可阶段，即承认国际会计准则的重要性，并鼓励企业自愿采用。其次是趋同阶段，即积极促进和逐步调整国内会计准则与国际会计准则的一致性，以实现更广泛的国际接轨。最终是全面性的采用阶段，即完全采用国际会计准则体系作为国内会计准则的基础。

目前，日本处于认可和趋同的阶段，并没有全面性地采用国际会计准则。这意味着日本的会计准则在部分领域仍存在差异或是与国际会计准则不完全一致。这种情况在一些特定领域中尤为明显，例如合并财务报表的会计准则。

随着经济和社会的不断变革，以及利益相关者对企业信息需求的增大，财务报表体系将继续发展，以满足这些需求。财务报表是企业向外界传递信息的重要工具，但仅仅依靠财务数据有时无法全面反映企业的业务状况和价值创造能力。

为了提高决策的有用性，越来越多的企业开始将与财务报表相关的非财务信息公开披露。这些非财务信息可以是企业的环境、社会和治理信息，包括环境影响、社会责任、企业道德、治理结构等。通过披露这些非财务信息，企业可以更全面地展示其可持续发展的战略、绩效和风险管理措施，以及对利益相关者的关注和应对。

这样的趋势在国内外企业的报告书和日本的有价证券报告书中已经有了具体

体现。许多企业在编制企业年度报告、可持续发展报告和社会责任报告时，不仅仅关注财务数据，还包括与财务报表相关的非财务信息。这些报告的目的是为利益相关者提供更全面、深入的企业信息，使他们能够更好地了解企业的价值创造和长期可持续性。

财务报表作为以复式簿记为前提的会计数值的汇总，主要以货币数值表现企业的财务信息。然而，企业活动涉及到多个方面，仅依靠财务数值无法全面展示与利益相关者决策所需的所有信息。

有价证券报告书在披露财务信息的基础上，多样化地呈现企业情况、事业情况、设备情况、提交公司情况以及其他经营活动的实际情况。因此，该报告书可以被视为传达财务和非财务企业经营相关信息的综合报告书。然而，有价证券报告书中非财务信息的披露范围还相对有限，无法完全满足当今对企业各种要求的综合报告书。

展望未来财务报表体系的发展方向时，除了进一步丰富财务信息外，与之密切相关的是进一步探索满足时代要求的非财务信息披露的条件和方式。这种发展需要综合的报表制度，其能够同时完整地呈现财务和非财务信息，以满足各方对企业全面了解的需求。

随着可持续发展和环境、社会、治理议题的日益重要，非财务信息的披露变得更加紧迫。未来的财务报表体系可以融合财务和非财务信息，例如，通过引入非财务性能指标或者强化企业的可持续发展报告均衡披露。这样的综合报表制度将为利益相关者提供更准确、全面、有用的信息，从而促进决策的质量和企业的长期价值创造。关于综合报告书的内容，将在第三章中予以阐述。

第四节　日本企业会计准则

一、日本企业会计准则的概述

《企业会计原则》是第二次世界大战后日本最早制定的会计准则。该准则是因《证券交易法》（《金融商品交易法》的前身）的实施而制定的，为了复兴战后荒废的日本经济，引进外资和完善证券市场。[①] 当然，如前面所述，也与《公

---

① 经济稳定总部企业会计制度对策调查会中间报告（1949）。之后，经济稳定总部企业会计制度对策调查会成为大藏省（现财务省）的企业会计审议会，现在属于金融厅。

司法》和《法人税法》的实施有关。

《企业会计原则》是从会计实务中作为习惯发展而来的，具有会计实践规范的性质，虽然不是法律规范，但也有作为习惯规范的性质。

以《企业会计原则》为首的各种会计准则，由企业会计审议会（Business Accounting Council，BAC）和企业会计基准委员会（Accounting Standards Board of Japan，ASBJ）制定并发布。BAC 隶属大藏省，至 2001 年之前，是日本会计准则的唯一制定主体，负责制定企业会计准则和审计准则。2001 年成立的企业会计基准委员会属于民间团体，后来接替 BAC 成为了会计准则的制定主体。ASBJ 负责制定和发布企业会计准则和审计准则，以及企业会计准则适用指南、实务应对报告。另外，在日本，金融厅有权力监督银行、证券和保险活动，汇集有关应用 IFRS 的讨论，并批准日本会计准则委员会制定的会计准则。因此，金融厅对 AS-BJ 制定的会计准则具有最后决定权。BAC 和 ASBJ 制定的会计准则如表 1 - 7 和表 1 - 8 所示。

表 1 - 7　　　　　　　　　　　BAC 制定的会计准则

准则名称	公布日（最终修正日）
成本计算准则	1962 年 11 月 8 日
企业会计原则	1982 年 4 月 20 日
中期合并财务报表的编制准则	1998 年 3 月 13 日
合并现金流量表的编制准则	1998 年 3 月 13 日
研究开发费用会计准则	1998 年 3 月 13 日
税收影响会计准则	1998 年 10 月 30 日
外币交易等会计处理准则	1999 年 10 月 22 日
审计准则	2002 年 1 月 25 日
固定资产减值会计准则	2002 年 8 月 9 日
中期审计准则	2002 年 12 月 6 日

表 1 - 8　　　　　　　　ASBJ 制定的会计准则（截至 2023 年 2 月）

号数	名称	公布日（最终修订日）
第 1 号	关于库存股及公积金减值的会计准则	2015 年 3 月 26 日
第 2 号	关于每股净利的会计准则	2013 年 9 月 13 日（2020 年 3 月 31 日）
第 3 号	已废除	

续表

号数	名称	公布日（最终修订日）
第 4 号	关于高管奖励的会计准则	2005 年 11 月 29 日
第 5 号	关于资产负债表净资产部分列示的会计准则	2021 年 1 月 28 日 （2022 年 10 月 28 日）
第 6 号	关于股东资本变动计算书会计准则	2013 年 9 月 13 日 （2022 年 10 月 28 日）
第 7 号	关于事业分离的会计准则	2013 年 9 月 13 日 （2019 年 1 月 16 日）
第 8 号	关于股票期权的会计准则	2005 年 12 月 27 日 （2022 年 7 月 1 日）
第 9 号	关于存货计价的会计准则	2019 年 7 月 4 日 （2020 年 3 月 31 日）
第 10 号	关于金融商品的会计准则	2019 年 7 月 4 日 （2022 年 10 月 28 日）
第 11 号	关于关联方披露的会计准则	2006 年 10 月 17 日 （2016 年 12 月 26 日）
第 12 号	关于季度财务报表会计准则	2020 年 3 月 31 日
第 13 号	关于租借交易的会计准则	2007 年 3 月 30 日
第 14 号	已废除	
第 15 号	已废除	
第 16 号	关于权益法的会计准则	2008 年 12 月 26 日 （2015 年 3 月 26 日）
第 17 号	关于分部信息披露的会计准则	2010 年 6 月 30 日 （2020 年 3 月 31 日）
第 18 号	关于资产退废义务的会计准则	2008 年 3 月 31 日 （2012 年 5 月 17 日）
第 19 号	已废除	
第 20 号	关于投资性房地产市价披露的会计准则	2011 年 3 月 25 日 （2019 年 7 月 4 日）
第 21 号	关于企业合并的会计准则	2019 年 1 月 16 日 （2022 年 7 月 1 日）
第 22 号	关于合并财务报表的会计准则	2013 年 9 月 13 日 （2020 年 3 月 31 日）
第 23 号	关于研究开发费会计准则的部分修订	2008 年 12 月 26 日
第 24 号	关于会计政策披露、会计变更及差错更正的会计准则	2020 年 3 月 31 日
第 25 号	关于综合收益列示的会计准则	2022 年 10 月 28 日

续表

号数	名称	公布日（最终修订日）
第 26 号	关于养老金的会计准则	2016 年 12 月 16 日（2022 年 10 月 28 日）
第 27 号	关于企业所得税、住民税以及营业税等的会计准则	2022 年 10 月 28 日
第 28 号	关于税收影响的会计准则的部分修订	2018 年 2 月 16 日（2021 年 8 月 12 日）
第 29 号	关于收入确认的会计准则	2020 年 3 月 31 日（2022 年 8 月 26 日）
第 30 号	关于市值计算的会计准则	2019 年 7 月 4 日（2022 年 7 月 1 日）
第 31 号	关于会计估计披露的会计准则	2020 年 3 月 31 日

资料来源：笔者整理、翻译自 ASBJ，企业会计基准。

二、《企业会计原则》的主要内容

1949 年发布的《企业会计原则》是为了改进和统一企业会计，根据企业会计实务中的习惯总结出的一套普适性原则。

尽管《企业会计原则》不是法律，但它是所有企业都应遵循的会计准则，是被《商法》《证券交易法》《法人税法》明确要求企业遵循的。

《企业会计原则》规定了如下七条一般原则：第一，真实性原则；第二，正规簿记原则；第三，资本和利润区别原则；第四，明晰性原则；第五，一致性原则；第六，稳健主义原则；第七，单一性原则。这七条原则的关系如图 1－2 所示。

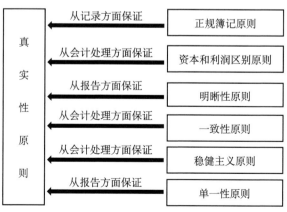

图 1－2　一般原则的关系

三、合并财务报表原则

合并财务报表与个别财务报表同时披露是日本的会计惯例。尽管准则制定者们从未正式要求过，却自然形成了合并财务报表和个别财务报表的同时披露制度。根据薄井（2015）的实证研究结果，该同时披露制度可以促使企业将经营战略透明地传递给投资者，有助于公司股价的提升。

合并财务报表是《证券交易法》中信息披露制度的一个重要环节，日本从1977年4月1日起要求负有合并财务报表编制义务的上市公司公开披露合并财务报表。合并财务报表的早期目的是帮助理解母公司财务状况在企业集团中的占比，只是将此作为一种补充信息资料。也就是说，以母公司个别财务报表为"主"，合并财务报表为"次"。但是，1999年4月1日起，双方的地位交换，变成了以合并财务报表为"主"，母公司个别财务报表为"次"，正式开始了以合并财务报表信息为中心的信息披露制度。

（一）合并财务报表原则的结构

合并财务报表原则由以下七个部分构成。

（1）合并财务报表的目的。

（2）一般原则。

（3）一般准则。

（4）合并资产负债表的编制准则。

（5）合并损益表的编制准则。

（6）合并留存收益表的编制准则。

（7）合并财务报表的说明事项。

同时，为对若干重要事项进行明确解释和说明，附加了《合并财务报表原则注解》。

（二）合并财务报表的一般原则

合并财务报表原则规定了以下四个一般原则：

（1）真实性原则。

（2）个别财务报表为基准的原则。

（3）明晰性原则。

（4）一致性原则。

（三）合并财务报表的一般准则

关于合并财务报表的一般准则，具体规定了如下四项。

（1）合并范围。原则上所有子公司都属于合并对象，但符合下列情况的子公司不纳入合并范围：

①暂时被控制的公司。

②合并后会影响利害关系者的判断的公司。另外，缺乏重要性的小规模子公司亦可以从合并范围内排除。

（2）合并决算日。合并财务报表以一年为会计期间，以母公司的决算日为合并决算日。子公司的决算日同合并决算日有差异的，原则上在合并决算日决算。如果子公司决算日与合并决算日相差 3 个月以内，可以以子公司决算日为基础，通过一定的修正而进行合并决算。

（3）会计处理原则的统一。子公司采用的会计处理原则，应尽可能与母公司保持一致。

（4）海外子公司财务报表的换算。用外币表示的财务报表项目，根据一般公认的换算准则进行换算。

四、日本会计实务的特点

日本的会计实务具有一些独特的特点，这些特点在一定程度上有别于其他国家的会计实践。以下是日本会计实务的一些主要特点：

（1）保守主义倾向。日本的会计实务可以归纳为保守主义会计惯例，即"损失可以预计，但利益不可预计"，在会计实务中得到了广泛应用。这与其他国家一些更趋向于中性或乐观主义的会计实践有所不同。这种保守主义有两种类型：第一，只将坏消息提前编入财务报表；第二，不高估净资产。前者被称为附条件保守主义（conditional conservatism），后者被称为无条件保守主义（unconditional conservatism）。附条件保守主义是允许根据特定信息提前或高估费用的会计惯例，例如固定资产减值会计的适用等。无条件保守主义是不考虑特定信息而低估净资产的会计惯例，例如，不将研发和广告宣传的支出资产化，而是即时费用化。

根据薄井（2015）的实证研究结果，从 20 世纪 90 年代中期开始，保守倾向（附条件保守主义）得到了增强。但是，在股东和债权人冲突较多的企业，或者股东和员工的冲突较多的企业，无条件保守主义正在增强。

保守主义具体体现以下的会计实务：

①存货计价。日本会计实务通常采用平均成本法（weighted average cost method）来计量存货。这与一些其他国家采用先进先出法或后进先出法不同。平均成本法强调存货的持续性，以避免由于价格波动而引起的剧烈变化。

②长期投资的减值测试。日本的会计实务对于长期投资的减值测试要求较为严格。公司必须定期进行资产减值测试，以评估是否存在减值迹象，并在必要时计提减值损失。

③商誉的摊销。购买法下合并商誉按购买价值与账面价值的差额，而非其与公允市价的差额。商誉的后续计量不同于美国和 IFRS 的减值测试法，而是需要在 20 年内采用直线法摊销。

④持股关联公司的特殊处理。日本公司普遍存在多层次的持股关系，即控股公司和子公司之间相互持股的情况比较普遍。根据日本的会计准则，持股关联公司之间的交易和关系需要进行特殊处理，以避免潜在的操纵风险。

（2）税务导向。日本的会计实务在很大程度上受到税务规定的影响。许多会计决策和报告要求是为了满足税务目的而设计的。例如，日本的财务报表编制要求和应收账款确认等会计政策往往与税务法规一致，具体体现在以下几个方面：

①营业税抵扣机制。日本的营业税（consumption tax）也称为销售税，是企业销售商品和提供服务时征收的一种税费。根据日本的营业税法规定，企业可以将其支付的营业税作为进项税额抵扣，并从其销售税额中扣除。具体来说，当企业购买产品或接受服务时，它们支付给供应商的金额中包含营业税。企业将这些支付给供应商的进项税额与其销售税额相抵扣。抵扣的营业税额相当于企业支付给供应商的进项税额。

这种抵扣机制的好处是鼓励企业在采购产品和服务时积极寻求发票，并确保税金的顺利循环。通过允许企业从销售税额中扣除支付给供应商的进项税额，企业可以减少其实际需要缴纳的销售税额。这有助于避免在供应链中多重征税，同时也鼓励了正规和透明的经济活动。

②盈余留存。在日本，企业将盈余留存在公司内部并不会直接导致税率的降低。然而，企业在将利润分配给股东之前，可以享受一定的税收延迟和税率优惠。在日本，企业所得税适用的税率是根据公司的利润额来确定的。如果企业选择将一部分利润留存在公司内部，以用于未来的投资和发展，这部分利润可以被视为未分配的留存收益。

这些未分配的留存收益在企业所得税方面享受一些税收优惠。根据当前的税法规定，企业可以将未分配的留存收益视为减税准备金（special accumulated earnings），并按照较低的税率进行征税。这种税收优惠措施旨在鼓励企业将利润用于投资和发展，促进经济增长。

③特殊企业区域。日本设立了一些特殊的企业区域，旨在吸引国内外企业投资和促进经济发展。这些区域通常被称为自由贸易港区、经济特区或特殊经济区，其中，最知名的包括东京都的东京湾区域、名古屋市的中部经济特区、大阪市的关西经济特区等。这些特殊企业区域提供了一系列的税收优惠、减免或延期等特殊税务政策，以吸引企业在这些地区设立或扩大业务。

④投资奖励制度。日本政府通过投资奖励制度来鼓励企业进行新的投资。企业可以享受税收减免或抵扣、补贴、贷款优惠等形式的支持，以降低新投资项目的成本，从而促进经济增长和创造就业机会。

⑤国际税务安排。日本还积极参与国际税务安排，与其他国家签订税收协定以促进贸易和投资的发展。这些税收协定旨在避免双重征税、合理分配税收权利、促进信息交换等，为跨国企业的税务规划提供更多的可预期性和便利性。

总体而言，日本的税务导向体现在其税法规定和政府推行的税收政策上。会计实务往往会与税务规定相一致，以满足税务目的、减少税负、提高企业竞争力等。

除了保守主义倾向、税务导向之外，日本会计实务还具有银行间接投资的特点。在某些情况下，日本公司选择通过银行的间接投资方式进行融资，而不是直接从市场融资。这种情况下，会计实务中会涉及到特殊的处理，以适应这种间接投资的特性。

以上这些特点反映了日本会计实务在法规要求、税务导向和保守主义等方面的独特性。尽管日本的会计实践与其他国家存在一些差异，但随着全球会计准则的趋同和国际化，日本的会计实务也正在向国际趋势靠拢。

第五节　日本会计准则的国际化

一、国际会计准则的标准化

日本会计准则正处于国际标准化的潮流之中。国际标准化的中心是国际财务报告准则，其设定主体是国际会计准则理事会（International Accounting Standards

Board，IASB），以前称为国际会计准则委员会（International Accounting Standards Committee，IASC）。

IFRS 标准化的方法有趋同（convergence）、采用（adoption）和认可（endorsement）三种。

1. 趋同方针。山田（2009）指出，趋同是指一方面继续开发本国准则的同时，另一方面极力缩小本国准则和 IFRS 的差异。据说 IASB 成立时是以这个方向为目标的。日本也在 2007 年的《东京协议》（ASBJ 和 IASB 之间的协议）中表示，将在 2011 年之前达成趋同协议。

2. 采用方针。山田（2009）指出，采用有两种方式：一种是废除本国准则，取而代之的是将 IFRS 作为本国准则来采用；另一种是保留本国准则，但是强制上市公司采用 IFRS。即使仅限于上市公司，国际化企业的财务报表也是基于 IFRS 来编制的，因此，投资者只要具备 IFRS 的知识就可以理解财务报表。另外，不以英语为母语的国家，通过将 IFRS 进行翻译后的内容作为本国的会计准则，也属于采用。在日本，企业会计审议会于 2009 年 6 月公布了《关于日本国际会计准则的处理（中间报告）》。该中间报告承认了合并财务报表从 2010 年 3 月期开始，自愿使用 IFRS，并以 2012 年为目标，决定了强制适用的时期和适用的公司范围（这里可以说是表示了采用的方向）。但是，以之后地震的影响等为理由，日本至今还没有明确表示强制适用的时期。

与此同时，有学者对采用方针提出了反对意见。会计制度和周边制度越完善，越是不应该直接采用 IFRS，而是需要会计制度和其周边制度进行磨合（角ケ谷，2011；Tsunogaya et al.，2011）。关于这一点，斋藤（2010）作出了如下解释："像美国和日本这样，拥有国际化的大规模资本市场、高度完善的市场基础设施与会计准则如齿轮般高度吻合的国家，如果要保持其周边制度不变而仅仅将会计准则拎出来，并将其替换为国外制定的准则，这件事不管在谁看来都不是一件简单和合理的事。"

3. 认可方针。与 IASB 成立之初不同，现在 IASB 认为，比起趋同，采用更可取。在这种情况下，2013 年 6 月，企业会计审议会公布了"当前关于应对 IFRS 的方针"，即"认可方针"。认可是指从"适合本国的 IFRS"的观点出发，逐一研究个别准则，如果有必要，删除或修改一部分准则。2015 年公布认可方针下的日本版 IFRS，此版本既可以保留符合日本情况的准则，同时也可以吸收 IFRS 的优点。

最终结果是，日本存在四种会计基准：日本准则（由日本制定，很多企业使用的基准）、美国基准（在日本，对于在美国证券市场上市的企业允许以美国基准制作财务报表）、IFRS（上市公司自愿使用）以及日本版 IFRS（Japan's Modified International Standards，JMIS）。此外，还有以中小企业为对象的会计基准（会计指南和会计要领）。

二、IFRS 在日本的推进和应用

自 1996 年 11 月开始，被称为"日本版大爆炸"的金融体系改革以后，日本的会计制度及会计准则发生了很大的变化。"日本版大爆炸"旨在将日本金融市场改革为自由、公平、全球的市场。作为其中的一环，会计准则等的制定和修改，意味着在日本也有必要完善国际标准的会计准则。

作出这样决定的前提，一方面是会计准则的国际性的协调化的流动，不过，在日本加速了这个流动的主要原因之一，是 1999 年以后产生了"regend 问题"。"regend 问题"是指从 1999 年 3 月决算期开始，要求日本企业自愿用英文编制的年度报告书中附记"本报告书是根据日本准则编制的，与国际准则不同"等警句。这一做法在 2004 年 3 月期被取消了。

在这样的推进过程中，各国的会计准则设定机构逐渐推进了对 IFRS 的应用，因此日本也不能无视而对其推进。2007 年 8 月，ASBJ 公布了与 IFRS 的设定期间，签订了以 2011 年 6 月为目标推进的《东京协议》。另外，欧盟（EU）的欧洲委员会在 2008 年 12 月发表了日本会计准则与欧盟采用的会计准则相同的评价（所谓的同等性评价）。随后，ASBJ 公布了《东京协议》的流程图。

与此同时，2009 年 6 月 16 日，企业会计审议会企划公布了企划调整部会（2009）。据此，在《东京协议》的基础上，稍微缓和合并财务报表与个别财务报表的关系，从 2010 年 3 月开始，允许进行国际财务及事业活动的企业自愿采用 IFRS 来编制合并财务报表（所谓的"合并先行"的想法）。其理由是，由于 IFRS 在国际上被广泛应用，并且 IFRS 更重视企业和市场的竞争力。

另外，在企业会计审议会企划调整部会（2009）中，关于 IFRS 的强制使用，设定 3 年左右的准备期间是适当的。然而，在 2011 年 6 月，在东京大地震之后的三个月，日本金融厅（FSA）宣布，将推迟引入 IFRS 的决定。2013 年起，日本经济走上了较快复苏的道路，FSA 开始重新积极规划采用 IFRS，并废除了之前仅允许符合一定条件的日本上市公司采用 IFRS 的规定。

企业会计审议会企划调整部会（2013）为了增加在日本自愿使用 IFRS 的企

业数量，在缓和 IFRS 的任意适用条件的同时，从"适合日本的 IFRS"的观点出发，逐一探讨个别准则，如果有必要的话，可以进行删除或修正一部分 IFRS 准则以达到认可的目的。此前在日本实施的自愿使用 IFRS，实质上是"单纯的对 IFRS 的采用"，但日本认可 IFRS 之后，2015 年，ASBJ 公布了日本版修正国际准则，并从 2016 年 3 月 31 日以后的会计年度开始适用。

针对这一动向，日本修改了相关法规，对在进行国际财务活动和事业活动的公司、在金融证券市场上市的公司以及对根据 IFRS 编制的合并财务报表的适当性进行重组和体制完善的公司（称为特定公司），允许将指定 IFRS 用于合并财务报表。所谓指定 IFRS，是指 IASB 公布的会计准则中，作为公正妥当的企业会计准则被金融厅官方公报所认可。另外，在满足特定公司的条件时，也可以使用 JMIS 来编制合并财务报表。日本上市公司除了可以选择日本准则之外，还可以选择纯 IFRS、JMIS 以及美国准则（GAAP）。结果是，自愿使用 IFRS 的公司正在增加，从 2014 年 12 月的 42 家，截至 2022 年 12 月，达到 259 家，在 3 900 家上市公司中所占比例为 7%。日本会计准则国际化进程如表 1-9 所示。

表 1-9 日本会计准则国际化进程

时间	进程内容
1996 年 11 月	"日本版大爆炸"的金融体系改革以后，日本意识到有必要完善国际标准的会计准则
1999 年 3 月	加速了日本会计准则的国际性协调化的流动
2003 年 11 月	EC 公布了《筹划指令书》，要求 EU 域外企业根据 IFRS 或与 IFRS 等效的会计准则编制财务报表
2004 年 7 月	ASBJ 在《会计准则理事会中期运营方针》中明确了日本会计准则国际化方针
2005 年 3 月	ASBJ 和 IASB 为达到日本准则和国际会计准则的趋同，启动联合项目
2005 年 7 月	欧洲证券监管委员会（CESR）认可了日本会计准则基本等效，同时指出 26 个需要调整的项目
2006 年 1 月	ASBJ 发表《日本准则和国际会计准则的趋同——有关 CESR 等效评估的技术性提议》
2006 年 7 月	金融厅发表了《会计准则的趋同》意见书，指出为得到 EU 等效评估，应提出具体对策
2006 年 10 月	ASBJ 发表《有关我国会计准则开发项目计划：着眼于 EU 等效评估的趋同工作》。对 CESR 指出的需要调整的项目，制定了具体计划表
2007 年 8 月	ASBJ 和 IASB 联合发表了《加速会计准则趋同的协议》（通称《东京协议》）。在该协议中就 CESR 提出对需要调整的 26 个差异项目，在 2008 年前解除日本准则和 IFRS 间的重要差异，余下的差异在 2011 年 6 月 30 日前解除
2007 年 10 月	《东京协议》后，ASBJ 和 IASB 首次召开联合会议：一是探讨计划于 2008 年前解除差异的短期项目及其他主要项目（分部报告、无形资产、特殊目的的实体及企业合并等）；二是协议将 ASBJ 的意见纳入 IASB 现在的作业计划中

时间	进程内容
2007 年 12 月	基于《东京协议》，为达到国际趋同，ASBJ 公布了《项目计划表》。同期，CESR 发表见解：在没有适当的证据证明不可能实施《项目计划表》的情况下，应该认可日本准则与 IFRS 等效
2008 年 12 月	欧盟委员会最终决议，宣布日本会计最终与欧盟国际财务报告准则实现了等效
2010 年 3 月	允许进行国际财务、事业活动的企业自愿采用 IFRS 来编制合并财务报表
2011 年 6 月	FSA 宣布日本将推迟采用 IFRS
2013 年 1 月	FSA 开始重新积极规划采用 IFRS 并废除了之前仅允许符合一定条件的日本上市公司采用 IFRS 的规定
2015 年 6 月	FSA 引入了 JMIS，其内容为 IFRS 和由 ASBJ 对 FRS 作出的相关修订
2016 年 4 月	日本上市的企业可以根据自身的需求选择 GAAP、JMIS 或 IFRS 编制财务报告

三、引入 IFRS 对日本企业的影响

IASB 从 2001 年新成立以来，一直立志于会计准则的国际统一化开展工作。日本起初认为，国际会计准则不符合日本的商业习惯，因此，对国际会计准则的引入一直抱有消极态度。然而，欧盟要求 EU 域内上市公司必须自 2005 年起根据国际会计准则编制财务报表，而 EU 域外企业在 EU 域内上市时，从 2009 年 1 月起也需要根据 IFRS 或与 IFRS 等效的会计准则编制财务报表。基于此，日本会计准则委员会于 2007 年 8 月 8 日，终于与 IASB 就加快日本准则和 IFRS 的融合达成了协议，这个协议被称为《东京协议》。在该协议的基础上，双方决定在 2008 年之前消除日本准则和 IFRS 之间的重要差异，剩下的差异则在 2011 年 6 月 30 日之前消除。与此同时，日本企业会计准则于 2008 年 12 月通过了 EU 的等效评估。从 2010 年 4 月开始，日本允许在全球范围内开展业务的上市企业使用 IFRS。那么，IFRS 的引入对日本企业会产生怎样的影响？下面我们将从利润表、资产负债表以及商誉减值三个方面来探讨。

（一）IFRS 的引入对利润表的影响

日本电波工业于 2010 年 5 月 13 日公布了日本企业中首个使用 IFRS 的结算信息。在那之后，HOYA 和住友商事在 2011 年 3 月、日本香烟产业（JT）和平板玻璃在 2012 年 3 月也开始采用 IFRS。截至 2014 年 12 月，日本已经有 42 家公司采用了 IFRS。下面以 JT 的实际财务数据为例，分析 IFRS 的引入对利润表产生的影响。

1. JT 采用 IFRS 的原因。JT 是以香烟为主要产业的企业，销售额的约 80%

都来自香烟产业，食品产业占销售额的 18%，医疗产业占 2%。2000 年以后，JT 加速了海外业务的开展，其香烟产业仅次于奥驰亚集团公司和英美烟草公司，位列世界第三。而进行全球业务扩展的 JT 采用 IFRS 的主要原因之一就是海外投资者的需要。投资者们普遍认为相同业务采用相同的会计准则得出的数字更具有可比性，而使用不同会计准则会降低企业之间财务报表的比较性，可能会妨碍投资者的投资决定。而竞争中的前两位公司分别使用美国准则和 IFRS。为了去除这样的壁垒，JT 决定采用 IFRS。

2. 引入 IFRS 对利润表的影响。

比较 JT 基于日本准则的利润表和基于 IFRS 的利润表，可以看出两套准则体系下利润表的差异。

首先，从 JT 2011 年 3 月期的利润表（见表 1 - 10）可以看出，采用不同的准则，披露项目是有差异的。例如，相对于 IFRS 要求披露的其他业务收入、金融收入和金融费用等项目，日本准则不要求披露这些项目。而相对于日本准则要求披露的营业外收入、营业外费用、特别利益以及特别损失等项目，IFRS 不要求披露这些项目。这是因为使用 IFRS 的企业，通常会把金融收入或金融费用作为管理费用进行披露。

表 1 –10　　　　　　　　　　JT 的利润表（2011 年 3 月期）

单位：百万日元	日本基准（a）	IFRS（b）	差异（b）－（a）
销售收入	6 194 554	2 059 365	△4 135 189
销售成本	△5 074 075	△953 860	4 120 215
销售利润	1 120 480	1 105 506	△14 974
销售及管理费用	△791 799	△727 144	64 655
其他营业收入	—	20 630	20 630
投资收入	—	2 330	2 330
营业利润	328 681	401 321	72 640
营业外收入	12 029	—	△12 029
营业外费用	△28 223	—	28 223
特别收入	20 601	—	△20 601
特别损失	△52 590	—	52 590
金融收入	—	9 870	9 870
金融费用	—	△25 949	△25 949
税前利润	280 498	385 242	104 744
所得税等	△130 890	△136 506	△5 616
净利润	149 608	248 736	99 128

资料来源：笔者整理翻译自 JT 的决算报告（2011 年 3 月期）。

其次，销售收入和销售成本的表示方法不同。从销售收入来看，相对于日本准则下的 6 兆 1 945 亿日元来说，采用 IFRS 则大幅减少至 2 兆 593 亿日元。另外，与日本准则下的 5 兆 740 亿日元的销售成本相比，采用 IFRS 的销售成本大幅减少至 9 538 亿日元。这些差异，都是由日本准则和 IFRS 对销售额和销售成本的表示方法的不同而引起的。换句话说，日本准则要求销售额和销售成本包含香烟税和其他代理费用，但 IFRS 要求必须扣除这些后再来表示销售额和销售成本。

最后，营业利润的金额也产生了较大变化。相较于日本准则下的 3 286 亿日元，采用 IFRS 则增加至 4 013 亿日元。这是因为销售费用和管理费用在 IFRS 中被减少了。那么，为什么采用 IFRS 销售费用和管理费用会减少呢？虽然减少的原因也许有很多，但最大的原因应该是商誉的摊销。日本准则要求在一定期间内需要对商誉进行摊销，但 IFRS 却不用进行商誉摊销，只需进行减值测试。特别是 JT 从 2007 年开始由于进行大型收购，商誉额大幅增加，商誉的摊销费用使利润减少。而采用 IFRS 后，不再需要确认这些费用，从数值上看，利润得到了改善。

但是，这里必须要注意的是，无论是 IFRS 还是日本准则实际上都没有使企业的实际状况发生变化。归根结底，这种差异是由于会计准则的差异所造成的。

越来越多的日本企业采用国际财务报告准则，与使用日本财务会计准则相比，会出现一些数值差异。在信息披露时，企业有责任明确说明这些差异产生的原因，以避免报表使用者的误解。

（二）IFRS 的引入对资产负债表的影响

我们继续使用 JT 同年的财务数据来分析 IFRS 的引入对资产负债表产生的影响。

1. 有形固定资产。

日本准则和 IFRS 有很大差异的一个项目是"有形固定资产"。根据日本准则，尽管有形固定资产的折旧方法允许采用定率法和定额法，但因为日本很多企业为了享受税收优惠，会更倾向于采用定率法。

IFRS 中定率法和定额法都被认可，但引入 IFRS 的企业通常更倾向于采用定额法（残存价值法）而不是定率法来计算有形固定资产的折旧费用，这可能有以下几个原因：

第一，定额法基于资产的预计使用寿命和残值来计算折旧费用，这与 IFRS 的要求相符。IFRS 鼓励企业将资产的折旧费用分摊到其预计使用寿命内，并根据资产的残值（即在结束使用寿命后的剩余价值）进行调整。这样可以更准确地反映资产价值的减少和使用寿命的递减。

第二，日本在 2011 年之前使用的是 250% 的定率，而 2011 年税制改革后将折旧率降为 200%。这种变化确实增加了企业在选择适当的折旧率时的复杂性。对于企业来说，选择适当的定率法折旧率确实是一个重要的决策，需要考虑多种因素，包括相关法规、税收政策、资产的实际使用寿命等。企业可能需要进行详细的分析和评估，以确保所选取的折旧率是合理的，并能反映资产的实际价值减少情况。

第三，根据 IFRS 的要求，如果有形固定资产的可收回金额（即预计未来现金流量）低于其账面价值，那么就需要计提资产减值损失。这种计提通常是基于单项资产水平进行的，而不是针对折旧进行的调整。因此，在 IFRS 框架下，如果有形固定资产的价值发生重大的下降，并且其可收回金额低于账面价值，那么企业需要进行资产减值测试，并计提适当的资产减值损失。

JT 此前一直使用日本准则，主要采用定率法来计提折旧。引入 IFRS 后，开始采用定额法，结果就导致有形固定资产增加了 307 亿日元。假设其他日本企业引入 IFRS，也会像 JT 一样增加有形固定资产账面价值，并且从此可能无法享受税收方面的优惠。

2. 商誉。

商誉是日本准则和 IFRS 之间存在重要差异的一个项目。根据日本准则，商誉在一定期间内需要进行摊销，即将商誉的价值按照预定期限分摊到收益表上，这通常发生在公司进行大型收购后。

然而，根据 IFRS，商誉不再进行摊销，而是进行资产减值测试。根据 IFRS 的要求，企业需要定期对商誉进行减值测试，以确保商誉在资产负债表上的净额不超过其可收回金额。只有在商誉的可收回金额低于其账面价值时，才需要计提商誉减值损失。

因此，当日本企业引入 IFRS 时，商誉的账面价值通常会增加，因为不再进行摊销。这可能导致资产负债表上商誉的金额较大。JT 在 2007 年开始收购英国加拉赫等公司后引入 IFRS，商誉的账面价值增加了 283 亿日元，这是因为在 IFRS 下，商誉不再进行摊销，而是以其账面价值进行计量和披露。

3. 养老金计提。

养老金计提在日本准则和 IFRS 之间存在重要差异，这可能导致资产负债表中养老金的账面价值在引入 IFRS 后有所增加。

在 IFRS 下，养老金计提的金额较日本准则的计提更高，这使得养老金的账面价值从 2 316 亿日元增加到了 3 119 亿日元。这是因为日本准则和 IFRS 对于养老金计提的标准不同。

根据日本准则，一些特定的养老金计提可能被视为其他综合收益（OCI）项目，不计入资产负债表中的负债项。这可能导致资产负债表上的养老金账面价值较低。

然而，在 IFRS 下，养老金计提需要按照其现值计算，该计提的金额需要计入资产负债表中的负债项。这可能导致引入 IFRS 后养老金账面价值的增加。

因此，将企业的财务报告从日本准则转换为 IFRS 可能会导致养老金账面价值的增加以及对应的负债增加。这是因为 IFRS 有更具体的养老金计提要求，并要求将相应的金额计入资产负债表中。

另外，如前所述，由于 IFRS 中有形固定资产和商誉的账面价值高于日本准则下的账面价值，并且养老金计提等负债也高于日本准则下的账面价值，导致 JT 的负债比率从 124.5% 增加到 128.3%，高出了 3.8 个百分点。

负债比率是衡量企业财务杠杆程度的一个指标，它表示企业的负债总额占总资产的比例。负债比率越高，意味着企业使用借款资金的比例较高，可能承担更大的偿债风险。

由于 IFRS 会将有形固定资产和商誉的账面价值提高，以及养老金计提等负债增加，导致了负债总额的增加。这样一来，JT 的负债比率相对于日本准则下的情况有所增加，从 124.5% 增加到 128.3%，高出了 3.8 个百分点。

这种增加可能是由于 IFRS 对于资产和负债的计量和披露要求更为严格，与日本准则存在差异，导致在引入 IFRS 后负债比率增加。企业应该认真评估这种变化对其财务状况的影响，并采取相应的管理措施来降低负债风险。

第二章 日本税制与改革

日本的财税体制较为完善，虽然设计繁杂，但层次清晰，自成体系。它不仅规范了税收管理，保障了日本经济财政的正常运行，还为国家的社会服务和经济发展提供了必要的资源和支持。然而，随着经济和社会的变化，税制的调整和改革也将是日本面临的挑战之一，需要其适应新的需求和挑战。本章将概述日本税制所具有的特点、改革的变迁及新动向。

第一节 日本税收体系

一、税收管理制度

日本税收制度实行中央与地方税的管理体制。也就是说，日本的税收管理制度由国家税务当局负责，主要是日本国税厅（National Tax Agency）以及各级地方税务局（Local Tax Offices）。中央征收的税种被称为国税，包括所得税、消费税、法人税等。这些税收由中央政府（日本国税务厅）负责征收和管理。国税是统一的，适用于全国范围，其税收政策和税率由中央政府制定。日本国税务厅是日本的中央税务机构，负责监督和管理全国范围的税收事务。它的职责包括税收政策制定、税务征收与征管、纳税申报与稽查、税务咨询与指导等。国家税务厅通过其下属的各个国税局（Regional Taxation Bureaus）来实施具体的税务任务。

另外，都道府县和市町村征收的税种被称为地方税，包括住民税、不动产税、自动车税等。地方税由地方税务局负责征收和管理。地方税务局是日本各个地方政府设立的机构，负责管理和征收各种地方税种，如住民税、不动产税等。地方税务局负责履行地方税收政策，负责纳税人登记、征收、纳税申报、税款征收、税务咨询等工作。各个地方政府可以根据地方的需求和情况，自主决定税收政策和税率，并将征收的地方税收用于地方自治的经费和社会福利项目。也就是说，日本的地方税由地方政府征收和管理，具有一定的自治性，地方税的征收和使用与地方自治的理念密切相关。

国税和地方税是相互独立的税收体系，由各自的税务机关管理，并且在征收、申报、纳税义务和纠纷解决等方面有所不同。此外，日本还有一些特殊的税收制度，如社会保险税和公共特殊建设工程法等。日本的社会保险费制度用于支付养老金、医疗保险和失业保险等社会保障福利。雇主和雇员都需要缴纳社会保险费，在一定程度上分担社会保障的财务责任。

二、征税制度特点

日本的征税制度具有以下几个特点：

（1）征税制度透明性。日本的税收制度非常透明，税法和税务规定公开透明，为纳税人提供明确的指导。税收法规和税率公布在官方文件中，以便公众了解和遵守。

（2）税务申报和征收。日本税务当局针对不同税种制定了相应的纳税申报要求和周期，纳税人需按要求完成纳税申报并缴纳税款。税务当局会进行税务稽查，确保纳税人的申报和征收符合法规要求，并采取必要的纠正措施。日本实行的税收征收和管理机制非常严格和规范。国税局和地方税务局负责征收和管理税款，确保纳税人按时、准确地申报并缴纳税款。同时，相关的税务规定和程序也得到严格执行，以防止逃税和税务欺诈行为。

（3）税务咨询和服务。税务当局为纳税人提供税务咨询与服务，以帮助他们理解和遵守税法法规。纳税人可以通过电话咨询、在线咨询、办税服务中心等方式获取税务信息和解答疑问。

（4）税务合规和处罚。税务当局对纳税人的合规情况进行监督和评估，如发现违规行为或逃税行为，将根据情况采取相应的处罚措施，包括罚款、滞纳金、税务调查等。

（5）纳税人种类广泛。日本征税制度适用于各类纳税人，包括个人、家庭、法人以及其他组织和实体。不同纳税人根据其法定身份和所得来源，分别适用于相应的税种和税率。

（6）高税收遵从度。日本的纳税人普遍具有较高的税收遵从度。这得益于良好的税收教育和宣传，以及税务机关对纳税人的支持和指导。此外，通过建立高效的税务系统和利用信息技术，纳税申报和缴款过程也变得更加便捷和透明化。

总的来说，日本的税收管理制度旨在确保税收的公正、有效和高效管理，维护税制的稳定与公平。纳税人应遵守税法规定，按时履行纳税义务，并在需要时积极与税务当局沟通和协作。

三、税种结构

日本的税收体系是一个复杂的系统，包含多种类型的税收，用于资助国家的公共支出和社会福利项目。经过 60 年的演变，当前日本税制在设计上较为繁杂，现行税收种类有 48 种，其中包括 23 个国税税种和 25 个地方税税种。这些税种涵盖了不同的领域和收入来源，以确保公共财政的稳定和地方政府的自主财务能力。以下是一些主要的税种和税收原则：

（1）所得税（income tax）：适用于个人和企业的所得。个人所得税根据收入水平采用累进税率，分为多个税率层级。高收入者的所得将面临更高的税率，以实现税收公平和收入再分配。企业所得税适用于公司的利润。

（2）消费税（consumption tax）：适用于商品和服务的销售。消费税税率从 2019 年 10 月 1 日起从 8% 提高到 10%。消费税由最终消费者承担。消费税也有不同的税率，包括标准税率和降税税率等，用于区分不同类型的商品和服务。

（3）住民税（resident tax）：由地方政府征收，适用于个人的收入和财产。住民税是地方税收的一种，税率由各地方政府自行决定。

（4）法人税（corporate tax）：适用于公司的利润。标准的法人税率为 33.99%（包括国民健康保险税和地方税），但特定企业可以享受较低的税率。

（5）不动产税（property tax）：适用于房地产的所有者，根据不动产的市值计算。不动产税也是地方税收的一部分。

（6）遗产税（inheritance tax）和赠与税（gift tax）：适用于遗产和赠与财产，根据财产的市值和受赠人之间的关系计算税率。

上述税种中值得一提的是日本的消费税。消费税实质上是对广泛的消费项目采取相应的中立性质的间接税，日本的消费税实质上相当于我国的增值税，"等额消费、等额纳税"，具有税负横向公平性的特点。其 2022 年度预算中占 32.9%，对财源的稳定起着重要作用。日本的消费税从 1989 年 4 月开始征收，税率是 3%；到了 1997 年，日本政府对消费税进行了增税，增至 5%；2014 年又再次增税，消费税率增至 8%。关于第四次增税，原定于 2015 年 10 月增税延期到 2017 年 4 月，之后又延期到 2019 年 10 月，增税至 10%。征收消费税的一大理由是为了确保在老龄化社会中政府的财源。另外，日本消费税税率与经济合作与发展组织（OECD）成员国的平均水平（19%）相比是偏低的。2018 年 4 月，时任 OECD 秘书长古里亚对日本财务大臣麻生太郎提出了"未来有必要逐步将日本的消费税率上调到 OECD 成员国的平均水平"这样的建议。财务省表示未来也许会提高消费税率至 15%。

此外，日本还有其他税种，如车辆税、道路使用税以及烟草税、酒税等，具体税种如表 2 - 1 所示。

表 2 - 1　　　　　　　　　　日本国税、地方税的税种

国税	地方税
所得税（income tax）	市町村民税（municipal tax）
法人税（corporate tax）	村免税（village exemption tax）
消费税（consumption tax）	都道府县民税（prefectural tax）
住民税（resident tax）	农业土地改良税（agricultural land improvement tax）
不动产税（real estate tax）	高速道路使用税（highway use tax）
事业税（business tax）	固定资产税（fixed asset tax）
印花税（stamp tax）	地价税（land value tax）
财产税（property tax）	田园地带特别税（tazenzai tax）
关税（customs duties）	特定都市住民税（special city resident tax）
遗产税（inheritance tax）	特定都市借地补偿金（special city land leasing compensation levy）
地租税（land rent tax）	产业税（parcel tax）
渔业资源税（fishery resource tax）	特殊合伙税（special partnership tax）
煤气税（gasoline tax）	特定区民税（special ward tax）
电力税（electricity tax）	特定区营业税（special ward business tax）
轻自动车税（light motor vehicle tax）	特定区房地产税（special ward real estate tax）
自动车重量税（automobile weight tax）	事业中介手续费税（business brokerage fee tax）
酒税（liquor tax）	机械购置税（machinery acquisition tax）
烟草税（tobacco tax）	特定区住民税（special ward resident tax）
酒店业税（hotel occupancy tax）	基金、股票和债券经纪手续费税（fund, stocks, and bonds brokerage fee tax）
公墓税（public cemetery tax）	地方法人税（local corporate tax）
特种品税（special tax on certain items）	应纳金融资产税（taxable financial assets tax）
特别征收税（special local taxes）	地方特别收入法（local special revenues law）
其他国税（other national taxes）	地方分配税（local allocation tax）
	地方合伙企业税（local partnership tax）
	地方改革专项税（local reform special tax）

资料来源：笔者翻译整理。

总体来说，日本的税收体系旨在实现中央与地方之间的合作与协调，平衡国

家利益与地方自治的需要。中央政府负责全国性的税收政策和大型税收项目，而地方政府则有一定的权力和责任管理区域性的税收和财政事务。

第二节 日本税制改革的变迁

在第二次世界大战结束后，日本经过两次重大的税制改革和多次的调整和完善，建立起了一个成熟的现代财政体系。

一、两次重大税制改革

首先，是在 20 世纪 50 年代进行的第一次税制改革。在这次改革中，日本政府采取了一系列措施，包括增加所得税和消费税的税率，以增加税收收入并支持战后重建。这次改革对日本财政的稳定性和国家建设起到了积极的作用。

其次，第二次重大的税制改革是在 20 世纪 80 年代推行的。这次改革主要集中在减税和简化税制上。其中，1987 年实施的企业税改革被认为是一项重要的措施，通过降低企业税率、调整税基和增加税收优惠措施，促进了经济增长和企业投资。

此外，日本还进行了多次的调整和完善，以适应经济和社会的需求。这些调整涉及到不同的税种和税率，以及税收优惠政策的引入和调整，旨在提高税制的公平性、经济效率和财政的可持续性。借助这些税制改革和调整，日本建立起了一个相对成熟和稳定的现代财政体系，为国家的发展和经济繁荣提供了支持。

二、成熟的现代财政体系

日本拥有的成熟的现代财政体系，其特点包括以下几个方面：

（1）多元化的税收体系。日本的税收体系包括多种税种，例如企业所得税、个人所得税、消费税、财产税、地方税等。这些税收来源分散，有助于平衡财政收入和降低依赖于单一税种的风险。

（2）稳健的财政管理。日本政府致力于进行财政规划和管理，以确保公共财政的稳定和可持续性。在制定财政政策和预算方面，日本注重长期规划、透明度和审慎性。同时，日本也设立了一系列的财政目标和规则来约束财政决策，例如设定了公共债务比率上限等，以确保财政健康。

（3）财政可持续性。日本采取措施以维持财政的可持续性，尽管面临人口老龄化和社会保障压力。这些措施包括平衡收支和债务管理，通过增加税收收入、控制开支、改革社会保障制度等手段来应对财政挑战。

（4）高度的财政透明度。日本政府注重财政的透明度，定期公布财政报告、预算情况、债务状况以及相关的财政数据。这有助于提高公众对财政决策和资金运用的监督和了解程度。

（5）国际合作与协调。日本积极参与国际经济和财政事务，在国际组织如国际货币基金组织和经济合作与发展组织等的框架下，与其他国家协调财政政策并促进全球经济稳定与发展。

综上所述，日本现代财政体系的多元化税收体系、稳健的财政管理、财政可持续性、财政透明度以及国际合作与协调的特点，有助于支持日本的经济发展、社会福利和财政稳定。尽管如此，日本仍然面临一些财政挑战，如债务问题、人口老龄化等，需要进一步的努力和改革来应对这些挑战。

三、税制改革的变迁

1947 年，日本开始采用纳税人自主计算所得税额并且申报纳税的申报纳税制度。1949 年 4 月，以哥伦比亚大学卡尔·夏普（Carl S. Shoup）教授为首的七人使节团访问了日本。夏普教授等对日本当时的税制以及与此相关的社会经济背景进行了细致的考察，最终提交了一套完整而系统的税制改革方案，称为"夏普劝告"。其目的是，在能够获得同等收入的前提下，使税制更加公平，并尽可能降低对私人生产的抑制（Shoup，1949）。简言之，即公平与效率。在两者之间，公平又是首要的考量（Shoup，1949）。该劝告中包括了建议实行以直接税为中心的税制，并建议加强地方财政等内容，奠定了一个以直接税（个人所得税和法人税）为主的税收体系。1950 年，日本根据"夏普劝告"进行税制改革，被称为"夏普税制"，成为了当前税制的基础。

日本税制在之后的几十年中经历了多次改革和变迁。日本税制改革是一个持续的进程，根据经济、财政和社会需求进行调整和改进。以下是一些重要的日本税制改革的里程碑：

（1）1989 年消费税（增值税）引入。为了增加税收收入和减少对直接税的依赖，日本于 1989 年引入了消费税（增值税）。初始税率为 3%，后来逐步提高到目前的 10%。消费税成为日本最主要的国内税种之一。

（2）1997 年社会保险税改革。为应对日益增长的社会保险费用，日本实施了社会保险税的改革。该改革增加了雇主和雇员的社会保险缴费，并进行了社会保险制度的调整。

（3）2003 年所得税改革。为降低高收入者的税负和促进经济增长，日本进行了所得税改革。具体包括增加个人所得税的减税幅度、调整税率等。

（4）2012 年法人税改革。为刺激企业投资和推动经济增长，日本进行了法人税改革。改革措施包括降低法人税率、扩大税务优惠措施、改善税基等。

（5）2015 年财政消费税率上调：为应对日本严峻的财政挑战和老龄化社会带来的社会保障压力，日本将消费税率从 5% 提高到 8%。后来在 2019 年又上调至 10%。

（6）2020 年税制改革。2020 年，日本进行了一系列税务改革，旨在减轻受新冠疫情影响的企业和家庭的税负。改革措施包括提供紧急税收减免、推出食品外卖特别支援措施、临时增加了对家庭所得税和财产税的减税措施等。

（7）2022 年税制改革。这一内容在下面将详细展开。

四、2022 年税制改革概要

为了实现增长和分配的良性循环，日本经济产业省将从考虑各种利益相关者的管理和积极的工资增长的观点出发，大力加强与工资增长相关的税收制度措施，并通过初创公司和现有公司的合作来促进开放和创新。此外，还将根据实现碳中和的观点对抵押贷款扣除进行探讨修正。此外，为了确保经济复苏，将从缓解土地财产税等负担调整措施剧烈变化的角度采取必要措施。具体而言，主要修改的税制内容如下所示。

（1）个人所得税——按揭扣除制度的修订。抵押贷款扣除的申请期限延长了 4 年，对象为截至 2025 年为 7 年末的居民，从实现碳中和的角度来看，对于具有高节能性能的认证住房、新住房、现有住房等都会增加借款限额；收入达到 2 000 万日元，扣除率为 0.7%；除了将新房的扣减年限设置为 13 年，关于 2023 年之前施工确认的新房，只有总收入在 1 000 万日元以下的人有资格扣除 40 平方米以上的住房。

（2）资产税。

①房屋购置资金赠与免税措施的修订。从防止固定差异的角度出发，修正限额后，申请期限将延长两年。

②注册牌照税无现金支付系统的建立。建立允许通过信用卡等支付的注册许可制度。

③调整土地财产税的措施。关于调整土地财产税的措施，仅在 2022 年，商业用地的标准应纳税额将增加评估值的 2.5%（现在为 5%）。

（3）法人税。

①鼓励积极加薪的措施等。针对大企业，以 2023 年末为期限，继续签约的职工工资涨幅比上年增加 3% 或以上的，将扣除员工上一年工资涨幅 15% 的税款；继续签约的职工工资涨幅比上年增加 4% 以上的，加征 10% 的税收抵免率；教育培训费用涨幅比上年增加 20% 以上的，将采取措施增加 5% 的税收抵免率。以 2023 年末为期限，关于法人企业税收增值税优惠，继续签约职工支付的工资总额比上年增加 3% 以上的，采取从增加值中扣除上年支付给职工的工资数额的措施。对于一定规模或更大的大公司，需要公布加薪政策和与商业伙伴建立适当关系的政策。

针对中小企业，上一年度支付的职工工资增长幅度为 1.5% 以上的，按上一年度支付的职工工资增长额的 15% 抵免。作为税收抵免的附加措施，如果员工工资支付比上一年增加 2.5% 或更多，则在税收抵免率上增加 15%。教育培训费用比上年增长 10% 以上的，采取措施在税收抵免率上增加 10%。

②开放式创新税制的扩大。对成立 10 年以上未满 15 年的、研发费用占销售额 10% 以上的亏损公司作为投资对象重新探讨。

③ 5G 引进推广税制的修订。从加快地方网络建设的角度，梳理目标设备和税收抵免率的要求。

④大企业减征企业所得税税率的修订。取消对外部标准课税法人（资本金超过 1 亿日元的法人）年收入 800 万日元以下的减免税率，将标准税率设为 1.0%。

⑤燃气行业企业税征税办法的修订。法人等经营的事业（不包括管道事业）依法分离的管道事业部，按收入百分比、增值百分比和资本百分比的总和征收。其他法人开展的业务（不包括管道业务）应与其他一般业务相同。

（4）消费税。

①关于汽车重量税无现金支付系统的建立，允许通过信用卡等支付汽车重量税的制度。

②关于航空燃油税率特别措施，经税率修订后，适用期限延长一年。

③冲绳县等地生产的酒精饮料的酒税减免措施分阶段取消。

（5）纳税环境改善。

①税务会计师制度的修订。税务会计师将制定一项规定，旨在通过在业务中引入信息通信技术来提高纳税人的便利性；放宽考试资格要求，便于青年税务会计师参加考试，保障多元化人才资源。

②针对未妥善履行簿记义务的纳税人的对策。对未适当履行簿记义务的纳税人，制定权重措施，例如少报附加税。为没有书面证据的账外费用制定必要和可扣除的措施。

③财产和债务记录系统的修订。除了现有的权利人之外，特别是对于高价值资产持有人，将采取措施，使其有义务提交该记录，无论其收入标准如何。

④地方税务程序的数字化。通过地税网上办证系统，拓展电子申报、电子申报程序和电子支付税目和支付方式。

（6）关税。

①延长暂定税率等的申请期限。采取将 2011 年底到期的暂定税率（412 项）申请期限延长一年等措施。

②以境外企业为主体，加强假冒产品边境管控。配合修改后的商标法和外观设计法的实施，《海关法》规定，境外经营者邮寄给境内无经营者的假冒商品（商标权等侵权商品）属于"不得进口的货物"。与此同时，排除对非商业进口商的处罚，并就侵权商品的证明程序制定必要的规定。

五、日本今后税制改革方向

随着 2020 年新冠疫情在全球蔓延，日本经济也出现大幅萎缩，2020 年，GDP 下滑 4.8%。为有效应对新冠疫情影响下的经济萎缩等问题，根据前面日本税制改革的历史变迁的经验以及日本政府 2022 年的政策方向和财政挑战，以下是一些可能的日本未来的税制改革方向。

（1）继续扩大 5G 投资。除了智能工厂等工业应用，5G 还将帮助解决远程医疗、防灾等社会问题。5G 作为下一代核心基础设施，由可靠的供应商尽早在社会中采用安全可靠的系统，这一点很重要。为了增加 5G 基础设施相关供应商的多样化，需要进行必要的审查，以更有效地开发 5G 基础设施。

另外，由于 5G 具有超高速、大容量、超低时延、多方同时连接等特点，有望在各行各业得到广泛应用。关于世界通信基站基础设施，中国、欧洲和韩国的前 5 名公司占据了全球 90% 以上的份额。那么，未来的问题还将包括由于各种供应商进入市场而引起的竞争。

（2）调整能源和环境政策以实现碳中和，并确保稳定的能源供应。

①延长可再生能源发电设施税收标准特别措施（固定资产税）。对于实现 2030 年能源结构和 2050 年碳中和目标，促进可再生能源的进一步引进和推广具有重要意义。为了应对商业风险，扩大再投资，为区域内可再生能源的最大普及作出贡献，将把前三年减免发电设施固定资产税的税收制度再延长两年。

②探讨汽车相关税的征收方式（汽车重量税、汽车税、轻型车辆税）。关于汽车相关税费，在中短期内，有必要建立一个税收制度，鼓励电动汽车的普及和扩大，以实现碳中和。有必要从简化和减轻税负的角度考虑重新审视税收方法。从长远来看，有必要考虑以下问题。由于各种机动车的出现［自动驾驶汽车（机器人出租车）、移动医疗车、移动销售车等］，不仅要发展道路，还要发展新的基础设施（运营管理系统、自动驾驶通信基础设施等）；重建收益与税负的关系（扩大范围），不仅是汽车用户（车主），还有移动服务用户；不仅仅是"汽车"，而是整个"移动社会"。就汽车使用者的税负而言，日本的车身税在国际上处于高水平。

③环境和可持续发展税制。随着全球对环境和可持续发展的关注日益增强，日本会在税制改革中加强环境保护和可持续发展方面的考虑。这包括增税或在污染排放、碳排放等与环境相关的行业和活动上征税，以鼓励绿色技术和可持续经济的发展。

（3）改善适应企业活动全球化的商业环境——应对经济数字化的新国际税制。以 OECD 为中心的国际讨论在与经济数字化相关的理想国际税收规则方面取得了进展（有 139 个国家/地区参与，2021 年 7 月达成了总体协议）。它对日本的全球化公司（无论是不是数字产业）产生了广泛的影响。

日本在 2021 年 10 月达成的最终协议以及之后的国内立法中，将引入新的国际税收制度。既要营造国内外企业公平竞争的环境，又要注意不给日本企业造成过大负担，以保持和提高日本企业的国际竞争力。

对市场国家的征税权分配不仅限于数字企业，而是针对几乎所有行业的大型、高利润公司。由于在市场国家纳税的日本公司也有可能被征税，所以要慎重考虑扣除措施的详细设计等，避免双重征税，以免妨碍国际竞争。

对于已进入亚洲并正在接受当地税收优惠的制造业，全球最低税率可能会有所提高。有必要考虑到该地区的实际经济活动，采取排除措施来考虑对制造业等的影响。在日本国内立法时，考虑其在其他国家引入的时机，以免妨碍国际竞争，并审查现有的类似制度（外国子公司的合并税收制度），以促进日本企业的海外扩张。

另外，随着数字经济的快速发展，日本可能会考虑引入数字经济税或类似的措施。这样的税制可能针对跨境电子商务、数字服务提供商等从事数字经济活动的企业，并寻求在国际层面解决数字经济税收问题。

（4）财政可持续改革。日本面临着人口老龄化和社会保障支出增加的挑战，未来的税制改革可能会以提高财政可持续性为重点，包括增加税收收入，如调整消费税率或扩大税基；控制支出，如削减不必要的开支；改革社会保障制度，以提高效率和公平性。

第三节　对外国法人的课税

一、日本的源泉税

在全球化的背景下，跨国企业的合作越来越频繁，源泉税在国际财务中起着重要的作用。源泉税通常被定义为在国外提供服务等情况下，国内企业在付款的时候需要扣除其应该在国内缴纳的所得税等税金。在不同的国家中，源泉税的运用方式有所不同。

日本的源泉税是一种针对非居民个人和外国法人在日本境内所得的税种。关于日本源泉税的具体内容如下：

（1）征收对象。源泉税主要适用于非居民个人和外国法人在日本境内获取的特定类型收入，包括但不限于工资、薪金、租金、特许权使用费、利息和股息等。

（2）纳税义务。依据日本的源泉征税原则，相应的收款人（如雇主、租赁方、分配人等）在支付收入时，应从支付金额中扣除源泉税，并代为向日本国家税务机关（国税局）缴纳。纳税义务由支付人承担。

（3）税率和计算方法。源泉税的税率根据收入类型和所属国籍等因素而有所不同。大部分非居民个人和外国法人源泉税的税率为 20.42%（包括国民健康保险费）。然而，根据适用的双边税务协定，税率可能会有所不同，并可能享受更低的税率。

（4）免除或减免。根据日本的税务法规和双边税务协定，源泉税可以免除或减免。例如，在某些情况下，非居民个人或外国法人可以申请免除源泉税，或者在适用的税务协定下享受减免。这取决于个人或法人的所得类型和国籍，以及与日本签订的税务协定的规定。

（5）申报和缴税。源泉税由支付人从支付金额中扣除，并在支付后一定时间内向税务机关缴纳。支付人须填写并提交相应的源泉征收纳税申报表。

对外国企业而言，了解日本源泉税的规定和必要性是确保税务合规、控制管理成本和风险以及建立良好商业声誉的重要因素。可以从以下几个方面来考虑：

第一，合规性。了解日本的源泉税规定对外国企业而言是确保税务合规的重要一步。外国企业若在日本开展业务并支付给非居民个人或其他外国企业特定类型的收入时，需要了解并遵守源泉税的规定，以确保遵守日本的税务法规和避免可能的处罚。

第二，成本考量。源泉税的纳税义务通常由外国企业作为支付人承担，需要从支付的收入中扣除并缴纳给日本税务机关。了解源泉税的税率和计算方式，可以帮助外国企业预估和计划其业务活动的成本，并在合理的范围内控制税务风险。

第三，双边税务协定。了解日本与企业所属国家签订的双边税务协定（如果有的话），可以了解是否存在适用更低税率或免除源泉税的情况。这些协定规定了各国之间收入征税的分配原则和规则，能够帮助外国企业合理规划经营活动以降低税务成本。

第四，国际税务风险管理。了解日本源泉税的规定可以帮助外国企业在国际税务风险管理方面作出明智的决策。外国企业在跨境业务中应当注意避免双重征税、合理利用税务协定条款、适应可能的税法变化，并遵守相关的报告和申报义务，以减少税务风险和避免不利后果。

第五，公认的商业行为。了解和遵守源泉税的规定有助于外国企业在日本建立良好的商业声誉。遵守税务法规和诚信纳税可以增强外国企业在日本的信任度，促进自身与本地合作伙伴、客户和供应商的良好合作关系。

二、《法人税法》中的国内源泉收入

在日本《法人税法》中，国内源泉收入指的是一家日本境内的法人企业从日本境内获取的收入。这些收入通常会受到日本《法人税法》的规定和税率的影响。在 2014 年度的《法人税法》修改中，国内源泉收入的定义得到了很大的修改。修改前，对于外国法人在日本设立常设机构（Permanent Establishment，PE）的情况，采用的是综合主义，即将该外国法人的所有国内源泉收入（归属于 PE 的国内源泉收入和不归属于 PE 的国内源泉收入）合计起来进行课税。修改后，采用了归属主义，即只将归属于 PE 的国内源泉收入作为课税对象。以下是日本《法人税法》中的一些关于国内源泉收入的主要规定：

（1）营业收入。包括销售商品或提供服务所得到的收入，根据日本税法的规定，应视为国内源泉收入。

（2）利息收入。如果利息来自日本境内的贷款或债券，那么该利息收入应视为国内源泉收入。

（3）股息收入。如果股息来自在日本注册的公司分配的利润，那么该股息收入应被视为国内源泉收入。

（4）租金收入。如果租金是由日本境内的房地产或其他资产产生的，那么该租金收入将被视为国内源泉收入。

（5）特许权使用费。如果特许权使用费是由日本境内授予的知识产权的使用权而产生的，那么该特许权使用费将被视为国内源泉收入。

日本《法人税法》对国内源泉收入征收一定的所得税。具体的税率和计算方法会根据企业的规模和收入额等因素而有所不同。

对于国外企业在日本境内的活动，根据日本的税务规定，需要在国内登记并履行相关纳税义务，并缴纳相应的所得税。同时，根据日本与其他国家之间的双边税务协定，可能存在减免源泉税、避免双重征税的条款。

三、对外国法人的课税收入和课税方式

课税收入和课税方式与外国法人是否具有 PE 以及是否存在归属于 PE 的国内源泉收入相关。

根据日本的税法规定，外国法人如果在日本境内有 PE，即在日本设立了稳定的经营机构，那么将受到日本法人税法的规定并需要缴纳相应的税费。而 PE 的存在与否是根据一系列的标准来判断的，主要包括在日本是否有足够的实体和经营活动，并且持续时间足够长。

当外国法人具有 PE 并且存在归属于 PE 的国内源泉收入时，这部分收入将被视为课税收入，即需要纳税的收入。这些收入将受到日本法人税法的规定和税

率的影响，并按照日本法律进行纳税。

然而，如果外国法人没有在日本境内设立 PE，且其仅从日本获得其他类型的收入，而非归属于 PE 的国内源泉收入，那么这些收入通常被称为非课税收入。针对这种情况，外国法人可能还需要根据日本的相关税务规定，履行一定的报告和申报义务，但不会直接受到日本法人税法的征税。

1. 保有 PE 的外国法人。对于保有 PE 的外国法人，其课税方式主要是根据日本的税法规定来确定。PE 是指外国法人在日本境内设立了稳定的经营机构，通常包括分支机构、办事处、工地等。以下是相关的课税方式：

（1）企业所得税。保有 PE 的外国法人需要根据其在日本境内发生的收入计算并缴纳企业所得税。根据日本的税法规定，PE 应将其与经营活动相关的收入与支出纳入考虑，计算应纳税额。

（2）工业活动税。对于一些具有特定类型的 PE，如工地等，可能还需要缴纳工业活动税。工业活动税是基于 PE 在日本境内从事的特定行业活动、使用的设备或工作人员数量等因素来计算的，税率可能因地区和行业而有所不同。

（3）消费税。PE 在日本境内从事销售商品或提供服务的活动通常也需要纳税，即向客户收取消费税。PE 需要依法将收集的消费税纳入税务机关。

此外，对于保有 PE 的外国法人，还需要遵守相关的报告和申报义务，包括提交年度财务报表、税务申报表等。

2. 不保有 PE 的外国法人。对于不保有 PE 的外国法人，在日本的税务课税方式会有所不同。以下是一些常见的税务课税方式：

（1）源泉扣缴税。当不保有 PE 的外国法人从日本境内获得特定类型的收入时，日本境内支付方可能会根据源泉扣缴税的要求，在付款时扣除一定比例的税款。这种方式下，不保有 PE 的外国法人通常需要与日本方面办理相关的申报手续，以确保税务合规性并获得可能的减免。

（2）利息收入税。不保有 PE 的外国法人在日本境内获得的利息收入可能会受到利息收入税的征税。根据日本的税法规定，日本的银行和其他金融机构在向不保有 PE 的外国法人支付利息时可能会在源头处扣除一定比例的税款。

（3）特许权税。当不保有 PE 的外国法人从日本公司或个人获得特许权使用费时，可能需要缴纳特许权使用税。这通常涉及在日本境内使用的知识产权、商标或专利等的使用费。

第四节　日本转移定价税制

在全球化和跨境交易频繁的背景下，国际税收分配问题变得十分重要。企业利用跨国关联交易，将利润转移至低税收国家，已成为各国维护国家税收主权的重大挑战。

跨境税收转移是指企业在不同国家或地区之间转移利润、成本和资产，以降低所得税或享受税收优惠的行为。在跨境税收转移中，无形资产往往扮演着重要的角色。无形资产作为非物质性的资产，其价值和利润往往难以明确界定。由于无形资产的特殊性，企业对其进行定价时可能存在较大的自主性和不确定性。因此，无形资产的转移定价核算成为了税务机关关注的焦点。

税务机关通常会评估企业在无形资产转移中采用的定价方法是否合理，并根据相关准则和规定，对其进行核算和审查。同时，税务机关也会根据其自身的评估和信息收集，对无形资产的价值和定价进行独立评估。

在各类无形资产中，特许权使用费一方面由于可比性较差且未来经济效应不确定，另一方面企业通常在关联交易中拥有较大的定价自主权，从而使得特许权使用费成为利润转移的常见手段。为解决这一问题，日本于 2019 年引入了"难以估值的无形资产"（hard-to-value intangibles，HTVI）相关制度。该制度是基于经济合作与发展组织 OECD 发布的 BEPS 行动计划①（税基侵蚀和利益转移）而设立的，旨在加大对利用特定无形资产进行利润转移的打击力度，延长执法部门对该行为的追责时间跨度。HTVI 制度减少了日本利用特许权使用费等无形资产进行利润转移的滥用行为，并增加了对违规行为的打击和追责力度。

另外，企业根据其预测的未来使用效果对无形资产进行估值，而税务机关基于历史数据评估无形资产的价值，因此，企业和税务机关对无形资产的估值结果可能存在差异。

为了应对这些问题，国际社会和各国税收机关一直在努力改进转移定价准则和规则，以提高透明度、一致性和公平性。例如，BEPS 行动计划中提出的措施

---

① BEPS 行动计划是为了解决利润转移和税基侵蚀问题而制定的全球范围的倡议。它旨在通过制定一系列措施，加强国际税收规则的一致性和透明度，避免利润通过合理或不合理的方式被转移到低税收国家或避税地。该计划提出了一套行动规则，以应对涉及利润移转的各种策略和机制，包括转移定价、国际税务规则的修订、信息披露要求的加强等。

旨在防止利润的非法转移和避税行为，促使企业和税务机关更加谨慎地进行无形资产的转移定价，并加强信息披露和国际合作。

总的来说，国际税收分配问题是全球化背景下需要应对的挑战，而特许权使用费等无形资产的利润转移问题更是其中的热点之一。各国税收机关通过采取措施，如引入 HTVI 制度，来加强对利润转移行为的监管，维护税收主权，促进全球税收公平。与此同时，解决跨境税收转移和无形资产转移定价问题是一个多方面的挑战，需要各国积极合作，加强国际税收规则和合规措施的制定和执行。只有通过共同努力，促进税收的透明度和公平性，才能减少利润转移和税基侵蚀行为的发生，并维护企业的声誉和价值。

一、日本转移定价税制发展现状

1. 转移定价税制发展进程。日本在转移定价税制方面起步较早，经过多次修订和改进，逐步完善了相关制度和执行细节。日本的转移定价税制发展历程可以追溯到 20 世纪 80 年代。

1985 年，日本开始实施外国企业税收改革，引入了转移定价税制。该制度的目的是防止跨国公司通过内部定价来转移利润，从而减少在日本的纳税义务。

20 世纪 90 年代初期，日本进一步完善了转移定价税制，制定了相关的税法法规。税务当局开始要求企业提交转移定价文件，包括关于内部交易的信息和定价依据，以便进行审核和确认。

1995 年，日本发布了关于转移定价的第 1 号官方指导文件，该文件提供了转移定价的基本原则和方法，并建议企业在定价文件中提供相关信息。

1998 年，日本进一步加强了对转移定价的管理和监控。税务当局设立了专门的机构，负责审查纳税人之间的转移定价备案申报。

2003 年，日本修改了关于转移定价的法律和规定，加强了税务当局对转移定价的审查和调整的权力。同时，要求企业提交更加详细和完备的转移定价文件。

2010 年，日本采纳了 2008 年修订的《国际税收准则》（OECD 转移定价准则），将其纳入国内税法体系。这一举措旨在使日本的转移定价税制与国际标准保持一致，并加强与其他国家的合作和信息交换。

2016 年，日本再次修改了有关转移定价的法律和规定，进一步强化了税务当局对转移定价的审查和监控能力。此次修改还引入了相关方交易报告的要求，要求企业向税务当局提供更详细和更全面的信息。

2018 年，为实施 BEPS 行动计划，日本对国内法进行调整。根据修正后的规定，与房地产相关的法人所得将受到更为严格的税务监管。具体来说，非居民或外国法人在将房地产相关法人的股份进行转让等交易时，应在股份转让前的 365 天内进行税务修正。通过要求在股份转让前的 365 天内进行税务修正，日本税务局可以更有效地识别纳税相关收益，并确保非居民或外国法人按照规定纳税。

2019 年，日本针对无形资产转移定价，通过增加现金流量折现法、增加四分位法对转移定价数量差异进行调整，对难以评估的无形资产交易引入价格调整措施。

2020 年，日本加入了《共同报告准则》（Common Reporting Standard，CRS），要求金融机构向日本税务局报告外国居民的金融账户信息。这有助于日本税务局更好地监控和核查跨境交易中的转移定价问题。

总体来说，在过去的几十年中，日本的转移定价税制经历了多次修订和完善，加大了监管力度和国际合作，以应对跨国企业的转移定价行为和国际税收挑战。

2. 2019 年日本转移定价税改效果。由于转移定价涉及跨国企业间的交易和利润分配问题，往往需要涉及到交易双方所在国家税务机关的协商和合作解决。为了统一转移定价核算标准，防止税基侵蚀，各国转移定价税制一般倾向于参考 OECD 提供的国际税改框架。

2019 年，日本引入了一些新的转移定价核算方法，包括现金流量折现法以及四分位法。这进一步拓宽了转移定价核算方法的适用范围，并加大了对利用无形资产境外交易进行利润转移的打击力度。在 2019 年的税制修订中，日本选择在 OECD 规定的基础上，结合本国实际情况进行一定的调整后再引入这些方法。

自 2019 年的转移定价税制改革于 2020 年 4 月 1 日生效以来，日本的转移定价相关涉税案件数量和涉案金额总体呈现下降的趋势（见表 2 - 2），这说明 2019 年的税制改革在防止税基侵蚀和打击跨境利润转移方面取得了积极成效。这种趋势反映了税务机关对转移定价行为的更加有效的监管和执行，以保障税收公平性和国家利益。

表 2 - 2   2019 年后日本转移定价案件情况

项目	2019 年		2020 年		2021 年		2022 年	
	数量/金额	同比变化（%）	数量/金额	同比变化（%）	数量/金额	同比变化（%）	数量/金额	同比变化（%）
涉税案件数量（件）	257	44.4	212	17.5	134	-36.8	154	14.9
未申报收入金额(亿日元)	365	-16.3	534	46.6	502	-6.0	333	33.7

资料来源：日本国税厅。

总的来说，日本通过参考 OECD 的国际税改框架，并引入新的转移定价核算方法，加大了对转移定价的监管和打击力度，使得转移定价税制更加符合国际标准，并取得了积极成果来防止税基侵蚀和跨境利润转移。

二、日本转移定价核算方法

日本的转移定价核算方法主要参考了国际上通用的转移定价准则，特别是 OECD 的转移定价指导原则。根据可比原则，对关联方之间的交易进行可比性分析。根据可比性分析的结果，选择适用的转移定价方法。在日本，常用的转移定价方法包括独立价格比价法、转售价格基准法、交易单位营业利润法、利润分割法、现金流量折现法、四分位法以及推定课税法。当能够寻找到可靠的可比对象时，一般采用交易单位营业利润法进行定价。而在难以找到可靠的可比对象时，可以采用现金流量折现法或利润分割法作为替代方法。

1. 独立价格比价法。独立价格比价法（comparable uncontrolled price，CUP）的核心思想是通过比较关联方交易与独立交易之间的价格，找到具有相似功能、风险和条件的独立交易作为比较基准，以确定关联方交易的公平价格。这样做的目的是确保关联方交易在定价上与市场上的独立交易具有可比性。

应用独立价格比价法，通常需要进行以下步骤：

（1）确定可比性要素。确定关联方交易与独立交易之间的可比性要素，如产品或服务的特征、功能、市场条件、地理位置、承担的风险等。

（2）寻找可比交易。寻找与关联方交易具有可比性的独立交易。这可能需要考虑多个因素，并在可能的范围内尽量寻找多个可比交易作为参考。

（3）准确比较价格。比较关联方交易与可比交易之间的价格。这可能涉及对价格进行调整，以确保比较的一致性，例如对不同数量、交货条件等进行调整。

（4）确定公平价格。根据比较结果，确定关联方交易的公平价格范围。这可能涉及确定适当的价格区间或提供合理的定价范围。

（5）文件化和记录。在应用独立价格比价法时，企业需要记录和文件化相关的数据、分析和比较结果，以备将来的审计和审核。

独立价格比价法如图2-1所示。

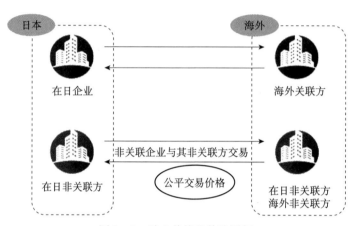

图2-1 独立价格比价法图解

因此，在使用独立价格比较法时，涉外关联交易和比较对象交易之间的资产或劳务的内容需要高度相似。这意味着在进行比较时，需要考虑产品或服务的特征、功能、质量、规格等方面的相似性。

此外，如果涉外关联交易与比较对象交易之间存在差异，比如在产品特性、交易条件或其他相关因素上有不同，那么需要调整这些差异产生的具体影响后再采用独立价格比较法进行比较。

调整差异的目的是确保比较的公平性和准确性。具体的调整方法可能会因情况而异，需要根据实际情况进行具体分析和计算。常见的调整方法包括价格调整、数量调整、质量调整等，以消除差异对比较结果的影响。

调整差异后，再应用独立价格比较法可以更准确地比较涉外关联交易和比较对象交易的价格水平，从而确定是否存在定价上的偏差或不公平。这样可以确保在评估涉外关联交易是否符合公允市场价的要求时，比较出来的结果更可靠并具有可验证。

2. 转售价格基准法。转售价格基准法（resale price method，RPM）的核心思想是基于中间商的利润水平来确定其转售价格。通常，该方法涉及以下步骤：

（1）确定中间商的毛利润率，可以通过比较类似独立中间商的毛利润率或行业标准来确定。

（2）调整中间商的毛利润率，可以考虑到中间商在销售、市场推广、处理售后服务等方面承担的责任和风险。

（3）确定适当的转售价格，可以通过将中间商采购的商品或服务成本加上调整后的毛利润率来确定。

转售价格基准法（见图 2 - 2）的关键在于确定中间商的利润水平，以确保转售价格与市场上的独立交易相一致。在使用转售价格基准法时，企业需要进行详细的可比性分析，考虑产品或服务的特征、功能、市场条件，以及中间商承担的责任和风险等因素。

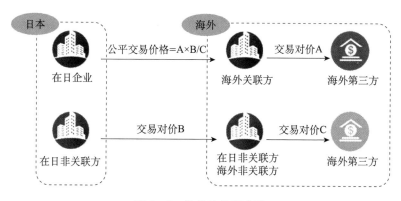

图 2 - 2　转售价格基准法

3. 交易单位营业利润法。交易单位营业利润法（transactional net margin method，TNMM）基于比较企业在一项或多项业务交易中营业利润率的情况来确定转移价格。

TNMM 的基本原理是比较公司与其独立对手在类似业务交易中的利润水平。以下是使用 TNMM 的一般步骤：

（1）选择可比公司。确定与被评估公司具有相似业务和功能的独立公司（可比公司）。这些可比公司可通过市场研究和调查获得。

（2）选择相关利润指标。通常情况下，营业利润率（营业利润除以经营收入）被看作比较的关键指标。其他指标如毛利润率、净利润率也可以参考，具体取决于行业和可比公司的情况。营业利润率考虑了销售、一般管理和行政费用等支出（SG&A），因此比毛利润率更全面地反映了企业运营的效益。

然后，以在日企业海外关联方对第三方的卖出价格为基准，除以计算出的非关联可比企业的营业利润率后得到一个比率。这个比率表示海外关联方在相同营业利润率下的价格水平。

最后，从得到的比率中减去海外关联方的 SG&A 费用，这样可以调整海外关联方的价格，使其排除关联方特定的管理和行政费用。这个调整后的价格即为公平交易价格，用于确保关联方之间的转移定价在合理范围内。

（3）调整可比公司数据。将可比公司的财务数据进行必要的调整，以使其与被评估公司在特定方面（如产品差异、市场条件等）相似。

（4）比较利润水平。将被评估公司的利润率与可比公司进行比较，以确定是否存在转移定价上的偏差。这可以通过计算被评估公司的营业利润率与可比公司的平均利润率之间的差异来完成。

（5）确定适当的转移价格。根据比较结果，调整被评估公司的利润水平，以保持与可比公司一致的水平。这将产生一个合理的转移价格区间，可以用来确定适当的转移价格。

使用 TNMM 方法时，关键是确保选择合适的可比公司和可比交易。还需要考虑数据的可靠性和调整的准确性，以及在不同行业和地区之间进行比较时可能存在的差异。

以营业利润率比较的交易单位营业利润法如图 2 - 3 所示。

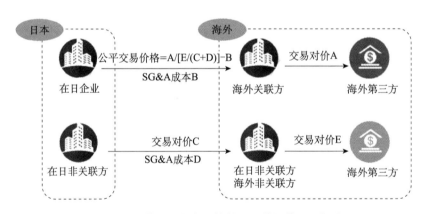

图 2 - 3　以营业利润率比较的交易单位营业利润法

4. 利润分割法。利润分割法（profit split method，PSM）关注的是在跨境交易中创造的整体经济利润如何在关联方之间进行分割。

在 2011 年日本税制修订中引入的利润分割法与前面几种方法相比，最大的不同在于其对可比企业或外界信息的依赖度较低。利润分割法在特定情况下可以根据企业内部信息自行确认公平交易价格，而不需要依赖于确认可比对象。这使得利润分割法的适用性更广泛，特别是在无形资产转移定价的核算中常被使用。

利润分割法根据其分割依据的不同，可以分为贡献度利润分割法①、比较利润分割法②以及剩余利润分割法③三种类型。

利润分割法的基本原理是将整体经济利润按照各关联方为其贡献的相对贸易功能和风险进行合理分配。以下是利润分割法的一般步骤：

（1）确定经济利润。首先，确定跨境交易的整体经济利润。这可以通过根据市场条件、行业标准和其他相关因素对公司的财务信息进行分析和计算来实现。

（2）识别贸易功能和风险。确定每个关联方在实现整体经济利润中的贡献，包括各自承担的贸易活动、风险承担和资产使用等功能。这可以通过功能和风险分析来实现，考虑包括市场营销、研发、制造、分销、品牌价值等方面的因素。

（3）分割经济利润。根据各关联方的相对贡献和风险承担，进行经济利润的适当分割。常见的方法包括使用可比公司的利润分配比例、市场调查和专业判断等。

（4）确定转移价格。根据经济利润的分割结果，确定每个关联方合理的转移价格。转移价格应反映每个关联方在整体价值链中的相对贡献和风险，以实现合理分割利润的目标。

利润分割法强调的是在跨境交易中分割经济利润的公平性和合理性。因此，对贸易功能和风险的准确和全面的分析是利润分割法的关键。同时，需要考虑到国际准则和税务法规对利润分割的要求。

5. 现金流量折现法。现金流量折现法（discounted cash flow method，DCFM）是一种用于计算相关资产交易现值的方法，它通过预测境外关联交易未来期间的利润额，并以合理的折现率对这些利润进行折现。

与前面提到的几种方法相比，现金流量折现法的最大不同之处在于它可以独自估计资产未来的现金流量现值，而无须依赖可比对象。这使得在缺乏可比性的情况下，仍然可以进行转移定价核算。

---

① 贡献度利润分割法（contribution profit split method）：根据每个关联方对创造整体经济利润的贡献程度进行利润分割。关联方的贡献可以基于其承担的功能、风险和资本投入等因素进行评估。

② 比较利润分割法（comparability profit split method）：通过比较独立企业在类似交易中实现的利润水平，确定每个关联方应享有的利润份额。这涉及与可比企业进行比较，以确定利润分割的合理比例。

③ 剩余利润分割法（residual profit split method）：首先分配常规或保底回报给各个关联方，然后将剩余利润根据相对贡献分配给各个关联方。剩余利润是指超过合理回报的额外利润，根据关联方的功能和风险承担程度进行分配。

现金流量折现法的基本思想是将未来的现金流量折算至当前时点，以反映时间价值的影响。它将预测的未来现金流量按照适当的折现率进行折现，然后将折现后的现金流量相加，得到相关资产交易时点的现值。

现金流量折现法作为一种无形资产转移定价的方法，在 2017 年 OECD 转移定价指南中被提出，主要是为了应对价值难以评估和缺乏可比对象的情况。尤其在无形资产领域，比如技术和专利的转移定价，传统的比较定价方法可能无法提供准确的参考数据，因为无形资产的价值独特且难以定量化。

在这种情况下，现金流量折现法可以通过考虑无形资产的预期未来现金流，将其折现到当前价值，从而填补了现有转移定价方法的限制。这种方法能够更准确地反映无形资产的价值，提高转移定价的公平性和可靠性。

日本财务部明确指出在缺乏可比对象的情况下可以选择现金流量折现法作为核算无形资产转移定价的方法。这表明日本在税制层面认可并鼓励使用现金流量折现法来解决转移定价中的难题。

6. 四分位法。对于相关交易存在定量差异且传统方法无法很好调整的情况下，四分位法（interquartile range）可以作为一种对数量差异进行调整的方法。它的主要目的是在定量调整对结果影响较小的情况下，对相关交易进行调整后再进行对比。

四分位法在转移定价领域中通常与其他核算方法结合使用，而非作为一种独立的核算方法。它的使用方式是通过在目标公司和可比对象之间比较关键业务指标的四分位数来确定调整因子。

在四分位法出现之前，日本主要采用全范围法来确定公平交易价格范围，该方法基于全面考虑所有交易数据，而不对数据进行进一步调整。然而，四分位法的引入极大地改善了这种情况，并进一步拓宽了转移定价核算方法的适用范围。

四分位法和现金流量折现法一样，是在 2017 年的 OECD 转移定价指南中提出的，2019 年后也被引入了日本税制。这一引入的背景是，传统的转移定价核算方法存在一些问题，包括难以找到可比交易对象和对已找到的候选可比交易对象进行差异调整的困难。

在过去，寻找可比公司和交易是一项耗时且精力消耗大的任务，无论是纳税人还是征税当局都需要花费大量时间和精力来进行搜索和筛选。然而，即使找到了可比交易，由于难以对差异进行调整，有时候这些努力可能无法产生有效的结果。

引入四分位法可以解决这些问题，它通过对目标公司和可比对象之间的交易进行定量差异的调整，拓展了可比对象的范围。这样一来，纳税人和征税当局可以更轻松地确定公平交易价格范围，并减轻了工作量。同时，这种方法还进一步明确和扩展了公平交易价格的核算方法。

通过引入四分位法，可以更准确地进行定量差异调整，增加了核算的可靠性和准确性。这对于纳税人和征税当局来说都是有益的，因为它减少了不必要的工作和争议，并提供了更明确的转移定价准则。总的来说，引入四分位法是为了改善转移定价核算方法并提高其效率和公正性。

7. 推定课税法。推定课税法并不是日本转移定价税制中的一种核算方法，而是一种兜底机制，适用于纳税人拒绝或未能提供用于计算独立企业间价格的资料的情况。

根据该法规，税务署长可以根据涉税金额、业务规模、行业性质等信息自行推定公平交易价格，以填补纳税人未提供相关资料的空白。这一法规的目的是在纳税人拒绝提交相关资料的情况下，赋予税务机关自行确定公平交易价格的权力，同时对纳税人施加压力，引导其按时履行文件提交义务。

然而，在实际情况下，大多数企业为了避免遭受税务机关启用推定课税法的风险，并避免被动地处于劣势地位，通常会按时提交相关资料。因此，推定课税法在实践中适用的情况较为少见。

总的来说，推定课税法是一项用于确保纳税人按时提供相关资料的措施，具有威慑效果，促使纳税人履行文件提交义务，并充实了税务机关自行确定公平交易价格的权力。然而，它在实际中的应用较为有限，因为大多数企业倾向于按时履行相关义务以避免不利后果。因此，推定课税法在实际应用中并不常见。

三、后 BEPS 时代跨国集团无形资产转移的课税特征

在 BEPS 计划实施之后，国际社会在税收领域出台了一系列政策和措施，包括加强国际合作、增强税收透明度、制定新的税收规则和标准以及重塑数字经济税收等，以应对跨国企业利润转移和税基侵蚀的挑战。而无形资产课税的合理性和公平性在后 BEPS（税基侵蚀和利润转移）时代仍然备受国际社会关注。

在后 BEPS 时代，国际社会对跨国集团在无形资产转移方面的课税提出了更高的关注。与跨国集团无形资产转移相关的课税特征具体包括：

第一，在确定无形资产的转移价格时，DEMPE（Development, Enhancement,

Maintenance，Protection，Exploitation)① 框架的功能分析至关重要。DEMPE 是一种常见的、国际税务界通常使用的、用于确定跨国企业集团在无形资产转移过程中的价格的框架。它是根据 OECD 在 BEPS 行动项目中提出的一些准则来指导跨国集团在无形资产交易中进行定价。

DEMPE 框架为跨国集团提供了一种方法来综合考虑无形资产交易中各种活动的成本、贡献和风险。通过对开发、改良、维护、保护和使用等方面的审慎分析，可以更准确地确定无形资产的转移价格，以避免利润转移和税基侵蚀的风险。

另外，DEMPE 框架在无形资产转移的课税中也发挥着一定的作用。根据 DEMPE 框架，无形资产的开发、改良、维护、保护和使用等方面的贡献应被合理地反映在定价中，以确保税收分配与实际贡献相一致。

第二，对于具有独特价值的无形资产在转移定价中的应用，确保多个交易的统一验证至关重要。通过本公司的先进技术和业务技术向海外子公司提供劳务和商品投入等无形资产时，计算国外关联方交易总额的转让定价方法（transfer pricing methodology，TPM）是必要的。在转让定价中，TPM 用于确定跨国企业内部交易的定价，以确保合理的利润分配和避免跨国企业在不同国家间通过转移定价操纵利润的情况。

第三，在研究无形资产等交易时，不仅仅要考虑企业的会计处理，还需要从转移定价的独立观点来进行分析、讨论和评价。转移定价是为了确保跨国企业在相关交易中实现公平、合理的定价，以反映市场条件下的真实经济价值。开发费用的金额并不一定能准确推定研究开发无形资产的价值。因为研究开发过程中的费用可能不仅仅用于无形资产的创造或开发，还包括其他方面的支出。

---

① 开发（development）：指开发无形资产的初始创造过程，包括研究、设计、构思和实验等工作。在功能分析中，需要评估每个企业在无形资产开发中的贡献，包括资金投入、人力资源和技术专长等。

改良（enhancement）：指对现有无形资产进行改进、提升和扩展的活动。这可以包括技术改进、功能增强、市场适应性改良等方面的努力。在功能分析中，需要确定每家企业在无形资产改良方面的实际贡献。

维护（maintenance）：指对无形资产进行日常保护、修复和维护的工作，以确保其价值和可持续性。这可能包括监测、维修、更新和合规方面的活动。在功能分析中，需要考虑每家企业在无形资产维护方面的实际贡献。

保护（protection）：指通过法律手段，例如专利、商标和版权等，保护无形资产免受侵权和侵犯。保护可包括法律注册、维权以及法律诉讼等方面的努力。在功能分析中，需要评估每家企业在无形资产保护方面的实际贡献。

使用（exploitation）：指无形资产的实际利用，例如生产、销售、许可和授权等。在功能分析中，需要考虑每家企业在无形资产利用和商业化方面的实际贡献。

此外，无形资产的价值还受到市场需求、技术创新、竞争情况等多个因素的影响，仅仅依靠开发费用的金额无法全面反映其价值。

对于不属于无形资产的项目，在转移定价中同样需要进行独立的分析、讨论和评价。根据转移定价准则，每笔相关交易都应独立评估定价是否合理，并以市场经济条件下的相关交易为基准来确定价格。这样可以确保跨国企业在相关交易中避免过度定价或不足定价，有效控制税务风险。

第五节　税务会计的生成与发展

一、企业会计与税务会计

企业会计和税务会计是两个相关但又不同的概念。企业会计（也称为财务会计）是指企业按照会计准则和会计原则记录和报告其经济活动和财务状况的会计处理。它关注企业的整体财务状况，包括资产、负债、所有者权益、收入、费用等方面的会计处理和报告。企业会计的目标是给内部管理层、股东、投资者和其他利益相关方提供有关企业财务状况和经营绩效的信息。笔者在第一章中探讨了日本企业会计的内容。

本节将探讨另一部分内容：税务会计。税务会计是指企业按照税法的规定记录和报告税务信息的会计处理。它主要关注企业的税务义务，包括所得税、消费税、增值税等税收方面的会计处理和报告。税务会计的目标是确保企业遵守税法的规定，正确申报税款，满足税务机关的报税要求。

税务会计和企业会计之间存在一些差异：

（1）目标不同。税务会计的主要目标是履行税务义务，确保正确申报税款并遵守税法规定；而企业会计的目标是给利益相关方提供有关企业财务状况和经营绩效的信息。

（2）记录要求不同。税务会计需要按照税法规定的要求记录和报告税务信息，比如税基、税收抵免和减免等；而企业会计需要按照会计准则的规定记录和报告完整的财务信息，包括资产、负债、收入、费用等。

（3）时间要求不同。税务会计需要按照税务机关的报税周期要求进行申报，比如月度、季度或年度；而企业会计报告一般遵循年度报告的要求。

尽管税务会计和企业会计有所区别，但两者之间存在一定的关联性。企业的财务报表是税务会计的重要依据之一，税务会计的信息也会对企业会计产生影响，如税收成本对损益表的影响等。因此，企业需要同时重视税务会计和企业会计，确保遵守税务法规和会计准则，从而维护企业的合规性和财务透明度。

二、确定决算主义

1. 企业会计的利润和法人税法的应纳税所得额。

众所周知，企业会计的利润，是一定的会计期间收入扣除费用后的金额，公式表示为：

$$利润 = 收入 - 费用$$

与此相对应，法人税法的应纳税所得额，是各事业年度的益金（法人税法计算出来的收入）扣除损金（法人税法计算出来的费用）后的金额，公式表示为：

$$应纳税所得额 = 益金 - 损金$$

需要注意的是，由于企业会计是以正确披露企业的经营业绩和财务状况为目的，而法人税法是以确保财源、达成税收公平以及景气对策等税收政策为目的，两者的目的是不同的。

因此，企业会计中的收入≠益金，费用≠损金。然而，对于企业来说，分别进行财务会计核算和法人税法等税务申报核算需要耗费很大的时间成本和经济成本。

于是，日本《法人税法》规定，法人税的应纳税所得额应当按照企业确定的金额来结算，并申报法人税额。这就是所谓的确定决算主义。因此，在企业会计确定决算的利益中加上法人税法中要求的调整来计算应纳税所得额，被称为"税务调整"。税务调整要在企业会计核算阶段进行，在确定决算之后的环节如果再进行调整的话，被称为"决算调整"，如果在企业申告阶段对损益表中的净利润进行的调整，被称为"申告调整"。

2. 确定决算主义的起源和变迁。

确定决算主义的诞生，可以看作是以德国为基准的原则，其起源于德国，并且以德国的所得税法为基础。日本创立所得税法是在 1887 年，但创立时只将个人的所得作为课税对象。对法人收入的征收是在 1899 年，当时明确要求基于确定决算的申报，但要求按事业年度提交利润表。之后，1913 年首次使用确定决算主义这一表达方式，规定了从 1947 年起必须根据确定决算进行申报。

1965 年对现行《法人税法》进行了修改，规定了必须根据《法人税法》第

74 条确定决算进行申报，在本次修改中首次展示了利润表的意义。

三、日本税务会计的发展历程

1990 年以来，日本税务会计的内容与企业会计的关系发生了很大的变化，由于每年的税制改革，《法人税法》的范围不断扩大。税务会计具有会计学框架内没有包括的内容，与税法的调整必然成为一个争议。企业会计和税法之间的协调是立法政策的问题，但经过怎样的变迁才达到今天的现状呢？让我们从两者的关系开始，回顾一下税务会计的生成与发展。

日本税务会计的发展过程可以分为 4 个时期，分别为黎明期（开始课税制度时代：1899～1947 年）、形成期（申告纳税制度导入后：1947～1965 年）、发展期（《法人税法》全文改正后：1965～1998 年）以及变革期（课税基础扩大期：1998 年开始至今）。

1. 黎明期（开始课税制度时代：1899～1947 年）——萌芽。法人所得金额的课税，作为第一种所得税从 1899 年开始，之后，自 1940 年开始，法人税独立，但在 1947 年修改之前，继续采用课税制度。纳税义务人向课税当局提供财产目录、资产负债表、损益表等规定的文件申报所得金额，但作为该课税标准的所得金额及缴纳税额由课税当局决定。从最终决定所得金额及缴纳税额的主体是课税当局的制度前提出发，作为这个时期的特征，从事课税当局及其课税、征收事务的官员或其经验者是税务会计的主要负责人。

另外，在课税制度时代，关于收入金额的计算与会计的关系，日本在课征营业税、所得税时也要求正确的会计存在，可以说会计在决定法人所得税的课税标准时发挥了很大的作用。

2. 形成期（申报纳税制度导入后：1947～1965 年）——"关系不好的兄弟"。自 1947 年引入申报纳税制度，税务会计研究逐渐活跃起来。一方面，由于《企业会计原则》的公布，在税务执行方面也不能忽视其存在；另一方面，由于《法人税基本通知》的公布，企业会计和税法双方都明确了将所得金额计算这一主题作为双方讨论的对象。不过，两者的调整伴随着困难，其状况被喻为"会计原则和税务原则虽是同根生的兄弟，但是，是关系非常不好的兄弟"。

3. 发展期（《法人税法》全文改正后：1965～1998 年）——蜜月期。1965 年，《法人税法》全文修改，1967 年创立了《法人税法》第 22 条第 4 项，即与公正处理基准相关的规定。其中，企业会计审议会特别部会会计委员会发布的

《关于税法与企业会计的调整的意见书（1966 年 10 月）》以及在此之前的日本会计研究学会税务会计特别委员会发布的《关于企业利益与课税所得的差异及其调整》被认为对这些修改产生了很大的影响。此后，以法人税的所得金额的计算和企业会计的关系为中心的研究也被广泛进行，各种意见书也被公布。这个时期被称为"税法和会计的蜜月时代"，企业会计和税法的调整稳步进行，两者迅速且大幅接近。

4. 变革期（课税基础扩大期：1998 年开始至今）——背离。在法人课税委员会报告中所示的"在扩大课税基础的同时降低税率"的方向性下，作为课税基础的扩大政策，在《法人税法》上，进行了各种准备金的减免和折旧制度的修改等。这些修改是从为了维持日本产业的国际竞争力，发挥企业活力，在产业间、企业间中立，减少对经济活动的扭曲的观点出发的。

修改的结果是，企业会计和税法继续相背离，以前的蜜月时代迎来了终结。现行税制中有很多与企业会计背离的项目，法人课税委员会报告所示"法人税的课税所得，今后也以根据商法、企业会计原则的会计处理来计算，但从进行适当课税的观点出发，根据需要，也会适当地采用与商法、企业会计原则中不同的会计处理"。

四、全球化对日本税务会计的影响

长期以来，日本一直在尽可能地使会计标准和税法规定相一致，在使两者的差异最小化的方向上进行调整。但这种重视国内调整的方式在 20 世纪 90 年代后半期以后，在经济及企业全球化中不得不进行转换。在这个时期，随着全球贸易和投资的增加，跨国公司和国际会计准则的发展，日本不得不更加重视国际会计准则和税法规定之间的一致性。

根据之前的时代划分，今天正值税务会计的"变革期"，关于最近围绕税务会计的状况，可以重新从两个观点指出全球化的浪潮，一个是企业会计全球化对应课税收入核算的影响，另一个是法人税制本身的全球化。两者都是"全球化"，前者指的是法人税法如何应对会计准则的国际统一化这一紧迫课题，后者指的是随着国际课税的进展而伴随着税制应有的状态。

（一）企业会计全球化对应课税收入核算的影响

随着全球经济的发展和企业的跨国经营，企业会计的全球化成为重要趋势。国际财务报告准则的逐渐普及，促使不同国家的会计标准趋向统一。在这种背景下，税务会计也需要与国际会计准则接轨，确保企业的财务信息在国际范围内具有可比性。这对税收收入核算提出了挑战，需要税法与会计准则进行适当的调整和协调，以确保企业的税务申报符合税法规定。

在过去，日本一直以国内为主导，通过内部的会计标准和税法调整来实现会计准则和税法规定的一致性。然而，随着全球化的进展和国际金融市场的融合，国际会计准则的影响力不断增强。国际会计准则的发展和广泛采用，如国际财务报告准则，使得跨国公司更加需要遵循国际会计准则，以确保他们的财务报表在全球范围内得到广泛认可。

为了适应全球化的趋势，日本也意识到需要更加注重国际会计准则和税法规定的一致性。因此，日本在过去几十年中积极采取措施，逐步调整国内会计准则和税法规定，与国际标准接轨。这包括与国际会计准则的对话、接受 IFRS 的部分采用以及逐步实施改革，以促进国际会计准则的应用和接受。

作为这一转变的一部分，日本于 2010 年开始要求在指定的证券交易市场上的上市公司采用 IFRS 编制财务报表。此举旨在提高日本企业的国际竞争力和财务透明度，并促进国际投资者对日本市场的参与。

此外，日本还积极参与国际会计准则的制定和标准的发展，与国际会计准则理事会保持密切联系，并参与全球会计标准的制定过程。

（二）法人税制本身的全球化

随着国际税收合作的加强和跨国企业的增多，国家间的税收竞争和税基侵蚀问题成为全球关注的焦点。在这种背景下，国家之间开始调整法人税制度，以吸引跨国企业的投资和促进经济发展。多个国家实施了降低税率、优惠税收制度和税务协定等政策，以提高自身的税收竞争力。这种全球化趋势使得日本等国家不得不调整本国的法人税制度，提供更有竞争力的税收环境，吸引外国企业投资和推动本土企业的国际化发展。

在日本国内，为了应对全球化的挑战并推动企业的国际化发展，政府陆续制定了一系列新的国内税制。日本相继创立了组织重组税制（2001 年）、合并纳税制度（2002 年）、集团法人税制（2010 年）等新的国内税制。

1. 组织重组税制。组织重组税制是日本政府于 2001 年 4 月实施的一项税制改革措施，旨在支持企业进行重组和合并活动。该税制的目的是为企业提供一系列的税收激励和优惠，例如，免除重组期间的资本利得税、推迟税款支付期限、减免对企业部门进行重组所涉及的税收等，以鼓励企业进行重组、合并或其他形式的组织重组。该税制为企业提供了更多的灵活性和便利性，促进了企业之间的合并和重组，以提高经济效率和竞争力。

在组织重组税制下，企业在进行重组活动期间可以享受一些税收方面的便利和优惠。具体措施包括：

（1）免除重组期间的资本利得税。在企业重组的过程中，发生的资本利得可以暂时免征税款，减轻了企业在重组过程中的负担。

（2）推迟税款支付期限。企业可以申请推迟税款的支付期限，以减轻企业在重组过程中的现金流压力。

（3）减免对企业部门进行重组所涉及的税收。在企业进行重组时，可能面临一些税务方面的费用，如固定资产的转让、不动产的评估等。组织重组税制提供了一定的减免措施，降低了重组过程中的税务成本。

通过这些税收优惠和激励措施，组织重组税制鼓励企业进行重组和合并，以提高企业的效率、降低成本，并促进经济结构的优化。它为企业提供了更多的灵活性和便利性，在法律框架内促进了企业之间的合作和重组活动。这有助于提升日本企业的竞争力，适应全球化挑战，并推动日本企业的国际化发展。

2. 合并纳税制度。日本在 2002 年 4 月 1 日起实施了一项名为"合并纳税制度"的税制改革措施。该税制的目标是简化集团内企业的纳税程序并减少税务负担。在过去，日本的企业在集团内纳税时需要逐个计算和缴纳税款。

根据合并纳税制度，集团内的子公司将其利润和亏损合并计算，并以母公司为代表纳税，称为"纳税集团"。在纳税集团中，集团内各成员企业的利润和亏损可以互相抵消，从而在总体上降低了集团的纳税负担。

3. 集团法人税制。日本的集团法人税制在 2010 年 4 月 1 日开始生效。该税制的目标是为符合特定条件的企业集团提供税务上的优惠，并鼓励企业实施集团管理。

根据集团法人税制，符合条件的母公司与其合并的子公司组成的企业集团可以被视为一个整体，享受一定的税务优惠。这些优惠主要包括：

（1）利润调整。企业集团内的利润可以进行内部调整，以便更合理地分配利润，达到最优化的纳税方式。这有助于降低集团总体上的税务负担。

（2）跨地区损失抵免。集团内的子公司在不同地区产生的亏损可以相互抵免，以减少集团的整体纳税额。

（3）跨地区投资收益免税。集团内的企业在一定条件下，获得其他集团成员企业的股息收入和资本利得可能免征税款。

集团法人税制的实施鼓励企业进行集团管理，促进资源整合和合理的利润分配。它为企业提供了更具灵活性和经济效益的税务环境，并有助于提高企业在全球市场的竞争力。

以上这些税制改革的主要目标是使日本企业更具国际竞争力，推动其国际化发展。通过提供税收激励和简化纳税程序，政府希望鼓励企业进行重组、合并和集团管理，以提高企业的效率、降低成本，并促进日本企业在全球市场的竞争地位。这些措施对于提升日本经济的全球竞争力和吸引外国投资都具有积极的影响。

综上所述，税务会计正处于全球化的变革期，对企业会计和法人税制都带来了重大影响。在日本，政府一直在积极采取措施来推动税务会计和税收体系的改革，以适应全球化的趋势并促进企业的国际化发展。这些改革的目标包括提高税务会计的国际适应性、增强企业的竞争力，以及促进经济的可持续发展。

如前所述，在税务会计方面，日本已经采用了 IFRS，努力与国际标准接轨，提高财务报告的透明度和可比性。这有助于增强投资者的信心，促进国内外的资本流动和投资。在税收方面，日本政府通过各项税收政策鼓励企业进行国际化发展。例如，通过引入合并纳税制度和集团法人税制，旨在为企业集团提供税务优惠和简化纳税程序，促进资源整合和跨国运营。此外，还采取了其他措施，如引入专利/技术转让税制、研发税收优惠等，以激励企业进行创新和技术转移。

这些改革和调整的目标是提高日本企业的国际竞争力，吸引外国投资和人才，并促进经济的可持续发展。通过与国际标准接轨和创造有利的税收环境，日本政府希望吸引更多的国际企业来日本投资，并帮助本土企业在全球市场上取得成功。

然而，随着全球经济的不断变化和税务环境的发展，税务会计和法人税制仍然面临挑战和调整的需求。因此，政府和利益相关者需要不断评估和调整税务政策，以确保其适应性和竞争力，并推动经济的可持续发展。

第三章 日本信息披露发展动态

第一节 日本信息披露概述

　　信息披露是指公众公司以招股说明书、上市公告书以及定期报告、临时报告等形式，把公司及与公司相关的信息，向投资者和社会公众公开披露的行为。上市公司的信息披露需要遵循政府、监管机构或交易所设立的一系列规定和要求。信息披露的主要目的是确保市场的透明度和公平性，向投资者和其他利益相关方提供有助于其作出明智决策的信息。信息披露的内容可以分为财务信息和非财务信息两大部分。

　　在日本，财务信息披露是指公司向投资者、股东和其他相关方披露其财务状况和业绩的信息。财务信息披露是日本公司在商业运营中的重要方面，主要包括以下内容：

　　(1) 年度财务报告。按照日本公司法的规定，日本公司每年都需编制和披露年度财务报告。这些报告包括资产负债表、利润表、现金流量表和附注等财务信息，以及对管理层的讨论和分析。年度财务报告通常需要通过审计师的审计，并在指定的期限内提交给相关的监管机构，如金融厅和东京证券交易所。

　　(2) 中期财务报告。除了年度财务报告，许多日本公司还会编制和披露中期财务报告。中期财务报告一般涵盖公司在一定期间（通常是半年）内的财务状况和业绩。这些报告通常包括财务指标、销售额、利润、现金流量等方面的信息，以便投资者更好地了解公司的中期表现。

　　(3) 季度财务报告。一些上市公司还要求按季度对财务状况进行披露。这些季度财务报告通常包括财务指标、收入、成本、利润等方面的信息，以便投资者定期了解公司的财务表现。

　　(4) 审计报告。财务报告通常需要经过独立审计师的审计。审计报告是对公司财务报告是否符合会计准则和相关法律法规的评价，它向投资者传达了关于财务报告的可靠性和准确性的重要信息。

在日本，财务信息披露要求主要受到日本公司法、金融产品交易法和东京证券交易所规定的上市要求等法律法规的约束。这些要求旨在确保公司向投资者和市场提供透明、准确和可靠的财务信息，以促进投资者保护和市场的稳定运行。

除了财务信息披露，公司还需要进行非财务信息披露，以向投资者、股东和其他相关方提供公司的非财务状况和业绩的信息。日本公司主要披露下列非财务信息：

（1）公司治理信息。公司需要披露有关公司治理结构、董事会构成、内部控制和企业道德等方面的信息，包括公司的治理政策、董事会的运作方式、董事和高级管理人员的背景和资格、公司的决策过程以及公司对利益相关方的承诺等。

（2）风险管理信息。公司需要披露其面临的重要风险以及采取的风险管理措施，包括公司所处的市场风险、法律和合规风险、运营风险、金融风险等。公司还应说明其风险管理框架、内部控制制度以及如何监测和评估风险。

（3）可持续发展信息。日本公司近年来越来越注重可持续发展，并披露有关环境、社会和治理方面的信息，包括公司的环境政策、社会和员工关系、社区参与、供应链管理、反腐败措施等。公司还可以报告其可持续发展目标和绩效，并接受第三方验证和认证。

（4）公司业务信息。公司需要披露其业务模型、市场竞争环境、产品和服务信息、公司战略、销售渠道和客户关系等。这种信息披露有助于投资者了解公司正在从事的业务及其竞争优势。

（5）股东关系信息。公司需要披露与股东相关的信息，如股东结构、股东权益保护措施、股东大会和股东沟通等。这样的信息披露有助于提高透明度，加强与股东之间的沟通和合作。

日本的非财务信息披露要求逐渐增加，反映了投资者对公司整体绩效、治理和可持续发展等方面的关注。这些要求旨在提高公司的透明度和责任感，为投资者和市场提供更全面、准确和可靠的信息。其中，ESG 信息披露越来越受到重视，公司在实践中越来越多地考虑和披露与环境、社会和公司治理相关的数据和信息，以满足投资者和利益相关者对可持续性和社会责任的需求。

第二节　日本综合报告发展动态

一、综合报告概述

近年来，越来越多日本企业发布综合报告。综合报告包括可持续发展报告（sustainability report）、社会责任报告（corporate social responsibility report），以及ESG报告。

可持续发展报告、社会责任报告和ESG报告是企业向外界披露其可持续性和社会责任绩效的三种报告形式。虽然可持续发展报告、社会责任报告和ESG报告有一些重叠的内容，但它们关注的重点和传递的信息略有不同。可持续发展报告更全面地描述企业的可持续发展战略和整体表现，社会责任报告侧重于社会责任方面的绩效，而ESG报告则更突出企业在环境、社会和治理方面的具体数据和指标。这些报告形式通常是企业向外界展示其可持续性努力和绩效的重要途径。三种报告具体内容如下：

可持续发展报告是企业向利益相关方披露其可持续性战略、目标和绩效的报告。它通常详细描述企业在环境、社会和经济方面的绩效，包括资源利用、碳排放、社区参与、员工福利等。可持续发展报告旨在展示企业的可持续性努力，追求经济增长与社会责任之间的平衡。

社会责任报告是企业向外界披露其社会责任绩效的报告。它主要关注企业在社会方面的表现，包括社区投资、员工权益、供应链管理、公益慈善等。社会责任报告强调企业对社会的贡献和努力，通过披露相关信息来增强社会信任和透明度。

ESG报告关注企业在环境、社会和治理三个方面的绩效和实践。ESG代表环境（environmental）、社会（social）和治理（governance）三个关键领域。通过报告中提供的数据和指标，投资者和利益相关方可以评估企业在这些领域的表现和风险。ESG报告通常包括环境影响、社会责任、治理结构、公司道德等方面的信息。ESG因素被认为是影响企业长期绩效和价值的重要因素之一。

综合报告在日本各个行业中的实施程度和范围有所不同，但整体趋势是企业越来越重视可持续发展、社会责任和ESG，并将其整合入报告中，以向利益相关方提供全面的信息。随着ESG投资概念在日本的提升，越来越多的日本企业开始将ESG因素纳入其报告中。

二、综合报告的发展变迁

1. 初期阶段。日本可持续发展报告的历史变迁可以追溯到 20 世纪末和 21 世纪初，当时全球范围内对可持续发展的认识逐渐增强，公司开始关注并报告其在环境、社会和公司治理方面的绩效。受此影响，一些日本公司开始自愿发布社会责任报告，但在这一阶段，可持续发展报告在日本相对较少，只有少数企业开始关注可持续性和社会责任，综合报告的范围和普及程度有限。1997 年，日本环境省颁布了《企业环境会计指南》（以下简称指南），鼓励企业对其环境行动进行测量和报告。这是日本早期可持续发展报告的重要里程碑，它着重于评估企业的环境贡献和管理。该指南对企业环境行动产生了如下的积极影响。

（1）提高企业环境意识。该指南的颁布促使企业更加关注其环境行动。它呼吁企业对其环境绩效进行测量和报告，从而迫使企业认识到其环境行为的重要性，并采取相应的措施来改善其环境绩效。

（2）促进企业环境管理和改进。该指南鼓励企业建立环境管理系统，并要求企业评估和持续改进其环境绩效。通过对环境绩效的测量和监测，企业可以更好地了解其环境状况，识别并采取适当的措施来减少环境影响。

（3）提高企业透明度和信任感。该指南要求企业向利益相关方透明地报告其环境绩效，包括排放数据、节能措施和环境投资等。这可以增加外部利益相关方对企业的信任，使其能够评估企业的环境绩效，并更好地与企业进行合作。

（4）为可持续发展提供支持。该指南有助于推动企业采取可持续发展的战略和措施。通过明确要求企业测量和报告其环境绩效，该指南促使企业将环境考虑纳入其决策过程中，从而推动更加可持续的经营。

（5）促进企业间的竞争和合作。通过要求企业公开其环境绩效，该指南为企业之间的竞争提供了一个新的维度。企业可以通过改善其环境绩效来树立自己的形象，并在市场上获得竞争优势。同时，它还通过促进企业之间的信息共享和合作，鼓励企业共同解决环境挑战。

总的来说，该指南提高了企业的环境意识，促进了环境管理和改进，为可持续发展提供了支持，并推动了企业间的竞争和合作。通过这一指南，企业被鼓励积极参与环境保护，为建设更加可持续的社会作出贡献。

2. 遵从型报告阶段。2005 年，日本政府颁布了日本版可持续发展指标，旨在鼓励公司对其社会和环境绩效进行报告，并推动可持续发展的实施。这一阶段，即便仍以少数企业为主导，但可持续发展报告逐渐受到更多企业的认可和关注。一些日本企业开始遵守国际准则和框架，如《全球报告倡议指南》，采用全球认可的报告原则和指标，提高报告的质量和可比性。

3. 框架和指南发展阶段。2015 年，联合国通过了可持续发展议程，其中包括 17 个可持续发展目标（SDGs）。这一全球框架促使日本的企业界更加关注可持续发展，并开始将 SDGs 纳入其战略和报告中。在此期间，一些日本企业开始关注 ESG 因素，并采用一些国际上新兴的 ESG 指南，如 SASB（sustainability accounting standards board）和 TCFD（task force on climate-related financial disclosures）框架。这些指南为企业提供了更具体的和行业相关的 ESG 指标和报告要求，并推动了 ESG 报告的发展。

4. 报告质量提升阶段。2017 年，东京证券交易所（TSE）发布了 ESG 信息披露指导，要求上市公司在环境、社会和公司治理方面进行披露。这进一步推动了日本公司发布可持续发展报告的趋势，并促使更多公司采用国际通用的报告框架。之后，日本的综合报告质量和范围都有了显著提升。越来越多的企业开始认识到 ESG 在企业长期价值创造中的重要性，并侧重于提供更具体、可量化和可衡量的 ESG 数据和指标。一些企业还开始使用数字化工具和技术来改进报告的可视化和互动性。目前，日本的许多大型企业都积极发布可持续发展报告，采用国际标准和框架，如全球报告倡议和国际一致性报告倡议。这些报告提供了企业的可持续发展战略、目标、绩效和倡议的详细信息，增强了企业在可持续发展领域的透明度和责任感。

综上所述，日本的企业在可持续发展、社会责任和 ESG 报告方面已经取得了重要进展。企业对综合报告的重视程度不断提升，以满足利益相关方对透明度和可持续性表现的需求。日本的信息披露发展正在不断演变和提升。企业逐渐认识到信息披露对于建立信任、加强透明度和追求可持续发展的重要性。一方面，披露标准的发展与国际接轨。为了提高信息披露的一致性和可比性，日本企业逐渐采用国际通行的披露标准和框架，通过与国际标准接轨，企业可以更好地满足国际投资者和利益相关方对信息披露的要求，并提升企业的国际竞争力。另一方面，ESG 信息披露的兴起。随着 ESG 投资的崛起和利益相关方对企业行为的关注，ESG 因素在信息披露中的重要性不断提升。日本企业越来越关注 ESG，并越来越多地披露与 ESG 相关的信息。金融机构和投资者也对企业的 ESG 绩效和披露要求更加关注，推动企业提供更全面、准确、可比较的 ESG 数据和指标。下面，我们将着重介绍关于日本 ESG 信息披露的内容。

第三节　ESG 概述

一、ESG 概念

ESG 是一种基于可持续发展理念的新型投资评估方法和标准，站在中长期的视角关注企业的非财务信息对企业价值的影响，其中 E、S、G 分别代表环境（environment）、社会（social）、治理（governance）三类要素。E 要素主要关注企业在环境保护和节能减排方面的实践；S 要素主要关注企业是否积极履行社会责任、帮助解决国内外诸多社会问题的参与度；G 要素则关注企业内部治理情况，包含对股东、投资人、员工等利益相关者的举措及实施情况。关于 ESG 三类要素包含的具体内容尚无明确规定，世界证券交易所联合会 2018 年发布的《ESG 指南与评价指标》列举了如下项目作为参考（见表 3－1）。

表 3－1　　　　　　　　　　　　ESG 参考项目

要素	参考项目
环境（E）	碳排放量、能源使用量、各类能源使用占比、耗水量（总耗水量及再生水的耗用量）、与环境关联的业务情况等
社会（S）	管理层和非管理层职员的工资差距情况、男女职工的报酬差距情况、劳务派遣员工的占比、负伤事件发生的频率等
治理（G）	股东大会成员的多样性、股东大会的独立性、职工报酬与维持可持续性、供应商的行为规范及遵守情况等

资料来源：参考世界证券交易所联合会 2018 年 ESG 指南与评价指标。

ESG 的核心内涵与已发展百年的 CSR（社会责任投资）具有一致性，换言之，ESG 是在 CSR 发展到一定阶段后进化而成的产物，但两者在本质上存在差别。CSR 主张尽责行善，包含着伦理和慈善的理念。ESG 则更注重义利并举，即在关注企业发展、为利益相关者创造价值的同时，注重企业的可持续发展能力。

评价一个企业的价值时，不仅要考虑资产负债表和损益表等财务信息，还需要考虑非财务信息。在这些非财务信息中，从对企业可持续发展和企业中长期价值的影响的角度来看，ESG 越来越受到关注，上市公司 ESG 信息披露对投资者投资决策的重要性也日益提高。

二、ESG 投资

1. ESG 投资的扩大。ESG 投资是指在作出投资决策时除了要考虑传统财务信息外，还应考虑有关 ESG 信息的投资。2006 年，时任联合国秘书长科菲·安南倡导负责任投资原则，即联合国负责任投资原则（UNPRI），呼吁机构投资者将 ESG 信息纳入投资决策。此后，认可和签署 UNPRI 的机构投资者数量逐年增加，截至 2022 年 1 月，全球数量已超过 4 000 家。与此同时，机构投资者用于 ESG 投资的资产管理规模也在增加。发布全球 ESG 投资金额统计数据的全球可持续投资联盟（GSIA）报告显示，2016 年相关管理资产余额为 22.8 万亿美元，2018 年超过 30.6 万亿美元，2020 年超过 35.3 万亿美元。

近年来，联合国通过的可持续发展目标、联合国气候变化框架公约缔约方大会通过的《巴黎协定》，以及金融稳定委员会的气候变化信息披露工作组发布的建议，也推动了 ESG 投资的扩大。

ESG 投资也在日本扩大。日本政府养老投资基金于 2015 年签署了 UNPRI，引发了日本国内机构投资者意识和行为的变化。截至 2022 年 1 月，日本国内 PRI 签署方已达 398 家。GSIA 数据显示，2016 年日本管理资产金额为 4 740 亿美元，占管理资产总额的 3.4%；2018 年达到 2.1 万亿美元，占管理资产总额的 18.3%；2020 年增至 2.87 万亿美元，占管理资产总额的 24.3%。虽然这一比例与欧洲、美国等地区相比仍有差距，但我们可以观察到其逐年增长的趋势。

2. 投资方式的多样性。ESG 投资的实际情况并不统一，由于投资策略、目的、时间等不同，所需的 ESG 信息和使用方法也不同。GSIA 将 ESG 投资方式分为七类，如表 3-2 所示。据 GSIA 统计，日本的 ESG 投资方式，"企业参与及股东行动"最多，其次是"ESG 整合"。日本的 ESG 投资是根据个人投资策略对企业进行评估、选择投资目的地的"主动投资"。在以实现东证指数和其他股票指数挂钩的投资成果为目标的指数投资中，企业参与及股东行动（行使表决权）的方式是最多的，最近也出现了将 ESG 纳入指数投资计算因素的股票指数。

表 3-2 投资方式的分类

类型	概要
负面筛选	根据 ESG 项目，从投资方中排除特定的部门和企业等
正面筛选	投资于行业内 ESG 绩效评价较高的企业
国际规范筛选	将不符合 OECD、ILO、UN、UNICEF 等制定的国际规范的企业排除在投资对象之外

类型	概要
ESG 整合	在分析选定投资对象时，不仅包括财务信息，还包括 ESG 信息进行分析
可持续发展主题投资	对可持续性的特定主题和资本（如清洁能源、绿色技术、可持续农业等）进行投资
影响力/社区投资	以解决特定社会课题或环境课题为目的进行投资
企业参与及股东行动	根据 ESG 方针，通过实施娱乐、股东提案、行使表决权影响企业行为

ESG 投资方式的多样性与 ESG 信息披露有着密切的关系。ESG 投资方式的多样性使不同的投资者和投资机构在实施 ESG 投资时采用不同的方法和策略，对于 ESG 信息披露也提出了不同的要求。以合适的方式披露 ESG 信息，根据不同投资者的 ESG 投资方式和战略，可以提供更有针对性、全面和透明的 ESG 信息，帮助投资者评估公司的 ESG 绩效和风险。这样的信息披露有助于满足不同类型投资者的需求，并提升 ESG 投资的准确性和可持续性。

第四节　日本 ESG 信息披露的现状

一、日本 ESG 政策法规的发展变迁

日本的 ESG 发展落后于欧美国家，但发展迅速，在亚洲居于领先地位。

日本的 ESG 整合实践之旅是从 2014 年开始的。《日本尽职管理守则》和《日本公司治理守则》从尽职管理和公司治理两方面为 ESG 实践打下了坚实基础。随着日本政府养老投资基金和日本养老金基金协会先后于 2015 年、2016 年签署联合国负责任投资原则，日本投资者对可持续投资的意识不断增强。

从政策法规方面看，自 2014 年日本金融厅首次发表《日本尽职管理守则》后，至今的九年间以平均每年出台或修订一部相关政策法规的速度开始不断推进 ESG 相关政策法规的建设。2015 年发布《日本公司治理守则》，要求公司关注可持续发展问题。2017 年修订版《日本尽职管理守则》以及《协作价值创造指南》中明确了对 ESG 的指导方针，呼吁公司披露 ESG 信息。2020 年 5 月，东京证券交易所发布《ESG 披露实用手册》，为 ESG 披露提供了规范格式，进一步促进了 ESG 信息披露的展开。目前日本仍然采用"自愿披露"的原则。具体内容如表 3-3 所示。

表 3 - 3   日本 ESG 政策法规的发展

日期	政策法规名称	主要内容
2014 年 2 月	日本尽职管理守则	日本金融厅首次发布《日本尽职管理守则》，鼓励机构投资者通过参与或对话，改善和促进被投资公司的企业价值和可持续增长
2015 年 5 月	日本公司治理守则	日本金融厅联合东京证券交易所发布首版《日本公司治理守则》，要求企业关注利益相关者和可持续发展问题
2017 年 5 月	日本尽职管理守则	《日本尽职管理守则》第一次修订，明确了对 ESG 的指导方针，强调了 ESG 的重要性和关注最终受益人的利益
2017 年 5 月	协作价值创造指南	日本经济贸易和工业部发布《协作价值创造指南》，促进公司和投资者之间开展对话，鼓励两者就 ESG 进行合作以创造长期价值
2018 年 6 月	日本尽职管理守则	《日本尽职管理守则》被修订，明确非财务信息应包含 ESG 信息，并呼吁公司披露有价值的 ESG 信息，更加关注董事会的可持续责任
2020 年 3 月	日本尽职管理守则	《日本尽职管理守则》第二次修订，将 ESG 考量纳入"尽职管理"责任，关注 ESG 考量与公司中长期价值的一致性，将准则适用范围扩大至所有符合本准则"尽职管理"定义的资产类别
2020 年 5 月	ESG 信息披露实用手册	东京证券交易所发布《ESG 信息披露实用手册》，以支持上市公司自愿改善 ESG 披露，鼓励上市公司和投资者开展对话

从日本具体的披露方式来看，据普华永道日本企业 ESG 信息披露现状报告 (2021)，日本企业在范式上大多活用 GRI 标准、IR 标准、SASB 标准，以综合报告或可持续发展报告的形式披露 ESG 信息。日本对 ESG 信息披露的关注更多着眼于企业需要挖掘自身的商业模式与 ESG 信息之间的关联，探究该关联对企业带来的影响，并根据重要性，精简披露 ESG 信息，为投资者提供更为透明、负责的信息，即 ESG 信息披露应当与战略紧密结合。普华永道日本企业 ESG 信息披露现状报告（2021）指出，东证 100 指数的上市公司中，70% 拥有包括环境、社会、治理三方面的战略，而 10% 仅有和环境相关的战略，20% 并没有推出相关战略，仍有提升的空间。

二、日本 ESG 信息披露现状

为了跟踪和评估国家的环境状况，并提供有关环境政策和措施的信息，日本环境省从 1990 年开始定期发布环境报告书。1997 年后，发布环境报告书的企业激增。后来，有些企业不仅公开发布环境信息，还发布社会方面的信息。尤其是

2015 年日本政府养老投资基金签署了联合国负责任投资原则后，ESG 投资金额迅速增加。2017 年，GPIF 选择了日本知名的 ESG 指数①，进一步促使更多日本企业积极推动 ESG 信息披露。

那么，日本企业 ESG 信息披露现状如何？面临哪些问题？本书根据普华永道每年对东证 100 指数的可持续发展报告的调查结果，考察日本企业 ESG 信息披露的现状和问题。

企业以综合报告、年报、可持续发展报告、CSR 报告、ESG 数据等多种形式披露 ESG 信息。2021 年，TOPIX100 中 90% 的企业已发布综合报告，较 2018 年的 76% 有了大幅提升。换言之，对于日本企业来说，披露综合报告（包含 ESG 信息和财务信息）已经成为了主流。

那么，日本企业 ESG 信息披露的具体质量是怎样的呢？由于不能仅根据报告格式来判断，本书从以下各个角度考察报告的质量。

1. 报告准则。日本公司在编制综合报告和可持续发展报告时使用哪些全球报告准则？全球报告倡议组织标准是公司使用的可持续发展报告工具之一。东证 100 指数的上市公司中大约 80% 的企业在准备报告时以某种形式参考了 GRI 标准。

综合报告的报告标准主要是国际综合报告框架。根据 IR 框架，综合报告以组织的外部环境为背景，反映组织的战略、治理、绩效和前景。IR 框架简明扼要地说明了企业如何进行短期、中期以及长期的价值创造。IR 框架旨在向财务资本提供者解释组织如何长期创造价值。具体来说，企业不仅利用财务信息，还利用制造资本、智力资本、人力资本、社会/关系资本和自然资本等非财务信息，来报告企业为社会创造了什么样的成果，是否在中长期创造价值，或者计划在未来创造什么样的价值。

发布综合报告的公司中有 26% 的公司以某种方式参考了 IR 框架。此外，有

① ESG（环境、社会和公司治理）指数是用于衡量公司在可持续发展方面的表现的指数。虽然没有单一的 ESG 指数可以涵盖所有市场，但在日本，知名的 ESG 指数包括：第一，MSCI Japan ESG Select Leaders Index：MSCI 日本 ESG 领军指数是全球知名指数提供商 MSCI 编制的日本市场的 ESG 指数。该指数基于 MSCI 日本指数的成分股，并筛选出在 ESG 表现方面处于领先地位的公司。第二，FTSE Blossom Japan Index：FTSE Blossom Japan 指数由全球指数提供商 FTSE Russell 发布，重点关注在环境、社会和公司治理方面具有良好表现的日本公司。第三，Tokyo Stock Exchange (TSE) Mothers Index：TSE Mothers 指数是东京证券交易所（东证）指数家族的一部分，专注于市值较小但在高科技和创新领域具有潜力的公司。尽管不是专门的 ESG 指数，但该指数对 ESG 表现较佳的公司有一定的倾向。第四，Nikkei ESG Index：这是由日本经济新闻社编制的系列 ESG 指数，包括 Nikkei 300 ESG Index 和 Nikkei ESG Partners Index 等。它们采用了一系列 ESG 评估指标进行公司筛选，以评估其在 ESG 领域的表现。

46%的公司从上述框架中包含的至少一种非财务信息（制造、智力、人力、社会和自然）的投入或产出的角度解释其商业模式。与 GRI 标准相比，IR 框架并未广泛用于综合报告的编制。主要是由于 IR 框架需要企业详细分析信息披露的过程。

可持续性会计准则委员会旨在为美国上市公司向美国联邦证券交易委员会提交的财务报表中披露可持续发展信息制定标准。有13%的日本企业参考了 SASB 标准，比 GRI 标准和 IR 框架还要少。主要是由于 SASB 最初针对的是美国上市公司。

2. 战略。东证100指数的上市公司中80%的企业制定了应对可持续发展挑战的战略和计划。其中，10%的企业的战略仅涉及环境领域，70%的企业的战略包括了非环境领域（社会和治理）。换言之，大多数公司的战略和计划涵盖了 ESG 的多个领域，而不仅仅是环境领域。另外，56%的企业将可持续发展战略/计划与业务战略联系起来。而另外44%的企业，推测是因为可持续发展战略和计划可能独立于业务战略而存在，企业没有将可持续性对业务的影响进行充分的分析。

3. 重要性原则。GRI 标准所提倡的重要性原则包括以下几个方面：

（1）全面性（comprehensiveness）。报告应该涵盖与组织经济、环境和社会绩效相关的所有重要信息和指标。这意味着组织应该尽可能全面地报告其对利益相关者产生的影响、面临的挑战以及可持续发展问题的管理和绩效。

（2）公平性（sustainability context）。报告的内容应该在可持续性背景下进行解释和评估，包括在地理、行业和时间等方面的背景信息。这样可以帮助利益相关者更好地了解组织的表现，并对其可持续性绩效进行比较和评估。

（3）相对重要性（materiality）。组织应该确定和报告对其业务、利益相关者和可持续性问题影响最为重要的信息。这要求组织识别和理解哪些问题可能对其经营战略、决策和利益相关者产生实质性的影响，以便将重点放在这些关键问题上。

（4）可比性（comparability）。报告应该具备一定程度的可比性，使利益相关者能够在不同组织之间进行绩效比较和评估。这要求组织应该使用统一的指标、方法和报告周期，以便与同一行业和地区的其他组织进行对比。

（5）清晰度（clarity）。报告应该以准确、清晰和易于理解的方式呈现信息，以便利益相关者能够准确地理解组织的表现和整体可持续性绩效。

通过遵循这些重要性原则，企业能够更好地满足利益相关者对信息披露和透明度的要求，同时提高自身的可持续发展绩效管理水平。GRI 标准将这些原则融入了其报告框架和指南中，以帮助组织制定和发布可持续发展报告。

重要性原则已经在最常使用 GRI 标准的 91% 的日本企业中得到了体现。重要性原则是可持续发展报告中最重要的步骤之一，确认重要性在日本公司中也很常见。大约一半已确认重要性原则的公司解释了为什么重要性对他们很重要。此外，虽然他们已经确认了重要性原则，但只有 35% 的公司的披露内容与其重要性原则保持一致。尽管公司已根据 GRI 标准确定了重要性原则，但却尚未充分分析重要性原则对于公司信息披露的重要性，也可能没有根据重要性原则对信息披露进行充分管理。

4. 目标值 KPI。根据战略和计划设定目标及 KPI 是管理可持续发展计划的重要因素。上面提到的重要性原则与企业设定目标值 KPI 之间存在紧密的联系和相互影响。

首先，ESG 重要性原则强调了全面性和公平性，要求组织在可持续发展方面对所有重要的环境、社会和公司治理问题进行报告。在制定战略和计划时，组织可以借鉴 ESG 指导原则，确保全面考虑和整合 ESG 因素，并在目标和 KPI 中明确方向。

其次，ESG 重要性原则强调了相对重要性的概念，即企业应该确定和报告对其业务和利益相关者最重要的 ESG 问题。在制定战略和计划时，企业可以借助 ESG 重要性原则确定优先事项，并将其转化为具体的目标和 KPI。这样可以确保企业将有限的资源和努力集中在最具影响力和关键的 ESG 领域。

再次，在战略和计划中设定具体的 ESG 目标和 KPI 可以激励企业采取实际行动并达到可持续发展目标。这些目标和 KPI 可以涵盖诸如减少碳排放、改善员工福利、提高公司治理标准等方面的内容。它们提供了明确的方向和量化的衡量标准，促使企业制定相应的计划和措施。

最后，设定明确的 ESG 目标和 KPI 可以提高组织的透明度，并满足外部报告要求。透过 ESG 报告，企业能够向利益相关者展示其 ESG 绩效，增强外部认可，并建立信任和良好的声誉。定期监测和报告 ESG 目标和 KPI 的进展，也为企业提供了持续改进和适应变化的机会。

综上所述，通过将 ESG 重要性原则与企业设定目标值 KPI 相结合，企业可以确保在可持续发展计划中全面考虑和整合 ESG 因素，并将其转化为明确的行动和成果评估指标。这有助于推动企业朝着可持续目标前进，并提升其 ESG 绩效。

在已确认重要性原则的日本公司中，87% 的企业已为至少一项重要问题设定了 KPI。71% 的公司为两个或更多重要问题设置了 KPI。60% 的公司为已确认的重要问题设定了中长期量化目标。

5. 治理体系。日本 80% 进行 ESG 信息披露的企业已经建立了可持续发展委员会①或可持续发展部作为其可持续发展治理体系的一部分。因此，可以说，公司内部可持续发展的治理体系总体上处于形成过程中。全球领先的企业，为了发展可持续发展的治理体系，建立了可持续发展委员会作为董事会委员会，并将可持续发展作为决定董事薪酬的因素之一。这么做可以激励高层管理人员在推动可持续发展方面发挥积极作用。这表明企业将可持续发展视为重要的业绩评估指标，并希望激励高层管理人员在这一领域取得卓越表现。

对于日本企业来说，未来有望采取类似的措施，以更好地管理其可持续发展治理体系。随着 ESG 投资的增加和可持续发展的重要性日益凸显，监管机构和利益相关者对企业治理和可持续发展的要求可能会提高。这将促使日本企业进一步加强治理体系，确保高层管理人员对可持续发展目标的领导和监督。

6. 第三方担保。许多 ESG 评级还需要第三方对环境和社会数据的担保，以保证企业公布的各类数据的可靠性和透明度。在已确定重要性并设定 KPI 的公司中，78% 的公司至少获得了一项 KPI 的第三方担保。然而，只有 2.5% 的企业获得了所有 KPI 的第三方担保。日本公司对环境数据进行第三方鉴定审计的比例很高，主要归功于日本对环境问题愈发重视的态度和相关政策的推动。然而，相对于环境数据，社会数据的第三方鉴定审计比例仍然相对较低。

环境数据往往更容易量化和衡量，如排放量、能源消耗和废物管理等，因此，其审计和验证相对容易实施。此外，国际上也存在广泛接受的环境报告框架和指南，如 GRI 和 SASB，使得公司可以相对较容易地进行环境数据的披露和审计。社会数据涉及更广泛的领域，包括员工待遇、劳工权益、人权、社区参与等，这些数据往往更加主观和难以量化。同时，缺乏普遍接受的社会数据报告指南和框架，使得公司难以确定如何准确、可比较地披露和审计社会数据。

然而，随着对可持续发展的关注不断增加，越来越多的利益相关者和投资者

---

① 可持续发展委员会是董事会的一个专门委员会，负责监督和指导企业在可持续发展方面的策略和实施。该委员会通常由董事会成员和其他高级管理人员组成，确保可持续发展目标嵌入企业的战略和运营中。

对公司的社会表现也提出了更高的期望。因此，逐渐有一些公司开始关注社会数据的披露和审计，并寻求更准确和可信的第三方鉴定审计机构的支持。为了提高社会数据的透明度和可靠性，推动社会数据的第三方鉴定审计比例的提高，可能需要更广泛的国际共识和方法论的发展，以及相关政策的推动和支持。此外，利益相关者的积极参与和推动也是促进社会数据审计的重要因素。

综上所述，由于认识到投资者在决策中更加重视非财务信息，日本许多公司都在积极披露 ESG 信息。许多公司发布了参考 GRI 标准的报告，并且发布整合财务和非财务信息的综合报告的公司数量正在增加。此外，许多公司的战略和计划不仅涵盖了环境领域，而且涵盖了 ESG 的多个领域，并确认了 GRI 标准所倡导的重要性原则。

然而，ESG 信息的质量仍然存在问题。有一半公司虽然制定了可持续发展战略计划，但没有将其与业务战略联系起来。也有企业虽然明确了重要性原则，但并没有使重要性与披露内容一致，或设定中长期的重要性量化目标。尽管对既定 KPI 进行第三方鉴定的公司数量在逐渐增加，但对所有 KPI 进行第三方鉴定的公司数量仍处于较低水平。

今后，日本企业为了提高 ESG 信息披露的质量，可以采取以下措施：

第一，有必要明确公司认定的重要性原则的原因，是否已设定目标和 KPI 来对重要性原则进行管理。

第二，加强内部管理和数据收集。企业可以加强内部 ESG 管理体系的建立，并确保数据的准确性和可靠性。这包括明确责任和监督机制、建立准确的数据收集和报告机制，并确保数据的及时更新和验证。

第三，增加透明度和披露的范围。企业可以积极增加 ESG 信息披露的范围，并提供细节丰富的数据和指标。这包括向利益相关者披露关键的 ESG 信息，如环境影响、员工福利、供应链管理等。通过增加透明度，企业可以增强利益相关者的信任并提高信息披露的质量。

第四，积极委托第三方审计和验证。企业可以委托独立的第三方机构对其 ESG 数据和报告进行审计和验证。第三方审计和验证可以提供独立的评估和验证，增加信息披露的可信度和准确性。

第五，加强利益相关者参与。企业可以积极与利益相关者进行沟通和合作，了解他们对 ESG 信息的需求和关注点。通过与利益相关者的积极参与，企业可以更好地了解和回应他们的期望，从而提高信息披露的质量和相关性。

第五节　日本 ESG 信息披露的过程与方法分析

本节主要讨论 ESG 信息披露过程中的三个重要内容：第一，公司如何确定与本公司战略相关的 ESG 重要议题；第二，公司如何监督和执行 ESG 信息披露；第三，公司如何进行信息披露以及投资者如何参与。

一、ESG 重要议题的确定

重要性来源于英文"materiality"，它也是披露财务信息的术语。根据 IASB 的说法，"如果这个信息缺失、不准确或不清楚，则会影响财务报表预期使用者的决策，那么这个信息可能是重要的"。"重要性"是披露 ESG 信息的一个重要概念，针对重要性，现有框架还根据各自的政策规定了不同的定义和概念。

在海外框架中，信息披露主要是对投资者的假设。国际综合报告委员会发布的综合报告框架将重要性定义为"对企业在短期、中期和长期创造价值的能力产生重大影响的事件"。GRI 标准假设信息披露给包括投资者在内的多个利益相关者，重要性被定义为"反映报告企业对经济、环境和社会产生重大影响的项目，或对利益相关者的评估和决策产生重大影响的项目"。在日本框架下，《协同价值创造指南》将重要性定义为"对公司商业模式可持续性而言的重要项目"。基于这些重要性定义的差异，ESG 信息披露公司需要采取与公司信息披露的目的和目标相匹配的思维方式。

（一）企业战略与 ESG 重要议题

ESG 相关议题多种多样，范围广泛，因此，试图涵盖所有与公司活动相关的 ESG 议题是不可能的。从提高企业可持续性和提高企业价值的角度出发，识别与公司战略密切相关的 ESG 议题并重点关注这些议题非常重要。此外，站在投资者的立场上，公司应从企业价值的中长期提升和业务可持续发展的角度阐述公司认定为重要的 ESG 议题，以及针对这些议题所做的努力。

虽然目前没有确定的方法来识别和确定对公司来说有关 ESG 的重要议题，但可以首先考虑与公司的商业模式和战略风险、机遇有关的议题。具体包括以下几个方面：

1. 与企业价值观的关系。根据企业设定的企业理念和愿景等企业价值观，整理对开展企业活动有影响的 ESG 议题。例如，A 公司是一家在全球经营日用品、食品和饮料的制造商。公司秉承"让可持续生活成为常态"的企业理念，以长期成长和创造可持续的企业价值为目标，基于可持续发展有助于增长的信念，制定并披露了涵盖所有部门和价值链的可持续发展计划。该计划包括三个目标：改善健康和福利、减少对环境的影响、改善相关人员的生活。并且指定实现每个目标所需的活动领域。此外，可持续发展对企业价值的贡献分为业务增长、风险降低、可靠性提高和成本降低四类，并结合实例进行说明。

2. 与商业模式的关系。从提升企业价值的角度梳理 ESG 与公司业务模式的关系。整理出什么样的 ESG 议题会影响构成公司商业模式的要素，例如公司在价值链中的地位、差异化因素等竞争优势以及支持它们的公司管理资源。

3. 与业务和资产组合的关系。分析 ESG 议题对个体业务和资产的影响，并考虑应对措施。例如，考虑未来监管环境的变化等对自有业务资产的运营和价值的影响，并梳理出必要的应对措施。例如，全球主要能源公司 B 公司开发了一种管理财务和非财务风险和机会的商业模式，以创造长期的企业价值。公司制定了从向低碳社会转型中获利的企业战略，企业战略的目标是到 2050 年从其能源产品中 100% 去除碳，并且正在世界各地大力投资太阳能和风能。

4. 与运营和供应链的关系。从持续采购资源等角度，调查哪些 ESG 议题与公司的运营相关，梳理可能产生的影响及应对措施。例如，全球电气设备制造商 C 公司在全球范围内提供和销售电气设备，拥有大规模的全球供应链，因此，非常重视供应链管理。公司定期调查供应商的教育计划、人权倡议、气候变化措施等，如果需要改进，他们会与供应商合作进行改进。如果仍然没有改善，则存在终止合同的情况。C 公司通过其年度供应链责任报告披露其供应链政策和有关政策的信息。

5. 与研究开发的关系。如果 ESG 议题预计会给公司带来重大风险或机会，从维护和加强公司竞争优势等角度来看，梳理出组织什么样的研发和人力资源开发来支持它达到创新。在此过程中，还应考虑此类投资是否会获得投资者和其他利益相关者的理解。例如，D 公司是一家全球食品和饮料制造商。公司认为，社会影响和业务影响应该是相辅相成的，从长远来看，同时考虑这两者将使所有利益相关者受益。考虑到这一点，公司设定了使其食品和饮料包装 100% 可回收的目标，作为其中的一部分，它成立了一个研究所，与行业合作伙伴合作开发可回收包装。公司正计划建立一个工厂来生产研究其所开发的包装。

6. 与产品和服务的关系。梳理 ESG 议题是否会为当前提供的产品和服务带来风险或创造新的商机。例如，E 公司是一家全球汽车制造商。基于"不解决气候变化等环境问题，汽车就没有未来"的信念，公司制定了 2030～2050 年的多项应对措施，以保证公司长期稳定地发展。其中之一是到 2030 年减少 35% 以上，到 2050 年新车二氧化碳排放量将减少 90% 以上。为实现这一目标，E 公司计划大幅增加电动、混合动力和电动汽车的销量。

（二）创建重要性候选清单

从信息披露的重要性来看，确定重要性的第一步是分析外部环境，利用国际信息披露框架列出广泛的 ESG 问题。

1. 外部环境——事业环境分析。作为考虑影响公司可持续发展和企业价值的 ESG 议题的出发点，可以从长远角度分析公司所处环境的变化。可以参考国内外政府、国际组织、智库等发布的报告。例如，世界经济论坛公开发表的全球风险报告。

2. 利用现有框架。例如，可以参考框架的示例包括 SASB 标准和 GRI 标准。此外，最近有一些公司披露的例子涉及 SDGs 的 17 个目标和 169 个具体目标。

3. 利用外部评估机构设定的任务。评估机构在进行 ESG 研究和评级时，应确定投资者高度关注的 ESG 议题，针对具体事项和举措细节的披露，开展问卷调查，并向上市公司发送反馈表。虽然存在被调查企业数量有限、研究内容和方法未全部公开等限制，但每年都会根据外部环境和投资者动向对项目进行审查，因此，个别企业可以自行选择参考。

4. 与利益相关者对话。通过与投资者、员工、业务合作伙伴、客户和专家等利益相关者进行访谈，可以调查利益相关者对公司的兴趣和期望，并将发现的 ESG 议题添加到重要性候选清单中。

5. 跨行业的共同 ESG 议题。原则上，重要性候选清单会因个别商业模式、项目等而有所不同，但对 ESG 议题特别重要的外部环境分析通常在各个行业中普遍存在。投资者还通过比较全球同一行业的公司进行投资。从这个角度来看，每个行业的指标和清单也很重要。

鉴于现有框架为每个行业提供了一个标准化的重要性清单，例如，SASB 从向投资者提供有用信息的角度为 77 个行业设定了具体的披露项目和指标。如果难以从头开始创建重要性候选名单，那么也可以使用每个行业的 ESG 议题清单和指标作为参考资料。

（三）如何评估 ESG 课题的重要性

创建重要性候选名单后，需要根据其与企业价值的关联性来确定重要性（优先事项)。ESG 议题的重要性或缩小范围没有固定的方法,我们将根据公开披露的例子来介绍一些有代表性的方法。

1. 设置评价轴。在创建重要性候选清单时,有必要以某种方式评估每个项目的重要性,并缩小对公司重要的项目的范围。可以设置"对公司的重要性"和"对利益相关者的重要性"等评估轴,以评估每个 ESG 议题的重要性。

2. 评价方法的讨论。通过设置评估轴来缩小重要性时,有必要评估每个 ESG 议题在每个轴上的重要性。企业进行评估时需要考虑以下两点。

第一,对自己公司的重要性。关于对公司的重要性,最终归结为与公司可持续发展及其中长期企业价值的关系。但在评估之前,应先分析评估公司战略和个别业务所带来的风险、机遇的影响以及发生的频率。

第二,对利益相关者的重要性。如果确定了公司的利益相关者,则可以将利益相关者的重要性视为轴之一。例如,如果我们考虑解决与提高中长期企业价值相关的 ESG 议题,主要利益相关者可能被视为长期投资者,其也可能包括客户、员工、商业伙伴、当地社区,在某些情况下还包括国际组织和非政府组织。

3. 时间轴。简单来说,ESG 议题作为风险和机遇对公司产生影响的时间也可能因议题而异。例如,在考虑气候变化的影响时,预计在考虑 2 ~ 3 年的时间轴和 20 ~ 30 年的时间轴时,其对公司的影响程度及其应对措施会有所不同。在评估 ESG 议题的重要性时,重要的是要了解这些议题的时间范围。

4. 管理层和董事会的参与。管理层和董事会也应该参与议题重要性的最终确定。

(四) 确定 ESG 重要议题的过程

在 ESG 投资中,ESG 重要议题是指影响公司战略进而影响企业价值的议题。一些公司将确定重要议题的过程称为"重要性指定"或"重要性分析",并披露有关该过程内容的信息。

在很多情况下,ESG 信息披露框架用于列出可能与企业价值相关的 ESG 议题,通过评估其重要性来缩小 ESG 议题的范围。国际综合报告委员会发布的综合报告框架中也引入了类似的方法,人们认为它可以在向投资者和其他利益相关者提供信息时使用。每个公司都有自己的重要议题,没有指定的方法。本书将通过列举一些公司的例子来介绍一些考虑重要议题时的要点。

1. 日本金融公司 F 关于重要性的分析。日本金融公司 F 的使命是"通过全球保险和金融服务业务提供保障和安全,支持充满活力的社会和地球的美好未来的发展"。基于此，我们确定公司应从中长期角度来解决社会问题。此外，为了解决这些问题，到 2030 年实现"有复原力和可持续发展的社会"，F 公司正在努力以联合国可持续发展目标为标杆，与社会创造共享价值，并制定具体举措，公司已将社会问题确定为优先议题。

第一步：社会问题分析。为了准确把握社会需要解决的问题，公司将收集利益相关者（客户、股东、商业伙伴、环境、当地和国际社区、员工、代理人）、国际框架、目标等的意见。为此，公司确定了社会问题，并确定了公司可以帮助解决的四个社会问题。

（1）多样化的事故和灾害。

（2）气候变动、资源枯竭等接近极限的地球环境。

（3）伴随着高龄化，看护、医疗负担的增加。

（4）由于差距扩大导致社会活力的低下。

第二步：确定重要议题。对于选定的社会问题和 F 公司的业务活动，公司分析了对社会可持续发展贡献度高的项目，以及这些举措对公司发展产生重大影响的项目，在环境、社会和治理中，确定了社会为优先问题（CSV 倡议）。

第三步：确定支持重要议题的基本举措。根据重点事项，决定支持它们的基本举措。

第四步：向管理层报告并纳入战略。向管理层报告已确定的重要议题并将其纳入中期管理计划。

2. 日本医药公司 G 关于重要性的分析。日本制药公司 G 认为，以长期投资者为剩余利润的受益者，以满足所有利益相关者为目的，以可持续的方式实现企业价值的最大化是有效的。在为所有利益相关者创造长期利润的前提下，G 公司认为识别并优先考虑为长期投资者带来利润的关注点是实现企业价值最大化的最短途径，公司将重要性设定如下。

第一步：确定议题。议题的确定参考了各种指南（SASB、GRI、SDGs）、与利益相关者的沟通、社会责任投资的评价项目等。

第二步：重要性矩阵的优先级的创建。考虑已确定议题的优先顺序，从企业理念、财务影响、财务报告、创新创造机会、法规影响等"长期投资者的利益"的角度进行优先排序，制定并创建矩阵。

第三步：评论和更新。公司将根据解决业务环境问题和变化的努力进展情况进行适当的审查和更新。

二、ESG 信息披露的监督和执行

为了让公司将其重要的 ESG 议题与提高企业价值相结合，公司必须成立一个治理体系来专门解决 ESG 议题。此外，对于投资者而言，披露此类信息将确保构成其投资决策基础的举措真正得到落实，从而提高企业价值和可持续性。

（一）纳入决策过程

为了解决重要的 ESG 议题并提高企业价值，将 ESG 议题与其他管理问题一样纳入公司的决策过程非常重要。为此，公司高层的承诺和适当的治理体系至关重要。

1. 公司高层的承诺。为了从提高企业价值的角度解决 ESG 议题，公司的最高管理层必须负责任地参与其中。此外，为了表明管理层负责任地参与其中，应披露有关 ESG 议题责任分配情况、内部向管理层提供信息的过程以及监督 ESG 议题的方法等信息。

2. 治理。关于针对 ESG 议题建立什么样的治理体系，企业期望将在现有的管理和治理体系的基础上，建立一个适合自己公司的体系。最重要的是，与一般的公司治理一样，董事会既是决策机构又是监督机构。

此外，如果在最高管理层或董事会下有负责实际业务执行的董事会，则可以将 ESG 议题与企业战略联系起来，其他管理问题一样由该部门处理。

（1）董事会职能及监督制度。董事会的职责是监督 ESG 议题是否得到妥善解决，以及它们是否与提升企业价值相关。因此，关键是有一个向董事会报告的过程，并且在董事会讨论战略、风险管理、业务计划等时考虑到 ESG 议题。另外，它还负责监督 ESG 议题的实施进展。

（2）分管部门。应对上述治理体系的做法可能涉及在现有组织结构内指定一个部门负责，或者在整个组织内设立一个新的部门负责 ESG 议题。重要的是要确保 ESG 议题在全公司范围内得到解决，而不是由 ESG 分管部门独立处理。

第一，收集和梳理有关商业环境变化的信息。ESG 议题的解决是从中长期的角度进行的，但由于外部环境等的变化，预计项目本身和各议题的重要性会随时发生变化。关于重要性的指定，有必要收集和整理信息，以便定期对其进行审查。

第二，组织内的调整。由于应对 ESG 议题往往超出传统部门工作范围或涉及跨组织事务，可以由 ESG 负责部门与其他部门协调。

第三，向董事会汇报。关于 ESG 议题的分析和应对情况，应该向董事会汇报。

第四，外部参与。回应投资者对 ESG 议题的询问，与国际组织、NGO 等进行沟通，完成 ESG 评估机构的问卷调查等。

第五，公司内部渗透。公司内部对 ESG 议题、公司价值、战略等之间的关系的理解对于 ESG 治理体系的发展是非常重要的。应该由负责 ESG 议题的部门来负责促进公司内部的理解，例如，提供机会成立论坛，让所有员工从外部环境和一般问题上对 ESG 议题进行理解。

（3）日本国内制造业 H 公司的管理结构。制造业 H 公司以企业理念为基础，通过解决社会课题，为持续的社会建设作出贡献，以提高企业价值为目标。为了解决社会课题和强化事业基础、满足利益相关者的期待，H 公司设定了可持续性重要课题及其目标。另外，确立了实现目标的全公司管理结构。通过在可持续发展推进委员会及执行会议上的讨论，结合参与活动的利益相关者的评价，稳步推进课题的实施。董事会收到执行部门的报告，对可持续性课题的实施进行监督。

（二）设定指标和目标值

1. 指标的设定。当公司确定重要议题时，可以根据问题设定指标，以明确通往理想道路上管理举措的进展。可以将定性或定量指标设定为指标，但无论如何，都需要根据要解决的问题为公司设定适当的指标。在某些情况下，公司采用自己的指标，而在其他情况下，如从与其他公司的可比性等角度考虑或从投资者的角度来看，也可以使用现有框架发布的指标，例如，SASB、GRI 和世界交易所联合会发布的指标。

2. 目标值的设定。除了设定指标，公司可以设定并公布目标值。在设定目标值时，重要的是要考虑中期目标和短期目标，以实现公司的长期愿景和目标。还可以让实际执行计划和设定目标的运营公司和相关部门参与进来。

至于设定具体目标值的方法，公司可以根据自己的情况采取适当的方法，主要有两种方法：第一种，从可行性的角度，将过去的结果进行累加，计算出未来的预测值，并将其设定为目标值；第二种，参考国内外与环境和社会问题相关的目标值，设定自己公司的目标值。后一种方法称为"回溯"，由气候相关财务信息披露工作组气候变化建议书推荐。

3. PDCA 的实施。对于已经确定的重要议题，除了将其纳入战略和行动之外，从稳步推进举措本身的角度来看，企业将实施 PDCA①循环。与其他管理问题一样，PDCA 包括评估举措的进展以及设定指标和目标值的实现程度。如果有

---

① PDCA 循环的含义是将质量管理分为四个阶段，即 Plan（计划）、Do（执行）、Check（检查）和 Act（处理）。

问题，企业将改进工作并审查指标和目标值。此外，在重要议题方面，在评估进度时，应根据外部环境的变化对重要议题的影响进行重新审查，例如，审查重要性项目和内容以及重要议题评估等。

世界交易所联合会的 ESG 指标如表 3 - 4 所示。

表 3 - 4　　　　　　　　　　世界交易所联合会的 ESG 指标

环境（E）	社会（S）	治理（G）
温室气体排放量	CEO 和员工的报酬差	董事会的多元化
排放源单位	男女的报酬差	董事会的独立性
能源使用量	人才流入及流出情况	报酬与可持续性的关联
能源单位	员工的男女比例	团体交涉的情况
能量混合	临时工的比例	供应商行为规范的有无
水使用量	反歧视方针	关于伦理和防止腐败的方针
环境关联事业	受伤率	数据隐私政策
环境风险管理体制	劳动安全卫生方针	可持续性报告
对减轻气候风险的投资	关于童工、强迫劳动的方针	可持续性相关披露
	人权方针	有无外部保证

资料来源：笔者整理。

我们以日本国内食品制造商 I 公司的重要性、指标和目标值为例（见表 3 - 5）。I 公司从围绕本公司的社会课题中选定了"健康"①"地区·社区"②"环境"③ 为 ESG 的重要议题。针对这些议题，制定了长期经营构想的非财务目标值，作为共创社会和价值并持续成长的指南。并以此为基础，设定并公布了为了实现自己目标所需的非财务目标值。

表 3 - 5　　　　　　　　I 公司的重要性、指标和目标值

重要性	承诺	成果指标	目标值
健康	健康·未病领域的自我护理支援	扩充无糖商品、健康功能的相关商品； 继续创造健康功能性素材的新价值	商品销售额/构成比率 115%（与前一年相比）； 5 个国家（总人口 6.5 亿人）
	治疗领域的进化	通过生物医药品的提供，培育了更强的研究开发和制造技术作为核心强化基础，向世界提供自己公司生产的新药	多地区上市品种数：3 种以上； 国家数：50 个以上

---

① 增加健康的人，减少病人，为治疗相关作出贡献。

② 增加客户与家人和朋友一起度过时光的机会，同时发展与供应链相关的社区。

③ 到 2050 年，力争实现资源循环 100% 的社会。

续表

重要性	承诺	成果指标	目标值
地区·社区	对社区活性化的贡献	通过本公司提供的商品及活动，创造人与人联系的机会	创造人与人联系机会的商品、服务数量（目标值讨论中）
	强化原料生产的可持续性	为了持续的采购和生产地域的活性化，从长远的观点出发的原材料的价值化和对产地或农家的支援： 国产原材料采购量； 合同栽培切换率； 雷恩森林联盟认证支援小规模农园数	100 吨（2027 年）； 10%（2027 年）； 10 000 个农场（2025 年）
环境	对应气候变动的影响	再生能源导入以及节能推进	GHG 削减率为30%（2030年）
	容器包装的处理	推进容器包装的3R·资源循环	PET 瓶用树脂的再循环树脂使用率为50%（2027年）

资料来源：笔者整理。

三、ESG 信息披露与投资者参与

ESG 信息披露对于上市公司而言，重要的是披露与 ESG 重要议题相关的风险和机遇，包括其战略以及与企业价值的关系、监督和执行机制以及支持它们的举措。这些内容在评估价值时被认为很重要。此外，上市公司与投资者之间基于披露信息的接触，将加深彼此之间的相互了解，并鼓励公司在中长期内采取措施提高企业价值，这可能对企业的未来有所帮助。

（一）披露内容的梳理

1. ESG 议题与企业价值的关系。在披露有助于投资者从中长期评估企业价值的 ESG 信息时，公司应考虑与 ESG 重要议题相关的风险和机遇，以及战略、治理体系和指标。最终，有必要以通俗易懂的方式将其与企业价值的联系以故事的形式展现出来。例如，可以参考日本经济产业省的协同价值创造指南。该指南为企业向投资者全面传达其管理理念、商业模式、战略、治理等提供了指引。

具体披露的信息类型将根据公司情况和信息使用者的情况而定，但在考虑对投资者进行信息披露时，如前所述，可以根据其与企业价值的关系披露以下项目。

（1）企业战略与 ESG 议题的关系。

（2）ESG 重要议题及其确定流程。

（3）高层管理承诺和治理体系。

（4）指标和目标值。

2. 投资者的信息来源。投资者主要通过以下三种途径获取公司 ESG 信息。

（1）资产管理公司通过披露和参与直接从公司获取信息。

（2）可以从 ESG 研究和评级的机构购买 ESG 相关数据、分数、指数等。一些 ESG 评级机构根据公司的公开信息计算数据和评分，而另一些则通过向公司发送问卷来收集信息。

（3）投资者使用的数据，除了股东大会通知和公司发送的参考文件中包含的信息，以及投资者自己的政策和信息外，也可以来自投票咨询公司。

公司在考虑 ESG 信息披露的内容和媒介时，重要的是要了解他们披露的信息将如何使用以及由谁使用。此外，如果 ESG 评级机构向公司发送有关问卷或评分的反馈表，公司也能够透过其中包含的项目探索投资者的观点。

另外，关于定量信息的披露，一些投资者使用各种量化 ESG 信息进行投资决策。定量信息的示例包括与温室气体排放、能源使用和劳动力多样性相关的数据。例如，在温室气体排放方面，一些欧洲养老基金宣布，他们的目标是到 2050 年其投资组合的二氧化碳净排放量为零。在投资组合管理中利用被投资方的排放量信息的趋势越来越强。一些公司在响应各种各样的请求的同时，从易于理解的角度在数据手册等中发布定量信息。

（二）使用现有框架

上市公司在披露 ESG 信息时，往往会使用现有的信息披露框架。我们总结出现有的 ESG 信息披露准则及特点（见表 3-6），公司可以从中选择更适合自己的披露框架。

表 3-6　　　　　　　　　ESG 信息披露准则等的主要背景及特点

名称	主要背景/特点
国际综合报告框架（2013 年·英国）	（1）创建一种新的报告形式，包括公司的财务和非财务信息，称为综合报告； （2）为了投资者的信息披露； （3）本报告以原则主义为编制基础，无具体披露事项或指标； （4）以注册会计师团体的制定为主导

名称	主要背景/特点
GRI 标准 （2018 年·荷兰）	（1）于 2000 年首次发布，是世界上历史最久的 ESG 信息披露标准之一； （2）包括投资者在内的多方利益相关者的信息披露； （3）细则主义色彩浓重，对经济、环境、社会每一项都设置了披露项目和指标； （4）由环境非政府组织牵头成立 GRI； （5）2015 年改变了结构，成立了全球可持续发展标准委员会，这是一个独立的标准制定机构
SASB 标准 （2018 年·美国）	（1）按照细则原则，对 77 个行业分别设置具体的披露项目和指标，为了投资者的信息披露； （2）在发展阶段，SASB 标准旨在成为美国公司的披露标准，但最终它被重新定位为全球公司的披露标准； （3）在发展过程中，广泛邀请从业者参与行业组织的舆论过程，最终，超过 2 800 名从业人员（业务人员、分析师、顾问等）参与了开发； （4）SASB 的治理由独立的标准制定机构 SASB 和负责所有运营的 SASB 基金会董事会（SASB Foundation Board）组成
TCFD 最终提议书 （2017 年·美国）	（1）建议在主要年报等中披露气候变化相关的财务信息； （2）金融部门的信息披露，包括投资者； （3）基本上，本提议书具有强烈的原则色彩，但它明确指出必须公开温室气体排放量； （4）还为一些与气候变化联系特别密切的行业制定了针对特定行业的补充指南； （5）由金融稳定委员会成立的工作组审议和制定
协作价值创造指南 （2017 年·日本）	（1）经济产业省牵头制定本指南，作为提高信息披露质量和与投资者对话的指南，本指南系统、全面地梳理了向投资者传达的信息，包括管理理念、商业模式、战略、治理等； （2）本指南以原则主义为编制基础，无具体披露事项或指标
环境报告指南 2018 （2018 年·日本）	（1）自 1997 年制定《环境报告指南——通俗易懂的环境报告指南》以来，内容不断进行修订； （2）在 2018 年版中，包含了向可持续发展社会过渡的管理方向的信息的指南； （3）作为参考，说明了每个主要环境问题的披露指标
证券报告 （2019 年·日本）	（1）《金融商品交易法》中规定的信息披露，使投资者能够作出充分的投资决策； （2）2019 年 3 月，为加强非财务信息，公司新发布了《描述性信息披露原则》，总结了证券报告中可取的披露内容和方式； （3）本报告以原则主义为编制基础，无具体披露事项或指标
公司治理报告 （2019 年·日本）	（1）证券交易所要求上市公司在信息披露中告知投资者公司治理状况； （2）本报告细则色彩浓厚，中设置了与公司治理相关的具体披露事项和指标

资料来源：笔者整理。

（三）披露信息时的注意事项

1. 信息披露媒介。在 ESG 信息的自愿披露方面，以投资者为主体、自愿编制综合报告的企业逐年增加。此外，在向更广泛的利益相关者传播信息时，公司有时会制作可持续发展报告、CSR 报告、环境报告等来发布广泛的 ESG 信息。除此之外，一些公司还在其网站上创建了相关页面，用以发布了 ESG 信息。

从信息披露的媒介、目标受众是否为投资者、是否包括其他利益相关者等方面，公司通过考虑投资者和其他利益相关者对 ESG 信息的需求、信息的内容以及信息的重要程度等来选择合适的媒介。

2. 英文披露。为方便外国投资者获取信息，考虑到外国投资者在公司股东中的比例等因素，公司应该考虑增加英文披露来提供 ESG 信息。

3. ESG 数据保障。随着 ESG 投资的扩大和深入，ESG 信息在投资决策和参与中的重要性与日俱增。从确保 ESG 信息可靠性的角度来看，预计未来投资者对获得第三方机构担保的需求将越来越大。

（四）投资者的参与

1. 有目的的对话。为了在中长期内提高企业价值，根据公开信息让投资者进行参与也很重要。参与有时被称为"有目的的对话"。通过参与，投资者可以从包括 ESG 在内的企业风险和机遇的角度加深对正在采取的措施的理解。此类信息用于投资决策，并将结果传达给养老基金等资产所有者。

对于公司而言，这种对话为投资者提供了一个机会，可以更深入地了解其公司的 ESG 举措、其背后的思想以及它们与企业价值的关系，这将是一个使 ESG 举措改进、增长以及公司获得创新的机会。

2. 应对多样化的参与。与投资者的接触不仅局限于 ESG 议题的对话，而是作为公司与投资者之间的沟通和交流活动（investor relations，IR）被公司广泛开展。投资者通过行使投票权、公司的个人会议、个人书面意见等参与公司活动，也可以通过参加公司举办的 ESG 说明会来参与公司活动。此外，最近出现了"集体参与"运动，包括多个机构投资者共同努力与公司进行对话。一个典型的例子是"气候行动 100 ＋"等——对解决全球环境问题有重大影响的公司与机构投资者就信息披露和减少温室气体排放进行建设性对话的全球会议。

本章的最后，笔者想补充的是，ESG 信息披露没有统一的格式和标准答案。由于 ESG 课题的复杂性和多样性，每个企业的 ESG 重点问题和目标可能都不相同。这就为企业制定和披露 ESG 信息带来了挑战。

ESG 信息披露是一个不断演变和迭代的过程，需要企业根据自身情况和利益相关者的需求进行动态调整。企业需要进行全面的 ESG 课题评估，明确自身的影响领域和关键风险，然后确定相应的指标和目标。这也与 ESG 课题的本质相符，即 ESG 是涉及环境、社会和治理等多个领域的综合性问题，需要企业综合考虑和平衡各方面的利益。

企业实践 ESG 并逐步提高 ESG 信息披露的过程可以比作一次旅程。一次旅程重要的是逐步行动，根据企业的具体情况和可行性选择合适的举措，从力所能及的地方开始。在这个旅程中，与利益相关者，尤其是投资者的对话至关重要。投资者作为企业的重要利益相关者，关注的是可持续性和长期价值的实现。与投资者进行持续的对话，了解其关注点、期望和要求，可以帮助企业更好地认识和解决 ESG 问题，并制定长期提高企业价值的方案。

这种对话和合作的过程也帮助企业适应变化的环境，因为 ESG 课题和利益相关者的关注点随着时间和环境的变化可能会有所调整。通过与利益相关者的对话，企业可以及时了解与 ESG 相关的新趋势、要求和规范，从而调整和改进自身的 ESG 战略和信息披露。

在这个过程中，企业可以参考一些前面提到的已有的 ESG 框架和标准，以及行业相关的指南和实践手册。这些框架和标准提供了一些指导和参考，帮助企业确定适合自身情况的 ESG 指标和目标，并进行信息披露。

所以，起初的重点不在于追求完美，而在于切实地迈出可行的一步，并通过与利益相关者的对话和合作在实践的旅途中不断调整和改进。这种渐进的方法更符合 ESG 实践的本质和复杂性，并且能够帮助企业不断进步，实现更高水平的可持续发展。

尽管 ESG 信息披露存在挑战和困难，但越来越多的企业意识到 ESG 的重要性，并采取积极行动。这是一个逐步发展的过程，企业可以通过不断学习和改进，逐步提升 ESG 信息披露的质量和有效性，以实现可持续发展和共赢的目标。

第四章　日本跨国并购案例分析

日本企业跨国并购的发展历史可以追溯到 20 世纪初，经历了多个阶段和变迁，积累了丰富的经验和成功案例。通过了解日本企业的并购战略和决策过程，中国企业可以借鉴其战略思维和实施方法。这对于中国企业制定自己的跨国并购战略、评估目标企业和进行谈判都具有参考意义。

另外，通过了解日本企业的跨国并购活动，中国企业可以了解日本市场的竞争环境和行业动态，预测潜在的挑战和机遇。这有助于中国企业制定风险管理策略，规避可能的风险，并及时应对市场变化。通过学习日本企业的成功和失败经验，中国企业可以吸取教训，从而更好地管理自己的跨国并购项目。

总之，了解日本企业跨国并购可以帮助我们了解国际市场的竞争格局，学习经验和战略思维，开拓市场机会，寻找合作伙伴，并规避风险。这对于中国企业的国际化发展和提升竞争力都具有重要的影响。

第一节　日本跨国并购现状

一、日本企业跨国并购发展变迁

日本企业跨国并购的规模和方式在不同时期可能会有所不同。早期的跨国并购主要是以获取资源为导向，而后期更加注重市场拓展、技术获取和品牌增值。在日本企业跨国并购的发展史中，一些重要的案例和事件包括索尼收购哥伦比亚唱片、丰田收购通用汽车的股权、日立收购英国公司日立电机等。此外，一些企业也面临着挑战和困难，比如国际竞争、文化差异和管理整合等方面的问题。总体而言，日本企业的跨国并购在不同时期经历了变化和调整，以适应国际市场的需求和机遇。以下是日本企业跨国并购的一些主要发展变迁。

1. 初期阶段（1945～1950 年）。日本企业主要专注于恢复国内经济和发展本土市场。然而，随着日本经济的快速增长和企业财富的积累，一些大型企业开始寻求国际扩张和资源获取的机会。这一时期的跨国并购主要集中于获取海外的原材料和能源资源。

2. 高度成长阶段（1960～1980 年）。随着日本经济的快速崛起，许多日本企业开始探索海外市场，并通过并购来扩大国际业务。这一时期，日本企业尤其在汽车、电子、化工等行业实施了大量的跨国并购，以获取市场份额、技术和品牌优势。其中，像丰田、索尼、三菱和松下等知名企业通过跨国并购迅速扩大了全球业务。

3. 破产与重组阶段（1990～2000 年）。在 20 世纪 90 年代初，日本经济陷入泡沫破裂和长期低迷的阶段，许多日本企业陷入困境并面临破产。在这一时期，跨国并购的活动相对减少，许多企业转而进行企业重组和结构性调整，以应对国内和国际市场的挑战。

4. 新兴市场和高附加值领域的拓展（2000 年至今）。进入 21 世纪，随着新兴市场的崛起和全球经济的重心逐渐向亚洲转移，日本企业开始将重点放在新兴市场的拓展上。他们通过跨国并购来进入亚洲、拉丁美洲和非洲等地区，以获取增长机会和扩大市场份额。此外，日本企业还开始注重高附加值领域的并购，如科技创新、医疗保健、高端制造等，以提升企业的竞争力和创新能力。

二、日本跨国并购现状

在企业经营全球化、以新兴国家为中心的世界经济增长、日本人口减少并长期低增长等背景下，日本企业对外国企业的大型收购（in-out）正在活跃起来。武田制药以 7 兆日元收购夏尔（爱尔兰）成为日本并购史上最大的企业并购案。

自 2006 年 JT（日本烟草产业股份公司）、东芝、日本薄板玻璃、大金工业等公司宣布一系列重大并购交易以来，in-out 交易的累计数量已超过 5 000 宗，价值超过 75 万亿日元，其中价值 1 000 亿日元以上的交易已超过 100 宗。海外并购增加的背景是，日本许多行业的国内市场已经成熟了。为了发展，企业别无选择，只能走向海外，这是基本趋势。除此之外，近年来融资环境和加强治理的趋势等也起到了推波助澜的作用。在融资环境方面，全球货币宽松政策使得融资更加容易，即使日元小幅贬值，也不影响基本趋势，这不是一个负面因素。此外，虽然日本公司在过去几年中一直盈利，并且拥有丰富的现金储备，但公司治理改革使投资者的要求更高，手头有剩余资金的情况不再被接受。如何将其用作增长资金呢？他们面临着在资本投资、股票回购和并购之间的选择。作为拓展海外市场的手段，并购成为首选。换句话说，被广泛讨论的加强治理的趋势，是推动并购，特别是海外并购的因素之一，而且这一趋势在未来不会改变。

另外，需要注意的是，一旦进入全球化的潮流就会呈现出加速趋势。既然通过海外并购进入了全球市场，就不得不在这个市场上一决胜负。竞争对手是全球性企业，股东和顾客都是外国人，在利益相关者不同的情况下决胜负的战场将发生变化。在全球竞争中，最终会卷入寡头化的市场份额竞争中，对于日本企业来说，如果不确保一定的市场份额就无法生存。出于防卫的考虑，日本企业不得不考虑并购。

在过去，日本很少有成功的大规模海外并购的例子，相反巨额亏损的案例有很多。在1990~2000年，以索尼、三菱地所、NTT、NTT docomoo、古河电工等为代表。这些失败大多归因于收购价格过高或经营外国企业能力不足。即使进入21世纪，日本邮政、麒麟控股、第一三共等也进行过巨额减值处理。更甚者，并购方受到与被并购方有关的会计丑闻的牵连。例如东芝、奥林巴斯、富士胶卷控股公司（以下简称富士胶卷）等。但是，近年来成功的例子也在增加。代表性例子如JT收购RJR国际（雷诺兹公司国际烟草业务）、英国加拉赫（Galla-her）。另外，朝日集团控股、东京海上控股、第一生命控股等也成功进行了大型收购。从1999年到2022年，日本十大金额最高的跨国并购案例如表4-1所示。

表4-1　　　　　日本十大跨国并购案例（按金额排序）

排序	年份	目标公司	国家	收购公司	金额（百万美元）
1	2016	ARM控股	英国	软银集团	31 879
2	2013	Sprint	美国	软银集团	21 640
3	2007	加拉赫集团	英国	日本烟草公司	14 684
4	2014	Beam	美国	三得利控股有限公司	13 933
5	2011	奈科明	瑞士	武田药品有限公司	13 686
6	2001	AT&T无线	美国	NTT DoCoMo	9 805
7	2008	千禧制药公司	美国	武田药品公司	8 734
8	1999	雷诺烟草国际	荷兰	日本烟草公司	7 832
9	2017	Přeňský，Prazdroj	捷克共和国	朝日集团控股有限公司	7 774
10	2018	Uber	美国	投资者团体（如软银）	7 670

资料来源：笔者整理。

三、维权基金和并购

近年来，日本维权基金的影响越来越大。维权基金指的是在日本国内从事维权活动的组织或基金。这些组织通常致力于维护和促进个人和群体的权益，推动社会公正和法律保护。

日本的维权基金可以涵盖各种领域和议题，例如劳工权益、消费者权益、人权、环境保护、少数群体权益等。它们可能通过提供法律咨询、法律援助、法律教育、诉讼支持、宣传活动等方式来实现维权目标。

这些维权基金可能由非政府组织（NGO）、非营利组织、律师协会、社会团体、学术界组织或个人通过捐赠等方式进行资金筹集和运行。它们的目标是通过法律手段和社会影响力来推动正义和改善社会不平等现象。

维权基金在日本的发展程度和活跃度可能因领域和议题不同而有所不同。日本一些知名的维权基金包括劳动权益保护组织、消费者权益保护组织、人权组织、环保组织等。这些组织通过倡导改革、提供法律援助和支持受影响人群等方式来推动维权工作的开展。

过去，维权基金被认为是企业的敌人，但从 2010 年以来，他们的声音越来越大，成功案例和投资业绩的积累，奠定了他们在资产管理行业中作为养老基金和富人的投资工具的地位。

维权基金通常以促进公司治理改善和保护股东权益为目的，以提高公司价值和股东回报。他们可能会采取各种策略来实现这些目标，包括参与收购公司、干预并购活动或强制变更并购条件。以下是几种常见的维权投资者行动方式。

（1）参与收购公司。维权基金可能会购买目标公司的股份，以在公司内部施加影响力，并争取在决策层产生变革。他们可以通过股东投票、董事会席位争夺和影响战略决策等方式推动公司改革和治理改善。

（2）干预并购活动。当目标公司面临收购威胁或存在对股东利益不利的并购交易时，维权基金可能采取行动干预并购活动。他们可以通过发表声明、提出替代方案或建议，争取其他股东的支持，并可能通过法律和合规手段争取对交易进行评价和干预。

（3）强制变更并购条件。维权基金可能尝试通过与公司或买方交涉，要求修改并购条件，以保护股东权益或提高交易价值。他们可以提出关键问题，如价格调整、股份比例、关键条款和控制权等，以确保交易对所有股东公平和有利。

（4）充当战略收购者或私募基金的中间人。维权基金可以协助战略收购者或私募基金寻找并购机会，并提供投资建议、尽职调查以及运作并购交易的支持。

富士胶卷收购施乐（Fuji Xerox）的案例是一个受到维权基金介入影响的典型例子。Fuji Xerox 是富士胶卷和美国施乐公司（Xerox Corporation）合资成立的一家跨国文档处理与解决方案提供商。2017 年，富士胶卷和美国施乐公司达成协议，富士胶卷将收购美国施乐公司在亚洲、澳大利亚和新西兰地区的股权，将其改组为富士胶卷的子公司。然而，这项交易受到来自维权基金响亮投资管理公司的干预和反对。

响亮投资管理公司认为该交易对施乐的股东不公平，提出了几项批评。他们认为该交易的估值低于施乐公司的实际价值，并指责施乐董事会在协商过程中未充分代表股东利益。响亮投资管理公司还发表声明，呼吁施乐股东拒绝交易，并改善公司治理实践。

维权基金的干预引起了更广泛的关注和审视。一些施乐股东也对交易条件表示担忧，认为应当重新评估交易的公正性和利益分配。这种反对声音促使施乐公司和富士胶卷重新考虑交易条款，并进行进一步的讨论和协商，以提高交易的公正性和透明度。

最终，富士胶卷和施乐公司对收购协议进行了修改，并达成了新的协议，以反映股东的利益和关注点。这个案例显示了维权基金的干预能够对公司的并购活动产生重要的影响，推动公司在交易中考虑各方利益，并改善公司治理实践。

第二节　如何避免跨国并购失败

跨国并购的成功并非易事，日本企业如何避免跨国并购的失败？本部分从并购交易流程和日本企业的全球化经营管理两方面来讨论。这是因为跨国并购的成功与否不仅与交易技巧相关，还与收购方的全球化经营管理相关。

一、并购交易流程

并购交易过程分为四个阶段，分别是并购战略制定、尽职调查、定价和合同订立及并购后整合。下面，简单介绍一下每个阶段需要注意的事项。

（一）并购战略制定

在并购战略制定阶段应注意以下三点。

首先，确认战略的时间轴。在战略制订阶段，根据时间轴来考虑经营方的承诺和觉悟的程度。在短期时间轴考虑下，经营方通常更加注重近期的业绩目标和利益。他们可能倾向于采取短期利益最大化的策略，以迅速实现经济回报。在这种情况下，经营方的承诺和觉悟可能相对较低，更关注短期结果而非长期战略。在中长期时间轴考虑下，经营方更加注重公司的长期可持续性和战略目标。他们可能更倾向于采取长期价值增长的策略，考虑包括业绩增长、市场份额扩大和战略转型在内的长期效益。在这种情况下，经营方的承诺和觉悟通常会更高，更加注重长期战略决策和可持续发展。在战略制定过程中，关键是确保经营方能够理解和认可公司的长期战略目标，并为实现这些目标作出必要的承诺和努力。

另外，在战略制定的时机上，展望收购后的经营也很重要。也就是说，重要的是从一开始就有长远的眼光，不管是引进的项目，还是自己开发的项目，都需要有一个不动摇的战略轴心。

其次，直接掌握要进入的市场的信息。公司在尚未取得进展的领域需要更加谨慎，并且需要努力收集信息。企业可以通过以下途径来收集市场信息。

（1）信任的本地信息源。寻找与目标市场相关的信任和权威的本地信息源，例如，当地专业媒体、行业报告、政府机构和商会的数据和研究，以获取准确和可靠的信息。这些信息源可以提供对当地市场、竞争环境、法规和文化的深入理解。

（2）投入资源进行研究。投入充足的资源进行研究是关键。这包括雇佣当地专业人士、市场研究公司或咨询公司，以进行深入的市场研究、调查和分析。这将帮助公司了解目标市场的商业环境、消费者行为、竞争情况和发展趋势。

（3）了解文化和社会习俗。文化和社会习俗对商业活动有重大影响。努力了解目标市场的文化背景、价值观、商业礼仪和沟通方式，以确保公司的业务在当地能够得到接受和适应。

（4）国别风险评估。评估目标市场的国别风险因素是重要的。这包括政治稳定性、法律和法规、知识产权保护、市场准入障碍、外汇政策等因素。研究并了解这些风险因素，以明确了解它们对公司的业务可能产生的影响。

（5）与当地业务伙伴建立联系。与已在目标市场运营的当地业务伙伴建立联系，并借助他们的经验和洞察力，以获取关于目标市场的实用信息和建议。

综上所述，进行充分的信息收集和研究是进入尚未取得进展的领域或市场时的关键。这将有助于企业更好地了解市场情况，降低风险，并为制定合适的战略和商业决策提供支持。

最后，经营者在决策上的立场。由于世界经营环境的不确定性，日本出现了从回避风险到在并购上"踩刹车"的倾向。但是，由于全球并购没有停滞不前，即使日本停下脚步，其他国家公司也在不断前进，从而会导致日本企业相对落后。因此，经营者"冒险前行"的立场很重要。为此，经营者在收购目标公司后的中长期经营中，需要考虑各种风险，以制订适当的战略和采取必要的措施来应对这些风险。

（二）尽职调查

在跨国并购中，尽职调查是一个非常重要的阶段，它旨在评估目标公司各个方面的情况，以确定该交易的风险和机会。尽职调查包括并购前的尽职调查（pre-acquisition due diligence）和并购后的尽职调查（post-acquisition due diligence），这是两个不同的阶段，各自有不同的目标和重点。在并购之前，拟议的收购方通常会进行尽职调查，以评估目标公司的状况，并确定是否进行交易。一旦并购完成，购买方可能会进行并购后的尽职调查，以确保交易的顺利整合和后续运营。

并购前的尽职调查的对象包括财务、法律、商业、人力资源、技术、税务、风险等，尤其在财务尽职调查中，除了目标公司本身，目标公司的集团公司的子公司、孙公司等实际上往往是盲点，需要密切关注。

一般而言，大型跨国并购项目往往处于竞争较为激烈的市场环境中，所以可能更倾向于卖方市场，多方竞价竞拍形式的案例很多。结果导致尽职调查时间非常短，并且在获得足够信息之前交易就完成了。并购前的尽职调查要求在有限的时间内查明交易能否执行、价格计算水平以及并购后的风险，但由于时间的限制，仍然存在无法查明的风险。因此，并购后的尽职调查也是非常重要的。

并购后的尽职调查是在并购成功后短期内集中实施的。为了应对并购后整合所承担的风险，有必要在并购后尽快再次实施尽职调查，将风险可视化，并采取必要的措施。可视化风险指的是将风险信息以图表、图形或其他视觉形式展示，以便更好地理解和沟通风险概念及其潜在影响。可视化风险在降低收购后管理风险方面发挥着重要作用。它提供了更清晰、更直观的风险认识，支持更明智的决策，并帮助加强风险沟通和共识。在收购后管理过程中，采用可视化风险的方法可以提高整体的风险管理效果。

另外，确保尽职调查和并购后整合过程的一致性和协同工作对于降低管理风险至关重要。但是事实上很多企业的实际情况是，一旦由企业规划和财务部门牵头的尽职调查完成并确立了计划后，并购后整合的规划就交给了业务部门。三个部门没有同时参与和协同工作，这种情况会导致后续的管理风险。企业可以从以下几个方面来保持这两个阶段的一致性和规划的有效执行。

（1）共同参与和责任分配。在尽职调查和并购后整合阶段，企业的规划部门、财务部门和业务部门应共同参与和协同工作。尽职调查团队在确定并购目标后，应与业务部门密切合作，以确保并购后整合的计划和目标与实际业务需求相符。

（2）持续的沟通与合作。跨部门之间的沟通和合作是保持一致性的关键。规划部门和财务部门应该与业务部门建立良好的沟通渠道，及时共享信息、目标和计划，并确保业务部门理解并参与其中。持续的沟通可以及早发现问题并作出适当的调整。

（3）统一的目标与计划。尽职调查阶段的目标和评估结果应与并购后整合的目标和计划相一致。规划部门应确保整合计划包含尽职调查阶段的发现和评估结果，从而制定出相应的整合策略。这样可以保持整体的一致性，避免出现财务部门和业务部门之间的断层。

（4）管理风险并建立驱动力。企业应建立适当的风险管理措施，以减少并购后整合阶段的风险。这包括确保明确的责任划分和目标设定，制订详细的工作计划，并建立有效的监控和反馈机制，以及及时解决问题和风险。

综上所述，确保尽职调查和并购后整合的一致性和协同工作非常重要，可以降低管理风险。通过共同参与、持续沟通、统一目标与计划，并建立适当的风险管理措施，企业可以更好地执行这两个阶段，并成功实现收购后的整合。

（三）定价和合同订立

如上所述，跨国并购通常是在竞争激烈的市场环境中进行的，这导致了价格上的压力和溢价。买方也可能因为对竞争对手的恐惧感，而在无法冷静判断的情况下，出高价进行收购。因此，冷静地认清收购和不收购的风险是很重要的。对于企业来说，在面临全球化竞争的局面下，"会不会被竞争对手买走，市场份额一下子就被拉开差距而无法取胜""会不会因为无法描绘增长蓝图而导致股东对公司的评价下降"的恐惧感越来越强。这些担忧和恐惧可能促使企业急于通过高价并购来应对这些挑战。因此，为了防患于未然，在实践中，确立收购上限价格是一种有效的风险管理措施，以避免过度支付或被情绪驱使的高价收购。常见的方法有估值分析、对比市场交易、综合风险评估以及感性判断和谈判策略等。当然确定上限价格并非一成不变的决策，它可能随着尽职调查、风险评估、谈判过程和市场变动而调整。灵活性和实时评估是必要的，可以确保最终的收购决策符合企业的利益和战略目标。

除此之外，从本质上来说，为了防止高价收购，需要考虑好不进行收购的经营战略，并提前做好心理准备，以便在价格过高时能够果断地做出不收购的决策。这有助于防止过度依赖高价收购，并确保决策符合公司的长期增长和战略目标。

此外，在签订收购合同时，确实需要更加谨慎，并特别关注陈述和保证条款。随着大规模收购数量的增加，这些条款的存在变得非常重要，因为它们可以为买方提供一定的保障和赔偿机制。买卖双方在收购交易中存在不平等的权力关系。通常情况下，卖方在合同中提供陈述和保证，确保所提供的信息准确无误，买方依据这些信息作出决策。然而，卖方往往会强调合同的成立，以减少自己在交易中的责任和风险，给买方留下承担更多风险的可能性。为了保证收购后的赔偿和降低法律风险，买方有责任采取不妥协的立场，确保收购合同中的陈述、保证和赔偿条款能充分保护自己的利益。

（四）并购后整合

从并购的成立到"成功"，其成败大多取决于并购后整合（post merger integration，PMI）。整合阶段是将两个独立的实体合并为一个统一的整体的过程。在这个阶段，各种业务、战略、文化、流程等方面的差异需要得到充分的理解、协调和整合。

在并购交易中，整合阶段确实是判断并购成功与否的关键时期。并购交易的成功不仅仅在于交易的达成和合同的签署，更关键的是在后续的整合过程中能否实现预期的协同效应和价值创造。

判断并购是否成功确实需要考虑更长期的时间跨度，包括成立后的 1~2 年、并购后整合的 3~5 年以及更远的未来，甚至需要预见 10 年后的情况。短期内来看，成立后的 1~2 年可以获得一些初步的指标和反馈，比如合并后的财务表现、市场份额变化、团队整合情况等。这段时间对于调整战略目标、整合流程和解决问题非常重要。然而，真正的并购成功需要更长远的视野。在 3~5 年的期间，企业将面临更多的挑战和机遇,如整合文化、流程和系统,优化资源配置,扩大市场影响力等。这个阶段的关键是保持并购的战略一致性,推动协同效应的实现,并确保组织变得更强大和竞争力更强。

更进一步,预见 10 年后的情况需要考虑更广泛和深远的因素。这包括长期战略目标的实现、市场趋势的演变、技术创新的影响以及行业竞争格局的变化等。预见未来并购的成功需要企业具备对市场和行业的洞察力,并能够灵活地应对变化。

然而,现实是许多日本企业在跨国并购中,一直没有进行并购后整合。相比其他国家的企业,一些日本企业在跨国并购时可能更倾向于保持被收购公司的独立性,而较少进行全面的并购后整合。

这种情况主要受到日本企业文化和管理哲学的影响。日本企业通常注重保持并尊重被收购公司的独特性和核心竞争力,并更倾向于建立合作伙伴关系而非彻底整合。他们可能更注重长期合作和共同成长,而不是追求快速的合并和收益。

在许多日本企业的跨国并购中,他们可能更关注在扩大市场份额、进一步发展技术、拓展销售渠道或在地区间共享资源等方面的合作。因此,并购后的整合可能更加注重业务合作、知识共享和文化融合,而不是彻底的组织结构整合或经营方式统一。

虽然这种方式可以保留被收购公司的核心价值和灵活性,但也存在一些潜在的挑战。如果没有进行适度的整合,可能会导致管理和协作难题,以及重复投资和资源浪费的问题。此外,由于缺乏整合,协同效应和成本节约可能无法充分实现。那么企业如何更好地进行并购后整合?本部分从以下三点进行探讨。

1. 经营参与和治理。在一些日本企业跨国并购案例中,日本的收购方在被收购企业的经营中会积极参与,并强调高层之间的沟通和亲自指挥的重要性。这意味着即使地理上相隔较远,高层管理者之间也需要经常保持联系,包括通过电话、电子邮件进行联系,有时甚至直接会面交谈。他们认为只有保持这种亲密距离,才能实现真正的经营。

这种做法反映了收购方希望通过直接参与和沟通来确保并购项目的成功和顺利运营的愿望。通过与被收购方的高层保持紧密联系,收购方可以更好地了解被收购企业的运营情况、挑战和需求,并及时作出适当的指导和决策。

此外,建立高层之间的紧密联系还可以促进相互的信任和合作,增强双方的共同目标和利益。被收购方可能会对收购方的诚意和关注感到满意,从而愿意与收购方密切合作,积极响应并实施变革和调整。

然而，需要注意的是，这种亲自参与并进行第一线指挥的方式在不同的文化和业务环境中可能会有差异。并购时，双方应该尽量避免产生过度干预或导致冲突的情况。成功的并购需要双方的相互理解、尊重和灵活性，以达到共同的经营目标。

总的来说，日本高层管理者在海外并购中强调与被收购方高层之间的近距离沟通和亲自参与，旨在实现真正的经营并增进信任。这种方式可以促进合作和成功，并帮助被收购方适应变化和改变。

另外，在进行收购的治理方面，日本公司的成员适应并参与当地的执行体制并制订适当的操作治理非常重要。然而，在实际工作中，如果将已经完成的当地指挥命令换成日本人，可能会遭到抵抗，因此需要一定的努力来解决这个问题。

作为解决方案之一，引入首席集成官（CIO）是有效的。CIO 的目标是实现两家公司的集成，即作为领导集成的职务，引入日本成员到当地的执行体制中。这样做可以获取现场的各种信息，并在必要时增加成员以传授经验，这是一种有效的方法。

从被收购方的角度来看，不仅仅是单纯的管理目的，如果从日本引进技术、资金、人才等必要的资源以实现协同效应，那么这样的举措将受到欢迎。如果双方的目标是实现协同效应，被收购方也会乐于协助。只有在执行体制中建立起日本成员和被收购方成员共同参与的体制，收购后的执行体制才能得以完善。

通过这些举措，可以促进日本公司与被收购方之间的合作和相互理解，提升整个执行体制的效能。同时，这也为日本公司提供了更好地了解当地市场和业务的机会，并从中获得重要信息和资源，进一步推动收购的成功实施。

2. "可视化"机制。在日本企业进行全球化经营时，委托经营扮演了重要的角色。委托经营是指将一部分业务委托给当地的管理团队进行运营和决策，以适应当地市场环境和文化差异。这是一种有效的方式，可以充分利用当地资源和专业知识，提高业务运作的效率和成功的可能性。

然而，委托经营的前提是被收购方已经实现了"可视化"，也就是对其业务和运营进行了充分透明和清晰的了解。如果被收购方的业务过于复杂或未能提供足够的信息和数据，那么在进行委托时，风险将难以控制。因此，确保被收购方的可视化是非常重要的。

在决定是否进行委托经营时，企业需要明确自己的经营立场。这包括考虑委托经营可能带来的潜在优势和风险，并评估是否准备好处理可能的挑战和冲突。企业还需要评估被收购方的能力和可信度，以及当地市场的特点和法规环境等因素。在这个过程中，企业应该制订明确的战略和经营目标，确保委托经营与整体战略的一致性，并采取必要的措施监督和管理委托执行的过程。

JT 在海外并购中的成功案例展示了可视化在整合过程中的重要性。在并购后整合过程中，JT 非常注重可视化的工作。他们关注各种细节，包括香烟在不同地方的销售情况、竞争对手销售的产品、规章制度的制订等。即使在位于东京的全球总部，他们也能获取到收购企业的信息。

JT 最著名的并购是收购了 RJR 纳贝斯克，并以此为基础收购了加拉赫公司。在整合过程中，他们也在信息系统的系统集成方面作出了重大贡献。这种系统集成对于可视化非常重要，可以使各个部门和业务之间的信息流畅、透明，并且提高整个企业的协同效率。

然而，实际上，许多日本企业在并购后整合阶段很少进行系统集成。这可能是因为被收购企业和收购方有完全不同的信息系统和经营管理结构，使得整合过程变得复杂。这导致了可视化的局限性，不同部门和业务之间的信息交流受到一定的限制。

要解决这个问题，企业在并购前应该充分考虑到信息系统和管理结构的整合问题，并制订相应的计划和策略。提前进行谨慎的尽职调查，了解并评估被收购企业的信息系统和经营管理结构，可以帮助企业更好地掌握整合过程中的可视化需求，并采取相应的措施解决信息流动的障碍。

另外，在交易过程中与目标公司进行有效沟通是实现"可视化"的关键之一。特别是要与目标公司的经营高层进行沟通，以下几点是重要的考虑因素。

第一，准备工作。在交易进行之前，收购方应该做好充分的准备工作。这包括对目标公司进行细致的调研和了解，了解其经营情况、业务模式、组织结构等。收购方需要明确自己对目标公司的看法，并确定验证要点，以及希望在收购成功后能获得哪些管理信息。

第二，及时沟通。在交易完成后，收购方需要立即与目标公司建立沟通渠道，并提出对于管理信息的要求和期望。这样可以避免在收购后过了一段时间才提出需要的信息，造成对方的疑虑和困惑。及时沟通可以建立起双方之间的信任和合作关系，为后续的整合工作奠定基础。

第三，明确期望。收购方在沟通中需要明确自己对于目标公司的期望。这可以包括对经营战略、目标市场、产品组合等方面的期望。通过明确期望，可以让目标公司了解收购方的战略方向，有助于在整合过程中进行有针对性的调整和协调。

第四，强调"可视化"。在沟通过程中，收购方可以强调"可视化"的概念和重要性。即通过有效的信息传递和共享，使各个部门和业务之间的信息流动更加透明和顺畅。收购方可以表达对于建立透明、高效的信息管理和共享平台的期望，以提高整个组织的协同效率和决策的准确性。

总之，在与目标公司进行沟通时，做好充分的准备、及时沟通、明确期望以及强调"可视化"是关键要素。这样可以建立起良好的合作关系，促进信息的共享和流动，为收购后的整合工作奠定基础。

3. 人才与文化。并购后的整合阶段需要将人力资源视为重要的投资对象。除了资金之外，人才是非常关键的经营资源。企业可以增加具备海外经营和全球运营经验的人才、照顾派遣到海外的人才、确定轮岗任务和期限以及建立持续派遣人才的机制，这些都是在人力资源管理方面重要的举措。这些做法有助于提高整合的成功率，确保人才的流动和组织的协同效应。具体内容如下。

第一，增加具备海外经营和全球运营经验的人才。在收购后，如果目标公司希望扩大海外业务或实现全球化运营，那么拥有相关经验的人才将变得尤为重要。收购方需要增添能够适应新市场和文化环境的跨国经营人才，以确保整合过程的顺利进行。

第二，照顾派遣到海外的人才。如果需要长期派遣人才到海外，关注和照顾这些人才的需求是重要的。这可能包括提供适当的薪酬和福利、解决海外生活的问题和支持等。保障人才的福利和幸福感，有助于提高他们的工作表现和忠诚度。

第三，确定轮岗任务和期限。由于日本收购方的负责人频繁更换，可能会导致被收购方对收购方的承诺产生怀疑。为解决这个问题，需要在轮岗时明确任务和期限等。确保轮岗人员有明确的职责和目标，以建立与被收购方之间的信任和沟通。

第四，建立持续派遣人才的机制。为了确保持续稳定地派遣人才，收购方可以努力建立一个有效的机制。这可能包括设立明确的评估和选拔程序，提供培训和发展机会，以及搭建跨国交流和合作的平台。通过这样的机制，可以保持人才的流动性和灵活性，促进不同地区之间的知识共享和合作。

另外，在并购过程中，文化融合是最具挑战性的方面之一。为了成功实现文化融合，也需要制订相应的政策。当不同的文化融合时，将统一集团的经营理念、价值观、事业的共同目标等作为一个"轴"，即"同轴化"，是非常关键的一步。

通过同轴化，各个原本不同的文化可以在共同的基础上进行交流、协作和融合。这意味着所有员工都应该对统一集团的经营理念和价值观有清晰的认知，并将其作为自己行为的准则。

在同轴化的基础上，增加各种交流机会非常重要。这可以包括组织内部的培训、工作坊、团队建设活动，以及跨部门或跨地域的沟通会议等。这些交流机会提供了相互了解和学习的平台，帮助不同文化之间建立联系，加深彼此的认知，并促进文化的混合与共融。

当不同文化的人员在这样的环境中进行交流和合作时，逐渐形成一种新的文化。这种新文化可能会融合各个文化的特点、习惯和方式，形成一种兼容并蓄的文化氛围。这种新文化将具有统一集团的特色，并为企业的发展提供共同的基础和共识。

文化融合是一个渐进的过程，需要时间和积极的努力来实现。不同文化之间的差异和挑战可能存在，但通过同轴化和增加交流机会，可以创造一个促进文化混合的环境，进而孕育出一种新的、融合的企业文化。

二、日本企业的全球化经营管理

推进日本企业的全球化经营管理是避免并购失败的重要方法之一。通过推进日本企业的全球化经营管理，企业可以更好地应对并购过程中的挑战，增强企业的全球竞争力，并减少并购失败的风险。同时，注重文化适应、人才培养和跨国团队合作，有助于建立一个有利于全球化经营的组织文化和团队能力。如何推进日本企业的全球化经营管理，本部分将从以下两个方面来讨论。

1. 经营立场不同。面对全球化经营，需要考虑日本和海外经营者在使用人才方面的差异。在日本企业中，终身雇佣制和长期就业观念在相当长的一段时间内是主导的。这种模式鼓励员工对企业忠诚，并在组织中培养稳定的人际关系。这可能导致日本企业内人才的流动性相对较低，更偏向内部晋升和长期雇佣。

相比之下，海外企业更倾向于中途招聘和人才流动。他们通常更加开放和灵活，注重吸引和留住多样化的人才，并将人才的技能和经验与特定项目或任务相关联。这种模式可以更快地调整团队组合，吸纳新的观点和技能，以适应市场的变化和需求。当日本企业通过并购拓展海外市场时，这种人才使用上的差异可能带来一些挑战。

例如，某外资 B 公司购买 SI 公司时明确意识到被收购公司的员工可能会在一年内离职的情况。他们将这一点视为必要的成本回收，并采取了相应的方法来利用这些员工在一年内产生结果。在收购过程中，对被收购公司的人员能力进行评估，并明确区分他们的工作任务和职责。B 公司制订了一个方案，针对能够在收购后第一年内取得成果的人员和不能取得成果的人员分别安排工作。尽管有一半的工程师在一年后离开公司，B 公司在制订各种计划时也会考虑如何从收购中获得一定的收益。这可能意味着他们寻找机会最大化并利用那些能够在短期内产生结果并带来经济效益的员工，以确保在收购之后的第一年中取得成功。

虽然这个案例可能有些极端，但是在全球公司的并购后整合中，确实存在类似的思维方式。这些公司通常将收购后的第一年视为关键的一年，并力求确定哪些人员有能力在短期内产生结果，并让他们按照自己的模式工作。

这种做法的目的是确保收购之后能够实现战略目标并最大化经济效益。通过识别并重点关注关键人才，公司可以更好地利用资源，以便在收购后的初期实现成功。然而，公司也应该在人才评估和区分时保持公正和透明，以确保公平对待所有员工，并提供机会和支持帮助他们适应变化并取得成功。

另外，日本公司在并购中倾向于"人不动"的假设，将被收购公司的管理权交给日本公司，并进行长期观察。这种文化差异可能导致误判和不同的思维方式，其中外国公司认为"事物是不同的，事物是流动的"，而日本公司则认为"事物是相同的，事物是不流动的"。由于持有不同的观念，许多并购案例中存在价值没有因为不作为而增加，反而因为人力资源的外流而受损的情况。

日本公司的这种观点背后存在一个背景，即在许多情况下，人力资源的价值并不会因为无所作为而增加，反而会因为人力资源的外流而受到损害。这意味着过去作为日本式经营前提的商业习惯的思维方式可能会成为全球化经营的绊脚石。随着市场的全球化和不确定性的增加，日本企业经营海外企业时需要转变思维，并学习适应海外的管理模式。

2. 经营时间轴和速度感。在日本企业的管理中，长期的时间轴（10 年规划）和明确的 PDCA 循环（plan-do-check-act）之间存在一些挑战。PDCA 循环是一种持续改进的管理方法，包括计划、执行、检查和行动四个步骤。它通常被用来解决短期问题和实施中期计划。虽然要求管理层对未来十年有明确的愿景，但在实践中，许多日本公司仍然倾向于关注中期计划，如三年或五年的时间轴。这是由多个因素导致的。

首先，日本企业文化中存在强调稳定性和持久性的传统价值观。这意味着许多企业更加关注长期的稳定和可持续发展，而不是追求短期的高增长。因此，在制订管理计划时，他们更倾向于制订中期目标和计划，以确保公司的稳定和可持续性。

其次，管理者的任期长度可能会对 PDCA 循环在长期时间轴上的实施产生影响。在日本，许多经营者的任期通常在 4~6 年，这可能限制了他们对超过这一期限的长期计划的责任承担和实施能力。尤其是对于风险较高的大型海外收购等投资，经营者可能不愿意在自己的任期内进行，或者在进行后不愿意长期承担责任。

此外，市场和行业的不确定性以及变化的速度也可能对公司着眼于短期计划产生影响。在快速变化和竞争激烈的环境中，公司可能更倾向于制订和执行相对较短期的计划，以便更快地应对市场变化和机会。然而，随着全球化和日本企业面临的新挑战，更多的公司开始认识到长期时间轴的重要性。一些公司在尝试制订更长期的战略计划和愿景，并努力在 PDCA 循环中扩展时间跨度，以更好地适应变化和实现长期目标，并找到能够使组织持续参与未来十年经营的方式。

第三节　如何取得跨国并购成功

一、并购成功的定义

企业并购成功的定义到底是什么？我们将并购的"成功"定义为通过资本流动提高中长期的企业价值。并购是以获得未来竞争优势为目的并伴随资本移动的"经营战略组合"，是如何将外部经营资源与本公司结合起来转换为企业价值的创造过程。所谓并购的成功，最重要的是，企业期望通过并购能够"实现自身的目标"和"获得各利益相关者的评价"。也就是说，并购的目标不是成立，而是"成功"。

在考虑企业并购的成功时，需要从更广泛的视角出发，将主语置换为新企业集团，并以集团联结经营志向的实现为目标。企业并购通常不仅仅是买方和卖方之间的交易，而是关乎多个利益相关者的利益和关系。除了买卖双方的立场和意图外，还必须考虑到被并购方存在的经营资源和利益关系者，如员工、客户、供应商等。

从新企业集团的视角考虑，并购成功意味着能够将各方资源和利益融合为整体，实现集团联结经营志向。这意味着追求协同效应、优化资源配置、提高绩效和创造更长期持续的价值。

改变视角将帮助企业更全面地考虑并购时涉及的各方面因素，并明确未来的经营志向。这有助于促进组织文化的融合、业务协同的实现和资源优化的发挥，从而实现并购后的企业整体效益的提高。

实际上，全球并购的成功率并不高，而日本企业在海外并购方面也面临着一定的挑战。德勤会计师事务所对 2007 年经历过并购的 162 家日本公司进行的调查显示，只有大约 30% 的并购项目能够完全实现预期目标。这表明尽管许多日本公司签订了并购协议，但实际上并不都能成功实现。

另外，该调查还将并购分为收购和兼并两种，发现约 29% 的案例是收购项目，24% 的案例是兼并项目。虽然收购的成功概率略高于兼并的，但整体成功率低于 30%。这进一步凸显了日本企业在并购活动中面临的挑战。

2010 年 5～7 月的另一项调查涉及近 200 家企业，结果显示，回答"成功"的比例为 28%。然而，对于跨境并购而言，这个数字仅为 13%，明显低于总体水平。这说明日本企业在海外并购方面具有较低的成功率。日本企业在 2005 年左右开始正式启动海外并购，而在大约 5～6 年后自我评价时，凸显出海外并购困难的实际情况。

这些数据表明海外并购对于日本企业来说确实是具有挑战性的。成功的并购需要日本企业在全球经营管理、战略规划、风险管理等方面采取一系列措施，并对目标市场、文化、法规等进行充分的了解和适应。此外，建立良好的合作伙伴关系、进行充分的尽职调查，以及有效的整合与协调也是成功并购的重要影响因素。

二、日本跨国并购的成功规律总结

虽然前面提到日本在跨国并购方面的成功率相对较低，但我们可以从一些跨国并购案例中总结出一些成功的模式和规律。

1. 上游产业同行业内的大型经营整合①。这种整合旨在实现行业内的水平整合，即合并或收购竞争对手，以缓解过度竞争并提升企业的市场地位和盈利能力。

相比追求垄断，上游产业的整合更有可能扩大企业的收益。这是因为通过整

---

① 上游产业同行业内的大型经营整合是指在同一产业的上游环节，即指向原材料提供和资源开发的企业之间进行整合。

合，企业能够共享资源、优化供应链、提高效率，并实现规模经济效益。同时，整合后的企业也能够在市场上更有竞争力，具备更强的议价能力，以获得更好的采购和销售条件。

成功的上游产业同行业内的大型经营整合案例通常在擅长资源开发的公司中更为常见。这是因为这类公司通常在资源获取、勘探、开发和生产方面具有专业能力和经验。通过整合其他竞争对手，他们可以整合更多的资源，并且更好地掌控供应链，从而优化成本结构并提高生产效率。

三菱商业公司通过收购澳大利亚煤炭公司的股权，并与力拓矿业进行合作经营，实现了对煤炭产业的水平整合。通过这次并购，三菱商业公司成为全球最大规模的煤炭生产商之一，年产量达到 6 000 万吨。该并购案例展示了擅长资源开发的公司在行业内整合方面的成功模式。通过整合资源和能力，企业可以缓解过度竞争，实现规模效益和资源优化，从而扩大企业的收益。

特别是在煤炭产业这样的原材料行业，横向整合可以带来巨大的优势。整合后的公司可以减少重复投资，提高产能利用率，加强市场定价能力，降低生产成本，并通过规模优势获得更有利的采购和销售条件。

据报道，以原料炭和铜为中心的金属事业在 2017 年度实现了 2 610 亿日元的纯利润，占整体利润的 47%。这进一步证明了这次整合对企业收益的积极影响。

这个案例的成功表明，行业内的大型经营整合可以成为缓解过度竞争、扩大企业收益的有效策略。通过整合资源和能力，企业能够在行业中获得更有竞争力的地位，并实现规模经济效益。

2. 引进新技术和服务。大型 IT 企业通常以其巨额的市值、利润和现金流作为收购的武器，通过一连串的收购来获取领先的内容、应用程序和技术。这种收购策略对于大型 IT 企业来说具有多重好处。首先，通过收购领先的内容、应用程序和技术，它们可以快速扩大自己的业务领域和服务范围。这种收购能够提供先进的技术和创新的解决方案，并帮助企业保持竞争优势。其次，通过收购领先的内容和应用程序，大型 IT 企业可以增加用户或客户群，并通过整合这些收购资产来提高用户体验和功能。此外，通过收购其他公司，大型 IT 企业还可以获得其他公司的知识产权和专利权，从而加强自己的研发能力和技术储备。这有助于促进创新和加速产品开发周期。像微软的 Skype、Alphabet 的 YouTube、Facebook 的 Instagram 和亚马逊的 Whole Foods 等确实代表了这种收购模式的成功案例。

但是，这不是日本企业特别擅长的领域。过去，即使是日本的领先企业如日立制作所、东芝、NEC、富士通和松下等，在收购大型外国企业方面的成功案例也相对较少，尤其在电子电器行业。

尽管如此，也存在一些例外的成功案例，比如，瑞可利控股公司（Recruit Holdings）收购全球求职网站 Indeed。这次收购使得 Indeed 成为 Recruit Holdings 的一部分，而 Indeed 在 2017 年的 EBITDA（息税折旧摊销前利润）中的贡献占总公司的 12%。日本电产（日本电气产业株式会社）也采取了类似的收购模式。日本电产在过去几年中进行了一系列收购，目的是引进新的技术和服务。这些收购使得公司能够扩大业务范围，提供更多元化的解决方案，并在全球市场上保持竞争力。

尽管日本企业在引进新技术和服务的收购方面相对较少，但近年来，一些日本企业开始意识到这一策略的重要性，并在加强他们的收购和合作能力。

3. 获得品牌和特许权。通过收购具有知名品牌和特许权的公司，企业可以迅速进入新市场或扩大自身产品和服务的范围。并且，这些品牌和特许权通常具有很高的价值和市场认可度。

三得利控股公司收购 Beam 和 JT 收购英国加拉赫等案例是成功的示范。这些收购使得日本企业能够在全球市场上扩大影响力，进一步巩固其在消费品行业的地位。类似的成功案例也在金融领域中存在，例如，东京海上控股和第一生命控股等企业进行了大型收购，通过整合资源和业务，进一步扩展其国内和国际金融服务能力。

然而，收购并非总是成功的，也存在失败的例子。麒麟控股公司收购巴西啤酒业务的失败是一个典型的案例。该收购最终并没有实现预期的商业效果，而是导致了巨额的财务损失。这个案例提醒了企业，在进行收购时需要考虑多方面的因素，并进行充分的尽职调查和风险评估，以确保收购的可行性和成功性。收购后的整合管理和文化融合也是至关重要的。

三、跨国并购的成功带来的影响

本部分我们总结了跨国并购成功的规律和模式，那么跨国并购的成功可以给企业带来什么样的影响呢？

（1）产生协同效应。并购可以实现不同企业之间的协同效应，通过整合资源、技术、市场份额和人才，提高整体业务绩效和竞争力。协同效应可以带来更高的销售收入、更高的利润率和更好的业务增长。

（2）实现规模经济效益。并购有助于实现规模经济效益，即通过业务规模的扩大来降低平均成本。企业可以整合供应链、采购和生产活动，并共享资源和设施，以降低成本并提高利润率。

（3）缩短企业进军市场的时间。通过跨国并购，企业可以缩短进军某一市场或领域的时间。相比自主发展和扩张，通过跨国并购可以快速获取目标企业的资源、市场份额和管理经验，从而加快企业的增长速度和市场渗透。

（4）缓和过度竞争。某些行业可能存在过度竞争的问题，导致市场份额分散、价格战激烈和利润率下降。通过行业重组和并购，企业可以整合市场份额，减少竞争对手数量，增强市场定价能力，提高行业利润水平。

综上所述，跨国并购可以带来更广阔的市场和资源、缩短企业进军市场的时间、加速企业国际化的进程。然而，跨国并购也伴随着一些风险，如收购价格的合理性、不同国家的法律和会计制度的差异等。企业在决策跨国并购时应慎重考虑这些风险，并进行充分的尽职调查和风险评估。积极进行跨国并购可以带来许多机会和好处，但必须谨慎行事，并确保有适当的战略、资源和能力来实现并购的成功。

第四节　日本跨国并购成功案例分析

随着日本国内市场面临人口减少和市场饱和等挑战，越来越多的日本企业开始将跨国并购作为获取海外市场增长的手段。数万亿日元的跨境并购交易，如武田药品收购夏尔和日本 7-11 控股收购 Speedway[①]，成为新闻头条的情况已不再罕见。

人口减少是日本经济面临的严峻问题之一。随着人口老龄化和生育率下降，日本市场的潜在消费者数量有限。为了寻求更大的业务发展空间，许多日本企业将目光投向了海外市场。通过跨国并购，这些企业可以进入新的市场，获得更多的消费者基础，并实现增长。

除了人口减少，日本企业还面临市场饱和和竞争加剧的挑战。在日本国内，许多行业已经饱和，企业很难找到新的增长点。通过跨国并购，企业可以进入新

---

① 作为日本非常著名的医药企业，武田制药于 2018 年以 7 兆日元收购夏尔（爱尔兰），成为日本并购史上最大的企业并购案。

兴市场或扩展到其他国家，以实现更多的增长机会。此外，跨国并购还可以帮助日本企业获取新的技术、知识和创新，提升自身竞争力。

在过去几年中，日本企业在诸如汽车、电子消费品、制药和食品等行业进行了大量的跨国并购。例如，日本的汽车制造商通过收购海外汽车厂商来扩大其全球市场份额。此外，日本的大型企业也将跨国并购作为实现业务多元化和分散风险的战略手段。

跨国并购中，真正重要的是对外国公司收购后的经营管理。在一些情况下，一些日本公司可能出于不熟悉海外业务的考虑，选择保持被收购公司的原有经营体系而不进行改变。然而，这可能会阻碍实现预期的协同效应，因为并购后往往期望通过整合实现业务优势，包括提高效率、降低成本和创造新的商业机会。

正确的经营管理在并购过程中尤为重要。一方面，适当的整合策略和结构可以促进被收购公司与收购方实现协同效应并实现业务增长。这可能包括整合重复的部门，共享资源、技术和生产力，并通过更好的协调和协作来实现更高的价值。

另一方面，强调一体化的整合策略也可能妨碍被收购公司发挥其潜力，并导致业绩下滑。在一体化过程中，被收购方的核心竞争力和特色可能被忽视或削弱，导致员工流失、创新能力下降以及客户和供应商关系破裂。因此，在进行全球经营体系建立时，需要综合考虑被收购公司的业务特点，并根据实际情况确定适合的整合策略。

为了确保成功整合，建立与业务特点相匹配的全球经营体系至关重要。这通常涉及领导层的积极参与和决策、文化融合、人才管理、信息技术系统整合、流程改进以及有效沟通等方面的工作。同时，确保整合过程中的透明度和有效的监督管理也是至关重要的。本部分概述了日本最具代表性的企业——日本烟草公司、朝日集团控股公司和日立公司的全球经营体系，并讨论了各企业如何根据其业务特点建立其全球经营体系。

一、日本烟草公司：以适当治理为前提的授权管理

日本烟草公司是日本唯一的烟草制造商，于 1985 年通过日本国营企业的私有化而成立。JT 在私有化的同时，恰逢国内烟草市场开放，1987 年卷烟关税税率降低至零。JT 私有化的同年《广场协议》的签订导致日元升值，国内外卷烟价格差距缩小，与海外厂商的竞争加剧，此外，由于成年人口的减少以及对吸烟

和健康问题的日益关注，国内烟草需求在 20 世纪 90 年代后半期达到顶峰后下降，通过并购向海外扩张成为当务之急。

1999 年，JT 以 77.9 亿美元（约 9 420 亿日元）的价值收购了美国香烟制造商 RJR Nabisco 的非美国子公司 RJR International。这是 JT 首次大规模收购外国企业，也是当时日本企业对外国企业的最大金额的收购。收购后 RJR International 重组为 JT International（以下简称 JTI），总部位于瑞士日内瓦。JTI 被赋予了为 JT 集团"推动利润增长"的使命，决定在日本和中国以外的所有地区开展海外烟草业务。

JT 前副社长新贝康司将 JT 和 JTI 之间的关系描述为"以适当治理为前提的授权管理"[1]。JT 和 JTI 建立责任和权限规则，并明确 JT 总部批准的事项。JT 批准特定事项的同时，将其他事项的权力下放给 JTI。具体而言，年度及中期经营计划、高管任命、高管薪酬、奖金、KPI 的目标值以及超过一定金额的投资，均需经 JT 总部批准。除此之外，JTI 可以自主决策，如低于一定金额的投资、新产品的推出、营销措施、部长以下的人事任命等。此外，这种"授权管理"也在 JTI 内部实行。也就是说，JTI 在日内瓦的总部对海外烟草业务进行战略规划，同时将各国市场的决策权下放给各国的管理层。

为了实现这种"以适当治理为前提的授权管理"，需要彻底确保管理的透明度。具体来说，JT 和 JTI 的管理层之间每年两次对年度和中期业务计划进行讨论，将管理指标、税制和法规等关键驱动因素、各国的市场趋势、业务计划的进展和其他管理信息等在两家公司之间共享，并且 JTI 的所有决策都在电子决策系统上进行，确保了决策者和决策时点的透明度（电子决策系统也引入了日本的 JT 总部）。另外，JTI 还有一个独立的内部审计部门，建立了直接向 JT 总部报告的体制。

此外，除了高管的任命和薪酬需要得到 JT 总部的批准之外，JTI 及各国的子公司都实行自己的内部人事制度。为了在人才市场上有足够的竞争力来吸引最优秀的人才，JTI 采用了一项全球薪酬政策来确保各国的薪酬与标杆公司（常用消费品）的薪酬水平保持一致。根据这项政策，JTI 将同一职位的薪酬定为标杆公司薪酬水平分布的前 25%。这意味着 JTI 希望确保其员工的薪酬在同一职位的员

---

① 以适当治理为前提的授权管理是指在组织或企业的授权过程中，确保适当的治理机制和控制措施存在和实施的管理方法。它旨在确保授权的有效性、合规性和透明度，以防止滥用权力、减少风险并保护组织的利益。

工中处于较高的水平。

为了保持全球薪酬政策的一致性，各国的人事部门定期更新本国的薪酬水平。这意味着薪酬水平会根据当地市场条件、竞争对手的薪酬水平以及其他因素进行评估和调整。定期更新薪酬有助于 JTI 根据不同国家的情况作出合理的薪酬决策，以确保员工的薪酬与全球薪酬政策的要求保持一致。同时，这也有助于 JTI 吸引和留住高素质的员工，并提高员工满意度和工作动力。

JTI 自 2007 年收购 Gallaher（英国）以来，在海外进行了多次收购，并成功将这些烟草制造商整合到 JTI 旗下。JTI 的海外烟草业务目前占据 JT 集团合并营业利润的大部分份额。

对于 JT 集团来说，通过对 JTI 实施"以适当治理为前提的授权管理"，对其成功扩大海外业务具有重要意义。这种管理方法可以为组织提供一套明确的授权决策规范和流程，确保授权的有效性、合规性和透明度。通过明确授权的范围和限制，在整合收购的过程中，能够更好地管理和控制权力的合理行使，减少滥用权力的风险并保护组织利益。

适当的治理和授权管理为 JTI 在海外业务拓展过程中提供了指导和支持。它们帮助 JTI 确保收购海外企业的授权决策符合全球薪酬政策以及其他治理原则，确保员工薪酬在同一职位中保持适当水平的合规性，并确保全球薪酬政策在不同国家的落地实施。这为 JTI 的国际业务成功融合和持续增长提供了坚实的基础。

总而言之，JT 集团通过对 JTI 的"以适当治理为前提的授权管理"，有效地扩大了其在海外的烟草业务，并通过合规的授权决策保障了组织的利益和员工的权益。这种管理方法在实现组织的战略目标、保持全球一致性以及提高整体治理水平方面起到了关键作用。

二、朝日集团控股：全球战略与区域战略相结合

朝日集团控股（Asahi Group Holdings，以下简称朝日集团 HD）是一家总部位于日本的纯控股公司，旗下拥有朝日啤酒（Asahi Breweries）和朝日软饮料等子公司。作为日本市场的主要酒精饮料制造商，朝日集团 HD 在国内市场上拥有悠久的历史。

然而，自 2009 年起，由于日本国内市场人口减少和少子老龄化等因素，导致市场规模开始萎缩。为了应对这一趋势，朝日集团 HD 开始积极进行海外并

购，以寻求国际市场的增长机会。

随着海外业务的扩展，朝日集团HD海外业务的销售额在集团合并业绩中的比例逐渐上升。根据朝日集团HD年度手册2012年和2020年的数据，2012年国际业务销售额占总销售额的比例为10%，到2020年已增长到39.1%。这显示出朝日集团HD积极推动海外市场的战略，并取得了可观的成果。

此外，朝日集团HD在全球范围内的员工总数也发生了变化。根据截至2020年12月底的数据，朝日集团HD的全体员工中，在日本的员工占比为46.5%。这表明，随着集团业务的全球扩展，朝日集团HD正稳步向全球业务发展，并在海外市场寻求增长机会。

朝日集团HD自2009年开始进行重要的海外并购交易，这些交易对公司的全球业务发展产生了巨大影响。2009年朝日集团HD通过收购吉百利集团的澳大利亚饮料业务，进入了大洋洲市场，并实现了对当地饮料市场的覆盖。2011～2014年，公司完成了几笔并购交易，进一步加强了在大洋洲地区的业务，并积累了并购和全球管理方面的经验和知识。2016年朝日集团HD收购了原SAB米勒公司在欧洲和中东欧地区的业务。这一收购标志着公司通过进行规模更大的并购交易，全面进军欧洲和中东欧市场。2019年朝日集团HD通过另一项重要的并购交易，收购了百威英博在澳大利亚的业务。这进一步巩固了公司在澳大利亚市场的地位。

经过这些重要的并购交易，朝日集团HD逐渐建立了由日本、欧洲（包括中欧和东欧）和澳大利亚组成的三极格局。这使得公司能够在全球范围内拥有更广阔的市场，并扩大了其全球业务的影响力和竞争力。

通过这些战略举措，朝日集团HD得以在全球范围内实现多元化，降低对日本国内市场的依赖，并迅速扩展其海外业务。这展示了公司在追求全球化发展方面的决心和成功实践。

朝日集团HD采取了一种伞形的公司组织结构，将收购的前SAB米勒公司的欧洲和中东欧业务作为每个地区的独立实体，并利用收购的品牌和销售网络来优化当地市场的业务运营。这种结构在一定程度上允许各个区域在特定的区域特征和需求下进行灵活的运营和决策。

然而，在2020年，朝日集团HD进行了全球经营体系的调整。他们集中了被收购的企业和自有品牌（如朝日超级干啤酒、皮尔斯纳和佩罗尼）的全球营销战略职能，并整合了各个区域内部重叠的总部职能。这种变化的目标是实现具有全球吸引力的高端品牌的出口销售增长，通过业务整合获得成本协同效应，并进行采购、生产和物流方面的区域优化。

虽然全球经营结构发生了变化，但并没有刻意改变各国的运营体系。这是因为啤酒业务受到区域特征的强烈影响，例如，口味偏好、啤酒分销和消费地点等。因此，针对每个地区的当地市场进行战略优化非常重要，可以满足特定市场的需求和偏好。

通过这样的战略调整，朝日集团 HD 旨在提高在全球市场上的竞争力，更好地利用并整合其收购的品牌和全球资源，实现更好的业务增长和效益。

朝日集团 HD 在全球经营体系中的角色分工，是根据具有强烈区域性的啤酒业务的特点进行设计的。首先，朝日集团 HD 作为总部负责人，在全球范围内制订和执行统一的全球战略。这包括了海外业务战略，比如高端品牌战略和全球交叉销售等，以及全球供应链设计和中长期研发等方面。通过在总部进行整体规划和管理，朝日集团能够确保统一的战略方向和统一的全球标准。

同时，朝日集团通过在各地设立区域总部，让区域总部负责各国的区域战略和业务执行。这样的分工可以更好地适应各地的特点和需求。区域总部负责制订针对每个地区的市场和销售战略，并在当地进行供应链的优化和管理，同时负责总部职能、新产品开发和质量管理等。这种区域化管理的方式使得朝日集团能够更加灵活地应对当地市场的挑战和机会。以下是各个层级的角色和职能的分类和设计。

1. 朝日集团 HD（总部）。

（1）集团总负责人负责全球战略规划和整体经营管理；

（2）负责制定并购在内的海外业务战略，包括高端品牌战略、全球交叉销售等；

（3）负责全球供应链的设计和管理；

（4）主导中长期研究和开发项目；

（5）负责制定全球人事制度和政策；

（6）监督海外子公司的经营管理和业务执行，确保掌握海外业务动态。

2. 三级区域总部。

（1）三级区域总部负责优化和制定适合啤酒业务的全球战略，以适应各个区域的特点；

（2）区域总部负责为每个地区制定市场和销售战略，以满足当地的需求和偏好；

（3）在区域总部的管理下，将区域战略付诸实施；

（4）负责在当地优化供应链和管理；

（5）负责总部职能，如财务、人力资源管理等；

（6）主导新产品开发和质量管理等活动。

3. 区域总部下属的子公司。

（1）子公司负责在各自国家执行具体的业务；

（2）负责实施区域总部制定的市场和销售战略，确保在地化运营；

（3）负责供应链的执行和管理，以满足当地的需求；

（4）协调和支持总部职能的实施；

（5）参与新产品开发和质量管理等活动。

朝日集团坚持"总部负责全球战略，区域总部负责各国的区域战略和业务执行的全球战略与区域战略相结合"的经营理念，通过海外并购成功地拓展了啤酒业务。海外并购使得朝日集团能够进入新的市场、拓展产品线和品牌，并获得先进的技术和市场资源。同时，通过在区域总部的具体执行和管理，朝日集团能够确保在各国的业务执行和市场推广的有效性。这种分工和配合的方式使得集团在全球范围内能够同时实现统一的整体战略规划和灵活的地区业务推进，从而达到全球业务的持续增长和成功扩张。

三、日立·Ansaldo：全球一体化管理

日立制作所（Hitachi Ltd.）是一家总部位于日本的全球综合性电子、工程和制造公司。公司成立于 1910 年，业务范围涵盖了多个领域，包括信息与通信系统、电子设备、工业设备、能源、铁路系统、汽车系统、建筑工程、医疗设备等。

日立制作所的铁路业务部门（BU）在经营过程中采用业务单元（BU）系统进行业务管理。该部门主要涉及轨道车辆、车辆控制设备和运营管理系统等相关领域。2015 年，铁路 BU 通过海外并购的方式成功收购了欧洲的 Ansaldo Breda 和 Ansaldo STS 两家公司，合称为 Ansaldo。这一并购行为对其业务构成和销售地区产生了影响。

在收购 Ansaldo 之前，轨道车辆制造业出现了竞争激烈的重组环境。中国中车作为一家规模庞大的公司在该领域占据着压倒性的地位。同时，庞巴迪、西门子和阿尔斯通等公司也在努力巩固其在市场上的地位，通过差异化和扩大规模来竞争。

　　在这样的背景下，日立公司为了与这些竞争对手抗衡，进行了 Ansaldo 的收购。这次收购使得日立得以确保自己在全球轨道车辆制造业中的地位，成为全球第四大综合供应商。这个收购能够加强日立在铁路系统领域的产品和技术能力，并且扩大了其全球市场份额。

　　资料显示，在 2014 年的销售额中，日本和亚太地区所占比例为 74%。然而，在 2018 年，这一比例下降到了 28%。与此同时，欧洲、美洲、中东和非洲地区的销售构成有所增加。这表明收购 Ansaldo 对于日立铁路 BU 的业务地区分布产生了显著影响。通过并购欧洲的 Ansaldo 公司，日立加强了其在欧洲地区的市场份额和实力，推动了欧洲以及其他地区的销售增长。这一收购行为有助于日立铁路 BU 扩大其全球市场份额，加强产品和服务的多样化，并进一步巩固其在铁路行业的领先地位。通过在不同地区的销售和运营，日立可以更好地满足各地区客户的需求，开发和提供针对性的解决方案。

　　通过收购 Ansaldo，日立得以获得 Ansaldo Breda 和 Ansaldo STS 的技术和资源，并将其整合到自己的业务中。这使得日立能够向客户提供更全面的解决方案，并在全球范围内扩大其产品和服务的覆盖范围。

　　日立铁路 BU 采用按国家和地区划分的总部和销售职能矩阵式组织结构。这种组织结构的目的是成为在全球范围内经营"一个日立"的铁路业务，并为客户提供车辆、维修、车辆控制、数字化和采购等综合商品和服务。这表明日立铁路 BU 的经营重点正在全球范围内逐个项目地推进。

　　另外，铁路 BU 的核心不在日本，而是在英国。这意味着英国可能成为日立铁路 BU 的战略重点和全球业务的核心地区。这种布局可能与铁路项目在英国的重要性和市场需求，以及日立在该地区的业务扩展和控制中心的设置有关。

　　从 2014 年收购 Ansaldo 到 2017 年以来，日立公司的生产结构主要以日本为母工厂，并通过向欧洲派遣技术指导员来实现全球生产。然而，在铁路业务中，产品规格已经在全球范围内标准化，客户也可以从全球范围内获得服务，因此订单和生产的全球整合成为差异化的关键因素。

　　正因如此，日立公司和原 Ansaldo 共同合作，以迎接全球项目的挑战。例如，"卡拉瓦乔"号轨道车辆项目，该项目在意大利进行招标，日本和意大利合作设计，日本负责核心部件制造，意大利负责机车车辆生产，而英国负责项目管理。这样的全球合作模式使得项目能够成功进行。

　　通过跨国合作，日立公司能够充分利用全球范围内的资源和专业知识，提供定制化的解决方案，并满足不同地区客户的需求。这样的合作架构还能够减少生产成本、缩短交付周期，并提高整体效率。

自收购 Ansaldo 以来，日立铁路 BU 一直致力于通过彻底整合其供应链来提高竞争力。在采购方面，铁路 BU 以实现跨地区最低价格为目标进行全球价格谈判，并在全球和当地层面建立合作伙伴关系，以确保采购的效率和竞争力。

在生产方面，日立铁路 BU 自 2018 年以来一直致力于全面利用 IT 的全球生产管理系统——全球产品生命周期管理（Global Product Lifecycle Management）。该系统旨在整合位于三大洲的 11 个生产基地的生产流程，实现最佳实践的共享，并通过全球基地的协作来执行项目。

在销售方面，日立铁路 BU 在各个地点讨论和研究新市场的开发和订单获取战略，并在全球范围内实施一致的政策，努力扩大销售目标。这种一致性有助于确保在全球市场上以统一策略和品牌形象进行销售。

此外，为支持全球一体化战略，日立制造所引入了全球共同的人力资源管理制度。其中包括全球职位评级系统"Hitachi Global Grade"和全球人力资源和技能可视化的"全球人才数据库"。这些系统和工具的有效运作有助于更好地管理全球人力资源，优化组织结构，并提高人员的技能和能力发展。

这些措施表明日立铁路 BU 在实施全球一体化战略和提高竞争力方面取得了积极的进展。通过整合采购、生产和销售等关键领域，以及引入全球人力资源管理制度，公司能够更好地协调和利用全球资源，为客户提供高质量的产品和服务。

综上所述，全球一体化管理是一种战略性的管理方法，旨在整合全球范围内的资源、流程和战略定位，以实现更高效、协调和持续的业务运营。通过实施从战略到供应链的全球一体化管理，日立铁路 BU 能够更好地协调和整合其全球供应链，从而提高其在铁路业务中的竞争力，不仅巩固了其在世界铁路业务中的领先地位，还取得了许多成功和突破。

通过全球一体化管理，日立铁路 BU 成功地确保了在业务重组竞争激烈的世界铁路业务中的领先地位。他们能够更好地满足客户需求，提供高质量的产品和服务，并积极参与国际市场竞争，实现持续增长和业务扩展。

四、影响各公司全球经营结构的业务特征

正如前所述，JT、朝日集团 HD、日立制造所的全球经营体系截然不同，可以认为这是各公司业务特征的差异所导致的。

1. JT 全球经营体系与业务特征。就 JT 的核心产品香烟而言，每个国家都有自己的规定，口味和强度偏好因地区而异。由于烟草业务的地域差异性非常明显，每个国家都有自己的烟草法规、消费偏好和文化习惯，因此在不同国家和地区开展烟草业务需要考虑当地的规定和市场需求。可以说很难利用 JT 在日本国内市场已经获得的经验和技术。

此外，高额关税是烟草业务面临的一项挑战。为了保持盈利能力，烟草企业需要在当地建立完整的价值链，包括采购、生产和销售等环节。这样可以避免高额关税对进口烟草产品造成的成本压力，并更好地满足当地市场需求。

在这种背景下，JT 和 JTI 的经营体系确实合适。它们设立了日本总部，负责制订适当的治理体系，并将决策权下放给海外总部，由当地的最高管理层负责各个市场的管理。这种分权的经营体系可以更好地应对地域差异和当地市场的挑战，确保业务的灵活性和适应性。

随着传统卷烟市场的萎缩和加热型卷烟市场的扩大，全球烟草行业面临着新的商业环境和竞争压力。为了应对这些变化，JTI 在 2022 年 1 月进行了海外和国内烟草业务的整合，旨在加强其加热型卷烟业务的全球竞争力。JTI 的日内瓦总部负责全球范围内包括日本市场在内的烟草业务的战略制订、绩效管理和决策，以更好地应对市场的变化和提高竞争力。

2. 朝日集团 HD 全球经营体系与业务特征。朝日集团 HD 销售的啤酒和饮料具有区域特色，但也可以在全球范围内争取需求，特别是一些高端品牌产品。这种全球化的商业战略需要在每个市场上实现本地化，并规划适应包括日本在内的全球市场的商业策略和优化供应链。

实现本地化是非常重要的，因为不同市场有不同的消费者口味、文化习惯和市场需求。透过本地化，朝日集团 HD 能够更好地了解当地市场，并根据市场需求进行产品定位、定价、推广和分销策略的调整。这样能够更好地满足消费者的需求，提高产品的竞争力。

与此同时，全球商业战略的制订对于朝日集团 HD 来说也是至关重要的。通过制订全球战略，公司可以识别和利用全球市场的机会，包括市场增长潜力和品牌认可度高的地区。这可能涉及寻找合适的市场进入策略，考虑跨国营销、品牌推广和渠道扩展等方面的因素。

在优化供应链方面，朝日集团 HD 可以通过提高生产效率、供应链协调和物流管理等方式来降低成本、提高产能和服务水平。这有助于确保产品的可靠供应，从而满足全球市场的需求。

对于地区总部负责当地业务执行，并且由朝日集团 HD 掌握地区总部的经营体系来说，这种分权的管理结构可以更好地适应各地市场的特点和需求。地区总部在执行时可以根据本地的市场情况和需求进行决策，同时总部可以拥有全局视野，以确保整个集团的战略一致性和协同效应。

综上所述，朝日集团 HD 在面对全球化市场时需要实现本地化，制订全球商业战略，并且通过优化供应链和建立分权的经营体系来确保业务的成功和增长。不断调整和适应不同市场的需求将是关键，这可以确保朝日集团 HD 在全球范围内保持竞争力和可持续发展。

3. 日立·Ansaldo 全球经营体系与业务特征。日立·Ansaldo 的铁路业务是一个高度全球化的业务，因此可以通过在全球范围内实现标准化的方式来获得成本优势。这种全球规模扩张带来的成本优势使得公司能够建立对客户的垄断机制。

对客户的垄断机制在这种情况下可以理解为公司通过在全球范围内建立统一标准和整合供应链，从而获得了在市场上的竞争优势。通过实现标准化，日立·Ansaldo 可以降低生产成本，提高效率并减少重复工作。这也有助于加强公司在全球市场上的地位，提高品牌认可度。

与烟草、啤酒和饮料行业不同，铁路业务在国际竞争方面更适合实施全球范围内的彻底整合的商业战略和供应链体系。每个市场的独立结构可能会增加重复工作、资源浪费和效率低下的风险。通过全球范围内的整合，公司可以更好地利用规模经济效益，集中资源和知识，并实现更高水平的效率和竞争力。

在全球范围内实施彻底整合的商业战略和供应链体系还可以加强公司的管理一体化，确保信息流畅、决策高效，并在全球各地市场实施一致的业务策略和标准。这种一体化的管理结构可以提高公司的灵活性和反应速度，使公司能够更好地适应市场变化和客户需求。

综上所述，日立·Ansaldo 的铁路业务通过在全球范围内实现标准化和彻底整合的商业战略和供应链体系，可以获得对客户的垄断，并通过规模经济效益提高竞争力和效率。这种全球化的商业战略可以帮助公司在国际市场上取得成功并推动可持续发展。

通过对以上三个公司全球经营体系及业务特征的分析，我们可以得知，建立何种类型的全球经营体系是由企业的业务特点决定的（见表 4 - 2）。在进行海外并购，考虑未来的管理经营体系时，首要的就是分析和整理本公司所发展业务的特征。分析和整理本公司所发展业务的特征是非常重要的，它可以为企业决策提供关键信息，帮助确定建立何种类型的全球经营体系，这样能够更好地实现海外并购的成功并确保未来管理经营体系的有效运作。

表4-2　　　　　　　　各公司全球经营体系及业务特征

公司	全球经营体系特征	业务特征
日本烟草 JT	（1）将海外子公司 JTI 定义为"利润增长驱动力"，并负责管理海外烟草业务； （2）JTI 获得大范围的权限，并通过一系列海外并购，在每个市场建立独立的决策程序和供应链； （3）JT 总部只控制业务计划、高层任命、高层薪酬、KPI 目标和超过一定金额的投资，实现了"以适当治理为前提的授权管理"	烟草业务具有很强的地域性，各国法规和偏好有所不同。此外，各国都对烟草征收高额关税，为了确保企业的盈利能力，必须在当地完成采购、生产和销售的供应链。因此，适合将海外业务的决策权下放给海外控制公司，而当地市场则由各国的最高管理层负责的经营体系
朝日集团 HD	（1）朝日集团 HD 将其主要收购的子公司定位为地区总部，使其在每个市场都有快速的执行系统； （2）朝日集团 HD 对其海外业务的整体战略和供应链设计保留权利，并对地区总部严加把控。地区总部的权限仅针对适应当地市场的区域优化和定制，权限有所限制	（1）由于各国的偏好不同，啤酒和饮料业务具有较强的地域性。另外，特别是高端品牌，可以争取在全球范围内获得市场需求； （2）在实现各国市场本土化的同时，也要制订全球商业战略，同时优化供应链。因此，适合地区总部负责当地业务执行，集团总部掌握地区总部的经营体系
日立·Ansaldo	（1）铁路业务部由日立公司内部的 BU 和子公司组成，如原 Ansaldo Breda 和原 Ansaldo STS，它们根据共同的任务和目标运营其业务； （2）为了使每个项目体现"一个日立"，超越区域和公司框架，充分整合决策过程和全球供应链	铁路业务在世界范围内（日本市场除外）实现了标准化、高度全球化。在全球范围内扩大规模会带来成本优势，从而形成垄断客户的机制。因此，在每个市场建立独立的系统在国际竞争方面是不利的，而在全球范围内整合商业战略和供应链体系是合适的

资料来源：根据各公司公开资料整理。

第五章 对日投资成功案例分析

日本把投资分成日本对外投资（In-Out M&A）①、日本国内投资（In-In M&A）② 以及对日直接投资（Out-In M&A）③ 三种类型。这些投资形式反映了企业在国际经济中的活动和战略。在全球化的背景下，日本企业寻求通过对外投资来扩大其业务范围和市场规模。同时，外国企业也看到了投资日本市场的机会，并希望通过对日直接投资来进入日本市场，获得本地技术和优势资源。对外投资在第四章已经探讨过，本章探讨对日直接投资。

第一节 外国企业对日投资概况

一、外国企业对日投资的发展变迁

1. 高速增长时期。外国企业对日本的投资呈现高速增长的时期可以追溯到20 世纪 80 年代和 90 年代。这也是日本经济蓬勃发展的阶段。外国企业希望进入蓬勃发展的日本市场，尤其是针对汽车、电子和化学等行业。这一时期，外国投资主要集中在设立合资企业、建立生产基地和购买日本企业股权。

（1）设立合资企业。外国企业通过与日本公司建立合资企业的方式，进入日本市场并分享市场份额。这种合作模式允许外国企业利用日本公司的本地市场知识和资源，共同开发和经营业务。合资企业可以提供在技术、市场渗透和品牌

---

① 日本对外投资：指日本企业或投资者进行的对外投资活动，包括日本企业收购或合并海外企业、设立海外子公司或合资企业以及投资海外资产等。

② 日本国内投资：指日本企业或投资者在国内进行的投资活动，涉及日本企业之间的收购、合并以及投资国内企业的股权或资产等。

③ 对日直接投资：是指外国企业或投资者对日本进行的直接投资活动，包括外国企业收购或合并日本企业、设立日本子公司或合资企业以及投资日本资产等。

建设等方面的相互补充。

（2）建立生产基地。为了满足日本市场的需求，外国企业在日本建立生产基地。这样做可以降低运输成本、减少交付时间，并更好地适应日本消费者的偏好和需求。在汽车、电子和化学等行业，外国企业建立生产基地，以提供本地化生产和供应链管理能力。

（3）购买日本企业股权。在外国企业进入日本市场的同时，一些外国公司也通过购买日本企业的股权来获取市场份额和资源。这种方式可以迅速获得已有企业的技术、品牌和市场渠道，并整合双方的优势资源，实现业务增长和扩大市场份额的目标。

（4）行业重点。外国直接投资主要集中在汽车、电子和化学等高增长行业。汽车行业中，外国汽车制造商通过建立合资工厂或收购现有企业来增加在日本市场的竞争力。在电子和化学行业，外国企业通过技术转移和资源整合来推动创新和发展。

综上所述，外国企业在日本经济蓬勃发展阶段通过设立合资企业、建立生产基地和购买股权的方式扩大了对日本市场的投资。这些举措旨在利用日本市场的机会，获取本地化生产能力和市场份额，推动行业创新和发展。

2. 泡沫破裂与结构调整。在1990～2000年，日本经历了经济泡沫破裂和经济增长减缓的阶段。在这个时期，外国对日本的直接投资有所减少。这是源于日本市场对外国企业的准入限制，以及日本企业面临困难的结构调整和企业改革。

（1）准入限制。日本市场对外国企业的准入限制是导致外国直接投资减少的一个重要因素。日本政府在某些行业实施了严格的监管和准入政策，对外国企业的市场准入进行了限制。这些准入限制包括行业管制、技术壁垒、地方保护主义等，对外国企业进入日本市场造成了障碍，使其难以投资和开展业务。

（2）结构调整和企业改革。经济泡沫破裂后，日本企业面临着必要的结构调整和企业改革。许多日本公司在泡沫破裂后陷入了困境，面临着盈利下滑、产能过剩、僵化的经营模式和低效率等问题。为了应对这些挑战，日本企业需要采取结构调整、削减就业、改善管理效率等改革措施。这些调整和改革过程对外国直接投资形成了一定的阻碍，因为外国投资者对日本企业的风险和不确定性增加。

（3）经济增长放缓。经济泡沫破裂后，日本经历了经济增长减缓的时期。这使得日本市场的竞争加剧，市场需求下降。外国企业对于进入日本市场扩大其市场份额的动力减弱，从而降低了对日本的直接投资。

虽然这个时期外国对日本的直接投资有所减少，但外国企业仍然在特定领域进行了一些投资。特别是在高科技领域，一些外国企业通过收购、合资等方式进入日本市场，寻求技术合作和扩大业务。然而，整体上看，在泡沫破裂和结构调整阶段，外国对日本的直接投资总体上呈现下降的趋势。

3. 对外开放和结构改革。2010 年至今，为了促进经济增长和吸引外国投资，日本政府采取了一系列政策措施，放宽了对外资企业的准入限制。外国企业对日本的直接投资逐渐增加，尤其是在零售、服务业、制造业和创新领域。此外，随着日本企业的全球化和国际竞争的加剧，日本企业与外国企业之间的合资和并购活动增多。

（1）放宽准入限制。为了吸引外国投资，日本政府逐步放宽了对外资企业的准入限制和监管要求。特别是在零售、服务业、制造业和创新领域，外国企业的准入条件得到改善。政府通过修改相关法规和政策，简化申请程序，提供更加友好和透明的商务环境，吸引外国企业进入日本市场。

（2）增加外国直接投资。这些政策措施逐渐使外国企业对日本的直接投资增加。外国投资者看到日本经济潜力和市场机会的增加，开始将资本投入到日本的各个领域。尤其是在高科技和创新领域，外国企业对日本的直接投资逐渐增加，促进了技术合作和创新驱动的发展。

（3）合资和并购活动增多。随着日本企业的全球化和国际竞争的加剧，日本企业与外国企业之间的合资和并购活动也增多。通过与外国企业的合作，日本企业可以获取先进的技术、市场渠道和管理经验，提升竞争力和创新能力。同样，外国企业也能够通过与日本企业的合作，进入日本市场并扩大业务。

总体上，日本政府的对外开放和结构改革政策取得了一定的成效，吸引了更多的外国直接投资，并促进了跨国合作和并购活动。这对于日本经济的增长、创新能力的提升以及国际竞争力的加强都起到了积极的推动作用。

综上所述，外国企业对日本的直接投资在不同时期有所变化，受到经济环境、政策变化、行业竞争和企业战略等多个因素的影响。然而，随着日本对外开放程度的提高和投资环境的改善，外国企业对日本市场的兴趣逐渐增加。

二、外国企业对日投资的现状

1. 投资规模。在过去的 20 年间，外国企业对日本的直接投资金额呈现持续增加的趋势。从 2000 年的 5 兆日元增长到 2021 年的近 40 兆日元，投资额增加了近 8 倍，这显示出外国企业对日本市场的兴趣和投资力度的增加。

这种增长趋势反映了日本在过去几年中采取的政策措施，吸引了更多的外国直接投资。日本政府为了吸引外国投资，持续推出了一系列政策措施和改革，包括减少法规限制、降低税收负担、简化行政程序等，为外国企业提供了更好的投资环境和机会。

总之，外国企业对日本进行投资的理由和契机主要源于日本庞大的市场、先进的技术能力、稳定的商业环境以及丰富的产业和贸易机会。随着日本对外开放程度的提高和投资环境的改善，外国企业对投资日本的兴趣不断增加。

同时，外国企业对于日本市场的兴趣也可能受到其他因素的影响，比如，日本的科技创新、制造业实力、消费市场和地理位置等。这些因素使得日本成为外国企业进行投资和扩大业务的有吸引力的目标。

2. 来源国家和地区。日本吸引了来自多个国家和地区的投资，包括美国、欧洲国家、中国、新加坡、韩国等。根据日本财务省、日本银行编制的"国际收支统计"，2021 年对日直接投资额（资产负债原则①）由于地域不同，投资变化额也不同。首先是亚洲，与 2020 年相比，增长额最高，为 2.2 兆日元，增长比率为 98.5%；其次是北美洲，与 2020 年相比，投资额减少了 1 兆日元，减少率为 41.4%；另外欧洲的投资减少额也达到了 1.1 兆日元。2021 年来自亚洲地区的投资增长较快，特别是来自中国香港和新加坡的投资。2021 年对日投资前十位的国家和地区的具体投资额和同比增长率如表 5 - 1 所示。

表 5 - 1　　　　　　2021 年对日直接投资额前十位的国家/地区

排名	国家/地区	2021 年投资额（亿元）	同比增长率（%）
1	中国香港	13 157	533.1
2	美国	9 354	−44.1
3	新加坡	6 451	33.7
4	开曼群岛	4 711	−
5	澳大利亚	3 101	−
6	德国	1 928	24.7
7	韩国	1 378	62.1
8	中国	880	−43
9	加拿大	501	454.7
10	比利时	256	320.9

资料来源：参考日本贸易振兴机构 http：//www.jetro.go.jp/invest。

---

① 从日本到海外的投资为"资产"（对外投资），从海外到日本的投资为"负债"（对内投资）。

3. 目标行业。外国企业对日本的投资涵盖了多个行业，包括制造业、汽车、电子、机械、金融和零售业等。日本的制造业和高科技领域一直是外国投资的重点关注领域。

（1）制造业。日本是世界著名的制造业强国，外国企业对汽车制造、电子设备、半导体、航空航天、化工等领域进行投资。日本的汽车制造业尤其吸引外国投资，因为日本汽车制造商在全球市场上具有竞争优势和技术领先地位。

（2）高科技领域。日本在高科技领域拥有创新和先进技术，外国企业对日本的电子、通信、信息技术、人工智能等领域感兴趣，并积极进行投资。与日本的高科技企业合作或收购日本的科技公司，使外国企业能够获取日本的技术和知识资源。

（3）金融业。日本的金融市场规模庞大，外国企业在银行业、保险业和投资管理等领域投资。外国金融机构在日本设立分支机构或者通过与日本金融机构合作来进入日本市场。

（4）机械制造。外国企业对日本的机械制造业有一定的兴趣，特别是工业机械、精密设备和机器人等领域。日本在这些领域拥有先进的制造技术和高品质的产品，吸引了外国企业的投资。

（5）零售业。日本的零售业市场规模庞大，包括百货商店、超市、电子商务等。外国企业对日本的零售业进行投资，以进入日本消费市场，并提供各种产品和服务。

除此之外，外国企业还可能在其他行业如能源、医疗、旅游、基础设施等领域进行投资。外国企业对日本的投资趋势和投资热点行业受到市场需求、技术创新和政府政策等因素的影响，并且可能会随着这些因素的变化而调整。

市场需求是外国企业进行投资的一个重要考虑因素。随着消费者需求和市场趋势的变化，外国企业可能会调整其投资方向，投资目标可能从传统行业向新兴行业或高增长行业转移。例如，随着数字化转型和智能科技的兴起，外国企业对于日本的数字经济、人工智能、物联网和新能源等领域可能表现出更大的兴趣。

技术创新也是外国企业投资决策的重要影响因素之一。日本一直以来在科技研发和创新方面具有较高的水平，尤其在高科技制造和工程领域。外国企业可能会寻找与日本的科技企业进行合作，以获取创新技术和知识产权。

政府政策在吸引外国投资方面起着关键作用。政府可以采取一系列措施来鼓励外国企业的投资，包括放宽准入限制、改善投资环境、提供税收和财务激励等。政府的政策调整和改革可能会吸引更多的外国企业进入特定行业或领域。

三、对日投资的好处及困难

1. 对日投资的好处。对外国企业来说，对日投资有如下好处。

（1）市场扩展。日本是世界第三大经济体，具有庞大的市场规模和消费潜力。外国企业通过投资进入日本市场，可以扩大其销售渠道和业务规模，获得更多的客户和销售机会。这有助于增加企业的市场份额和盈利能力。

（2）技术合作与创新。日本在许多领域拥有先进的技术和创新能力。通过与日本企业合作或收购日本企业，外国企业可以获取先进的技术、专利和知识产权，提升自身竞争力。同时，与日本企业的技术合作有助于共同进行研发和创新，推动产业进步。

（3）全球供应链的优化。日本作为全球供应链的重要环节，拥有高效的供应链、先进的物流和制造能力。外国企业通过在日本建立生产基地或与日本企业合作，可以更好地连接全球供应链，提高生产效率和资源利用效率。

（4）人才和人力资源。日本拥有高素质的劳动力和丰富的人力资源。外国企业在日本投资可以获得优秀的员工和专业人才，丰富自己的团队，并提升企业的管理水平和技术能力。

（5）国际竞争力提升。通过与日本企业进行合作或收购，外国企业可以吸收和学习日本企业的管理经验，提高技术创新能力和市场拓展能力。这有助于提升企业的国际竞争力，推动企业在全球市场中取得更好的地位和竞争优势。

（6）政府支持和优惠政策。日本政府为吸引外国投资提供了一系列的支持和优惠政策，包括税收减免、补贴和其他激励措施。这些政策可以降低外国企业在日本的经营成本、风险和融资压力，提供更好的投资环境和机会。

此外，还可以与外国难以接近的地方建立关系。而且，在日本的销售业绩，有时也会对外国企业在其他国家销售产生影响。因为日本的企业和消费者对产品的要求很高，如果产品在日本市场被接受，就能够证明该公司产品的质量很高。

总而言之，外国企业对日本进行投资可以利用日本庞大的市场、先进的技术、优质的人力资源以及政府支持和优惠政策，实现市场扩展、技术合作、效率提升和国际竞争力的提升，从而获得更多的商机和长期利益。

2. 对日投资的困难。在日投资虽然有诸多好处，但外国企业在进入日本市场或在日本发展业务时面临着许多困难。

（1）集团总部对日本市场的重视程度较低。除对日本有特殊感情的总部高层外，日本子公司在集团内部往往处于劣势。过去日本作为一个经济强国得到特殊待遇，而现在仅仅被视为东亚的一个普通国家，不再享受特殊待遇。从总部的角度来看，日本在全球范围内没有像过去那样的地位了，需要准备市场数据和其他数字，以说服总部它值得投资。同时，日本子公司需要积极与总部分享关于在日本投资的成功案例信息，以提高总部对日本的兴趣。重要的是，日本子公司需了解并适应日本市场的独特特点，并与集团总部建立有效的沟通与合作。

（2）在日本市场很难得到认可。日本市场对于外国企业的认可和信任可能相对较低。这一现象可归因于文化差异、历史背景以及日本企业竞争力的强大。

第一，标准化要求和审慎性。日本企业往往对供应商和合作伙伴的标准化要求较高。他们可能更倾向于与符合他们要求的大企业合作，以确保供应链的可靠性和稳定性。这可能导致一些外国企业的子公司在满足这些标准方面遇到困难，从而影响合作交易的进行。

第二，日本市场的偏好和信任。在日本市场，拥有日本客户和业务经验通常被视为获得信任和成功的关键因素。日本企业更倾向于与拥有本地客户和渠道的供应商合作，因为他们认为这样能更好地理解和满足本地市场需求。

第三，传统和保守的商业文化。日本的商业文化中通常注重稳定性和长期关系的建立。他们更倾向于与熟悉的合作伙伴进行交易，并对新的、未经验证的服务或解决方案持谨慎态度。这可能导致新的服务在日本市场渗透缓慢，需要额外的时间和努力来建立信任和推广。

因此，建立良好的品牌形象、提供高质量的产品和服务以及与日本企业建立合作关系等方式都可以增加日本市场中对外国企业的认可度。

（3）日本市场对外国企业的回避感。日本市场对外国企业存在某种程度的回避感，这可能源于保守的商业文化、偏好本土公司和产品的消费者态度，以及遵循本国标准和规范的倾向。

第一，保守的商业文化。日本商业文化注重稳定性、长期合作和归属感。外国企业进入日本市场时，可能需要面对一些传统观念和商业实践，这对于不熟悉这种文化的企业来说可能是一个挑战。

第二，偏好本土公司和产品的消费者态度。日本消费者一般更倾向于购买本国公司生产的产品，这反映了日本国民对本土企业的支持和忠诚度。外国企业需要建立品牌认知度和树立信任，以争夺日本消费者的心智份额。

第三，遵循本国标准和规范的倾向。日本具有严格的标准和规范要求，尤其在某些行业，如食品、医疗器械等。外国企业需了解和遵循这些规定，确保产品或服务符合日本的要求，并与当地的监管机构进行合作。

外国企业可以通过了解当地文化、建立本土化团队、进行市场研究和定制化战略，来缓解这种回避感并赢得日本市场的信任和支持。

（4）难以适应日本独特的标准和商业惯例。在适应日本独特的标准和商业惯例方面，外国企业也面临一些挑战。

日本在制造业的认识和要求上与其他国家存在差异，特别是在产品质量和耐久性方面。日本企业在设计和制造产品时常常考虑长期的耐久性和可靠性。由于日本经常面临台风和地震等自然灾害，他们注重确保产品能经受住各种极端条件，且在未来数年甚至十年后仍然良好运作。这与一些国家的企业可能更注重当前设计的观点有所不同。为了适应日本市场的这种需求，外国企业可以向他们提供详细的产品数据，并根据日本企业的要求和期望进行必要的改进，例如调整关键部件的设计或材料选择。

在日本的商业文化中，合同更加依赖于信任和口头承诺，相对较少强调详细的法律条款和条件。

由于这种差异，通常在日本制作的合同使用日语，而总部为了统一管理有可能会有英语版本的合同。然而，在考虑合同内容时，了解并尊重日本的商业习惯和文化是非常重要的。总部对日本有更多了解后，可以根据日本的商业习惯来制订合同，以便更好地符合当地的期望和要求。

日本的合同更注重双方之间的信任和合作关系。因此，在合同中可能更侧重于双方的义务、承诺和背景描述。此外，透明且一致的沟通也是建立信任和有效合作的关键。

因此，外国企业在制订合同时，同时可以考虑一些常见的日本商业习惯，例如，礼节性的表达、考虑到长期关系的灵活性、附加条款的使用、解决争议的方式等。对于确保合同的有效性和可执行性，建议与当地的法律和商业专业人士合作，以确保合同符合适用的法律要求并能够得到执行。

此外，日本还拥有独特的商业标准和惯例，涉及质量管理、商业礼仪、人力资源和劳动法规等方面。外国企业需要了解并遵守这些标准，以确保他们的产品和业务符合日本的要求。

综上所述，我们可以得知，对日投资存在一定的困难，包括文化、商业习惯等问题，这也是各国在海外投资时或多或少需要面对的问题。如何通过更好地整合来实现双方的互利共赢，对于想要对日投资的外国企业而言，是一个需要进一步思考的课题。

第二节　外国企业对日投资相关法律

外国企业在进行对日投资之前，首先需了解对日投资的相关法律，以便在投资过程中保持合规并降低法律风险。

一、公平竞争法

公平竞争法的前身是日本于 1947 年颁布的《反垄断法》。该法律是日本第一部专门针对经济垄断和不正当竞争行为的法律。它旨在促进公平竞争和消除经济垄断，为所有企业提供平等竞争的机会。1984 年，《反垄断法》被修订为《公正竞争维护法》。本次修订扩大了对不正当竞争行为的管辖范围，并引入了一系列新规，以反对商业活动中的垄断行为和偏离公正竞争原则的行为。2005 年，日本成立了公平竞争审查会（Fair Trade Commission，FTC），成为维护《公正竞争维护法》执行的独立行政机构。FTC 负责监督和调查违反公平竞争法的行为，并利用行政和法律手段进行处罚和打击。2009 年，日本再次修订《公正竞争维护法》，进一步加强了对垄断和不正当竞争行为的监管，强调打击横向垄断、不正当价格行为和滥用市场支配地位，加强了对出处标示、垂直垄断和虚假广告的规范。2009 年版《公正竞争维护法》的主要内容包括：

（1）独占禁止。禁止企业滥用市场垄断地位或市场支配地位，限制竞争或压制其他竞争对手，损害消费者利益。

（2）不正当竞争行为禁止。禁止企业采用虚假或误导性广告、不正当商业行为，或者贬低竞争对手的产品或服务，损害竞争者或消费者的权益。

（3）出处标示和标准化禁止。禁止仿冒商品、误导性商标和标识、违反标准化规定等行为，以确保消费者获得准确和可靠的产品信息。

（4）合并审查。一定规模的企业合并需要经过审查。审查的目的是确保合并不会导致市场过于集中，破坏竞争，损害消费者利益。

对于违反公平竞争法的行为，FTC 可以采取发出警告、要求停止违法行为、处以罚款等多种措施。

二、外国人投资特例法

外国人投资特例法的前身是日本 1949 年颁布的《外国汇兑及对外贸易实施

法》。该法规定了外国人对日本进行投资时需要向政府报告的制度，旨在管理和监督外国投资流向。随着国际经济的发展和全球化的增加，日本于 1996 年修订《外国汇兑及对外贸易实施法》，引入了外国人投资审查制度。该制度旨在确保外国投资不会对日本的国家安全和社会利益构成威胁，并加强对外国投资的监管。2019 年，日本再次修订《外国汇兑及对外贸易实施法》，并将其更名为《外国人投资特例法》。此次修订进一步简化了投资程序，提供了更多特例措施和激励措施，以吸引更多外国投资进入日本市场。2020 年，日本政府进一步放宽了外国人投资审查的门槛，以提高日本作为投资目的地的竞争力，吸引更多的外国投资者。《外国人投资特例法》的主要内容包括：

（1）外汇管理。确立了外汇市场的基本规则和程序，规定了谁可以从日本银行或授权金融机构购买外汇，以及外汇交易的条件和限制。

（2）对外贸易管理。规定了出口和进口商品的手续和程序，例如，许可证的申请和审批。根据该法律，特定类型的商品进出口需要事先获得相关部门的批准。

（3）外国直接投资管理。该条规定了外国人或外国公司在日本国内直接投资时需要遵守的规定。根据该法律，对于特定行业或设施的外国直接投资，需要事先获得政府的审查和许可。

（4）出口管制。根据该法律，特定的产品或技术受到出口限制，以确保不会对国家安全造成威胁。

三、外国直接投资振兴法

日本于 2019 年 6 月通过了《外国直接投资振兴法》，也被称为《外国直接投资促进法》或《外国直接投资促进法案》。该法律旨在促进外国直接投资，提高投资环境的透明度和可预测性，保护外国投资者的权益，并确保国家安全。该法律的主要内容包括：

（1）外国直接投资的范围和含义。

（2）信息披露要求。涉及国家安全相关领域的外国直接投资，投资者需要向日本政府披露投资计划、投资者的身份、投资的预期效益等信息。同时，也要求政府保护投资者的商业机密和个人信息。

（3）国家安全审查。对于涉及国家安全的外国直接投资，日本政府有权进行审查，并采取必要的措施保护国家安全。

（4）投资申报制度。外国企业在进行国家安全、公共秩序和公共安全等敏感领域的投资时需要事先进行投资申报。

（5）投资优先事项。该法律鼓励外国直接投资集中于优先事项领域，例如，基础设施建设、新兴技术、研究与开发等，以促进经济增长和创新。

（6）投资支持措施。该法律鼓励政府在各个层面提供支持，包括提供信息、提供投资机会、促进技术合作与转移，并提供便利和支持服务。此外，法律还规定了外国投资者的权益保护措施。

（7）权益保护。权益保护包括对投资者合理的和非歧视性的待遇、资产保护、知识产权保护等。该法律还鼓励解决投资争端的谈判和协商，同时提供相应的争端解决机制。

四、关税

当外国企业对日本进行投资时，关税是一个重要的考虑因素。

1. 进口关税。当外国产品或物资进口到日本时，通常需要缴纳一定的进口关税。日本与其他国家之间通常存在贸易协定，以减免或降低进口关税。进口关税的征收受到下列因素的影响：

（1）商品分类和关税税则。根据日本的商品分类系统，不同的商品会被分到不同的关税税则中，每个税则都对应着特定的关税税率。因此，外国企业需要确定其所进口商品的正确分类，以了解适用的关税税率。

（2）最惠国税率和优惠税率。日本将对所有世界贸易组织（WTO）成员国的商品征收最惠国税率。日本还与其他一些国家签署了经济伙伴关系协定（EPA）、自由贸易协定（FTA）等贸易协定，这些协定下的进口商品享受更低的关税税率或豁免。

（3）进口配额和限制。某些商品可能受到进口配额或限制的约束。外国企业应该了解和遵守与所进口商品相关的配额和限制规定。

2. 关税退税。该制度允许外国企业在满足一定条件的情况下，可以申请关税退税。关税退税的具体条件通常涉及以下要求：

（1）商品用途：通常要求进口商品用于生产、加工、出口或在日本国内销售。

（2）审批程序：需要遵守特定的申请和审批程序，包括提供相关文件和证明，如进出口文件、销售凭证、生产文件等。

（3）申请期限：通常需要在一定时限内提出关税退税申请，以便在指定期限内获得退税。

3. 关税配额。关税配额是指针对特定商品设定的进口数量限制，当达到配额限制时，进口将受到更高的关税税率限制或面对其他限制。因此，外国企业需要了解特定商品是否受到关税配额的限制，并确保遵守相关规定。关税配额可以根据产品类别、国家来源、进口商的资格等因素来设定，其目的是保护国内产业、维护市场平衡或遵守国际贸易协定等。

4. 特殊经济区域和自由贸易区。日本设立了一些特殊经济区域，旨在吸引外国投资、促进经济发展和创造就业机会。这些特殊经济区域在法律、税收和优惠政策方面享有一定的自主权。它们通常具有以下优势：

（1）税收优惠。特殊经济区域内的企业可能享受特殊税务优惠，例如，税收减免、税率优惠、税收豁免等。

（2）简化行政程序。特殊经济区域内致力于简化行政程序，以便外国企业更便捷地开展业务。它们提供了一站式服务，包括注册、许可证办理、审批等。

（3）土地和劳动力成本优势。特殊经济区域的土地价格通常较低，而且劳动力市场更加灵活和有竞争力。

除了特殊经济区域，日本还设立了自由贸易区。自由贸易区是指在特定地区设立的经济开放区域，以促进贸易和投资自由化。在自由贸易区内，通常享有特殊的关税和贸易规则，使得跨境贸易更加便利。

5. 跨国投资缔约国税务协定。外国企业对日本进行跨国投资时，可能受益于跨国投资缔约国税务协定（bilateral tax treaties）的规定。跨国投资缔约国税务协定是指日本与其他国家之间签订的双重征税协定，这些协定旨在避免跨国企业在两个国家之间重复纳税。协定通过确立税收管辖权、业务利润分配原则、避免双重征税的抵免、税收争端解决机制等来实现这一目标。

跨国投资缔约国税务协定的主要内容包括：

（1）税收管辖权。协定明确划分税收管辖权，确定哪个国家可以征收税款。一般遵循居民国征税原则和源泉国征税原则。

（2）所得税。协定就企业和个人在两个国家所得的征税问题进行规定，包括如何计算所得、确定税率和避免双重征税等。

（3）资本利得税。协定规定了资本利得的征税规则，涉及不同类型的资本利得，如股息、利息、特许权使用费和出售财产所获得的利得等。

（4）避免双重征税。协定通过提供减免税款和抵免税款的机制，避免跨国企业在两个国家之间重复纳税。

（5）免税和减免。协定包括双方国家对一些特定收入或个人的免税或减免税款的规定，以促进投资和经济活动。

（6）税务程序。协定可能规定了税务程序的合作和信息交换，包括保护纳税人权益、解决税务争议、信息共享和协助等。

（7）防止滥用和避税规避。协定会包括一些条款和措施，以防止滥用协定规定和避税规避行为，确保协定的目标是为了合法的经济活动和投资。

第三节　对日投资成功案例分析

本部分选取在日投资具有代表性的 30 家公司，作为对日投资的成功案例进行分析（见表 5 - 2）。本部分将介绍这 30 家企业的基本信息，并分析和总结其对日投资成功的因素，以期能够为准备对日投资的中国企业带来借鉴意义。

表 5 - 2　　　　　　　　　　　企业汇总

序号	行业	海外公司名称	首次进入/扩大投资	总部所在地
1	环境·能源	BCPG 日本股份有限公司	首次进入	泰国
2		Ciel Terre 日本股份有限公司	首次进入	法国
3		IE 日本股份有限公司	首次进入	英国
4		REC Solar 日本股份有限公司	首次进入	挪威
5	生命科学	CMIC Ashfield 股份有限公司	首次进入	美国
6		飞利浦电子日本股份有限公司	扩大投资	荷兰
7		强生股份有限公司	扩大投资	美国
8		北美科学关联公司	扩大投资	美国
9	观光	Booking. com Japan 股份有限公司	首次进入	荷兰
10		Connect World Wide Japan 股份有限公司	首次进入	美国
11		Skyscanner Japan 股份有限公司	首次进入	英国
12	服务	Anvil Group·Japan 有限责任公司	首次进入	英国
13		EMNET Japan 股份有限公司	首次进入	韩国
14		伯克利伐格股份有限公司	扩大投资	法国
15		EF Education First 股份有限公司	扩大投资	瑞典

序号	行业	海外公司名称	首次进入/扩大投资	总部所在地
16	ICT	CENIT Japan 有限公司	首次进入	德国
17		Concur 有限公司	首次进入	美国
18		DocuSign Japan 有限公司	首次进入	美国
19		NNG 导航有限公司	首次进入	匈牙利
20		Sprinklr Japan 有限公司	首次进入	美国
21		Through Tek 有限公司	首次进入	中国台湾
22	制造·基础设施	AKA 合同公司	首次进入	美国
23		Elementary Japan 有限公司	首次进入	德国
24		ABB 有限公司	扩大投资	法国
25		日本 Cabot Microelectronics 有限公司	扩大投资	美国
26		DSM Japan Engineering Plastics 有限公司	扩大投资	荷兰
27		赢创日本有限公司	扩大投资	德国
28		GE Healthcare Japan 有限公司	扩大投资	美国
29		Faurecia Japan 有限公司	扩大投资	法国
30		华邦电子有限公司	扩大投资	中国台湾

注：这些案例公司按行业类别分组，在同行业内，按照最早进入日本和投资扩张的顺序排列。其中，公司按外国公司英文字母顺序排列。

资料来源：日本贸易振兴机构 http：//www.jetro.go.jp/invest。

一、30 家企业成功因素分析

（一）BCPG 日本股份有限公司（环境·能源）

1. 企业的基本信息。泰国从事太阳能发电的 BCPG PCL（以下简称 BCPG）取得了当时国际可再生能源大型运营商美国企业中日本法人的股份，并将其公司名称变更为 BCPG 日本股份有限公司（以下简称 BCPG 日本）。BCPG 日本拥有母公司的技术和人才，利用日本先进的技术方法进行太阳能发电事业的开发和应用。

2. 对日投资的成功因素。

（1）通过取得同行业的外国企业中日本法人的股份进入日本。BCPG 日本拥有在全球范围内开展太阳能发电业务的母公司，BCPG 日本于 2010 年 6 月成立，2014 年 1 月取得了太阳能发电站建设相关的特定建设业许可。之后，在 2014 年东京的"外国企业发掘·招商事业"的支援下，在东京设立了研究开发分公司。2016 年 2 月，由美资企业变为泰国企业，更名为 BCPG 日本。BCPG 是在泰国国内进行太阳能发电的企业。泰国也和日本一样有类似太阳能发电的固定收购制度，但由于 2015 年收购价格下调，因此考虑在其他国家开展业务。BCPG 之所以选择国际可再生能源的大型运营商美国企业的日本法人作为合作伙伴，是因为该日本法人在日本国内对今后计划运行的太阳能发电所进行了大量投资。

（2）利用大数据分析进行先进太阳能发电管理运营。BCPG 以原封不动地继承美国企业中日本法人的事业、人员、资产的形式，在日本开展太阳能发电事业，并且进行了对太阳能发电事业的自主开发、投资事业的参与计划、发电站的开发和完成后的运营等。当时的美国母公司拥有将太阳光发电量、气象测量及直流系统的大数据分析应用于太阳能发电事业的运营、维护和管理的技术，2010 年进军日本时，已经成为全球的巨头。以此为经验，将其作为能够高效实现太阳能发电站的运营、维护、管理的技术带入了 BCPG 日本。这项技术、分析经验以及人员和设备也被继承下来，为日本可再生能源事业的扩大和普及作出了贡献。

（3）与以建设业为中心的日本企业合作开发太阳能发电事业。BCPG 日本继承了美国母公司名下的运营中的太阳能发电事业，在日本设立分公司，可以实现土地取得等只在日本当地可以执行的业务。另外，BCPG 日本并不是从零开始成立法人，而是收购了 BCPG 日本的股份，BCPG 日本原本就在日本开展业务，不仅实现了快速成立，还获得了在日本市场的商业经验，也顺利地开始了与日本客户的新项目沟通。另外，在太阳能发电事业的投资方面，以日本的大型 EPC 运营商为窗口，挖掘太阳能发电站的当地建设、管理公司。利用大型 EPC 运营商的信用度和网络，实现与当地建设、管理公司的合作，为地方经济的活性化作出贡献。

总体来说，该公司对日投资的成功因素可以总结为以下三点：

第一，BCPG 日本在 2014 年度接受了东京"外国企业发掘·招商事业"的咨询支援，在东京都设立了研究开发分公司。并且，申请了东京的"亚洲领先配额特区分公司设立补助金"，得到了人才聘用经费等补助，加速了人才聘用。

第二，因为得到了日本市场的商业经验，迅速在日本市场上发掘新项目，并参与到新项目获取的协商中。

第三，以日本的大型 EPC 运营商等（建设公司等）为窗口公司，发掘太阳能发电站的当地建设、管理公司，活用大型 EPC 运营商等的信用度和关系，实现与当地企业的合作。

（二）Ciel Terre 日本股份有限公司（环境·能源）

1. 企业的基本信息。Ciel Terre 日本股份有限公司是 2013 年进入日本的，成为 Ciel & Terre Group 的日本法人。该公司生产并销售水上太阳能发电用的水上台架，除了与日本企业合作开发日本最初的水上太阳能发电站外，还在地方自行开发发电站。

2. 对日投资的成功因素。

（1）进军可再生能源需求旺盛的日本市场。Ciel Terre 日本股份有限公司是 2006 年在法国成立的从事太阳能发电业务的企业。当初是进行地上屋顶式太阳能发电业务的案件开发，但 2011 年开发了将太阳能电池板浮在水上使用的台架，便将注意力集中在该水上台架的企划、制造、销售和水上太阳能发电设施的开发上。一方面，由于法国和欧洲最早开始了可再生能源的固定价格收购制度，2012 年左右收购价格已经开始下跌，预计太阳能发电设施的投资增长也会放缓。另一方面，日本于 2012 年开始实行固定价格收购制度，受 2011 年日本大地震的影响，对可再生能源的需求有所增加。在这样的动向中，日本驻法大使馆、法国驻日大使馆向拥有水上太阳能发电相关技术的壳牌公司发出了呼吁。对 Ciel Terre 来说，日本市场有一个能按时付款、方便做生意的环境。另外，由于在知识产权保护方面的伦理观很高，即使与日本企业合作也不用担心技术泄露。再加上日本的技术在世界范围内都很可靠，通过向日本市场渗透，壳牌技术的可靠性提高了，也有助于在全球范围内扩大事业，因此决定进军日本。2013 年通过格林菲尔德投资，设立了日本法人。

（2）与日本企业合作，参与日本第一个水上设置。Ciel Terre 日本股份有限公司参与了日本第一个水上太阳能发电项目，并从日本的太阳能发电相关制造商、施工、工程运营商等处收到了案件的介绍。由于该公司日本法人中多为日本人，所以能够按照日本的商业惯例（基于信赖关系的交易，对安全性很敏感）推进事业。但是，为了使全球总公司能够理解日本的商业习惯和文化差异还是费了很大的功夫。日本法人的社长和经理通过与总公司方面反复讨论，渐渐得到了总公司的理解。

（3）自主开拓地方水上太阳能发电站。从 2015 年开始，Ciel Terre 日本股份有限公司主动与地方政府取得联系，通过与当地居民的反复对话实现了太阳能发电站开发项目。水上太阳能发电可以在不损害原来水池功能的情况下享受发电带来的好处，关于施工、维护，也委托给了当地的业者，带动了当地的就业。从这个意义上说，也成为可以为地区作出贡献的项目。

总体来说，该公司对日投资的成功因素可以总结为以下三点：

第一，在日本设立分公司时，得到了日本贸易振兴机构（JETRO）的支援。除了得到东京的对日投资·商务支持中心的办公室出租之外，还接收了关于日本太阳能发电导入情况、固定价格上网制度、自治体补助金等信息。

第二，Ciel Terre 的日本法人通过与全球总部的讨论获得了理解，能够按照日本的商业习惯（基于信赖关系的交易，对安全性敏感）开展业务。

第三，以在自然能源展示会上的相遇为契机，通过与日本的太阳能发电相关厂商、施工、工程运营商等的合作建立交易关系。

（三）IE 日本股份有限公司（环境·能源）

1. 企业的基本信息。Intelligent Energy Holdings（以下简称 IE）总部设在英国，拥有最先进的氢燃料电池技术，与各国大企业共同开发运输、航空宇宙以及能源领域。IE 于 2011 年成立了日本法人株式会社 IE Japan（以下简称 IE Japan），在向日本提供最尖端燃料电池技术的同时，还与日本企业进行研究开发。

2. 对日投资的成功因素。

（1）利用行政支持，设立日本法人。IE 总部设在英国，在燃料电池的开发方面拥有最先进的氢燃料电池技术，与世界各国大企业进行运输、航空宇宙、能源领域的开发。除了日本以外，还在美国、法国、印度、新加坡设有海外分公司。2011 年 IE Japan 在大阪成立。在大阪设立日本法人的理由是，在与东京的比较中，成本和机动能力方面更有优势。

另外，IE Japan 设立时，日本贸易振兴会提供了司法书士和税务师的介绍，大阪商务投资中心（O-BIC）也提供了分公司设立支持和登记相关经费 10 万日元的补助，IBPC 大阪也提供了大阪市的投资环境和人才相关信息以及得到了行政机关的支持。

（2）与日本的大企业成立合资公司，开发搭载燃料电池的车辆。2012 年，为了将 IE 的燃料电池技术搭载在铃木的两轮车上，成立了共同研究开发的合资公司 SMILE FC。在横滨新设 SMILE FC 的研究开发分公司时，除了活用了经济产业省的 2012 年度亚洲分公司化·选址推进事业费补助金之外，还得到了横滨市的办公室租金补助。由于燃料电池系统应用于两轮车可以实现轻量化和低成本化，铃木在 IE Japan 成立以前，就在 2011 年推出了世界上首款获得欧洲统一型号认证的"伯格曼燃料小型摩托车"，加深了与 IE 的合作。通过设立 SMILE FC，开发了搭载燃料电池的双轮车的量产技术，以将来的全球发展为目标。

（3）除了运输设备以外，还配备了世界最先进的氢燃料电池系统。IE Japan 目前以与铃木的合作为轴心，在日本面向两轮车及四轮车提供氢燃料电池系统的技术，以搭载燃料电池的两轮车·四轮车的全球化发展和燃料电池车的普及为目标，但也考虑在其他领域的应用。例如，计划将来推广到手机基站的应急电源、无人机和机器人等的电力供应等有轻量化和低成本化需求的领域。

总体来说，该公司对日投资的成功因素可以总结为以下三点：

第一，IE Japan 设立时，得到了 JETRO 给予的司法书士和税务师等帮助，以及得到了大阪市行政机关给予的投资环境和人才相关信息的支持。另外，在横滨新设与铃木的合资公司 SMILE FC 时，也利用了经济产业省 2012 年度亚洲分公司化布局推进事业的补助金。

第二，日本法人成立前 5 年就以驻在员事务所的形式进入日本，在 IE Japan 成立前就恰当把握了日本市场，同时构筑了与日本客户的关系。

第三，为了研究开发搭载 IE 燃料电池的两轮车的量产技术，与铃木实现了合资公司的成立，与日本的大型汽车相关企业构筑了合作伙伴关系。

（四）REC Solar 日本股份有限公司（环境·能源）

1. 企业的基本信息。REC Solar Holding AS（以下简称 REC Solar）是一家以挪威为基地，拥有 20 年以上创业历史的老牌太阳能电池板制造商，为了在原本就取得良好业绩的日本市场进一步扩大事业而设立了日本法人。后来开始与日本企业共同进行研究开发，致力于制造符合日本市场中客户需求的产品，并不断扩大事业版图。

2. 对日投资的成功因素。

（1）以日本市场的良好业绩为背景，有效利用东京支援的同时扩大其在日本的事业。REC Solar 于 2012 年设立了日本法人。第一，考虑到 2020 年奥运会需要各种类型的太阳能面板，第二，由于日本推进"零能源住宅"（用太阳能发电），面向住宅的太阳能板的需求高涨，预计今后的市场需求也会稳步增长，因此决定面向日本新开发各种形状、类型的太阳能面板。

另外，REC Solar 在考虑扩大日本业务时，充分利用了东京外国企业挖掘招商事业的支援。通过得到物件的选定支援、研究开发人才的录用经费补助、投资计划制订补助等的广泛支持，顺利展开业务。

（2）完善在日本的体制，使自己的品牌产品持续成长。REC Solar 从 2014 年开始将之前以新加坡法人名义进行的销售业务变更为经由日本法人进行销售，物流也确立了从日本国内仓库配送的体制。最初只有东京的仓库，随着向全国出货量的增加，现在在大阪、九州也新租了仓库，确立了能够迅速向日本全国供应产品的服务体系，并因此获得了顾客的信赖。另外，面向日本的面板出货从 OEM 供应开始，随后完善了自主品牌产品的销售体制。销售店以关东、关西为中心，在全国共与 10 家左右的公司进行了签约，从而实现了业绩的稳步增长。

此外，REC Solar 还致力于面向可再生能源和人工智能的风险投资企业、大型住宅企业开展合作。虽然日本的太阳能市场竞争非常激烈，但是挪威总部和管理亚洲地区的新加坡法人对于在日本投入新产品，已经达成了共识。

总体来说，该公司对日投资的成功因素可以总结为以下两点：

第一，通过东京"外国企业发掘招商事业"的支援，得到了物件的选定支援、研究开发人才的录用经费补助、投资计划制订补助等广泛的支持，从而顺利地开始了事业。

第二，日本法人成立以前，市场上对总公司产品的评价就很高，另外抓住了面向奥运会的太阳能板需求以及日本的"零能源之家"的推进而带来的面向住宅的太阳能板的需求等，对日本市场有了适当的理解。

（五）CMIC Ashfield 股份有限公司（生命科学）

1. 企业的基本信息。CMIC Ashfield 股份有限公司（以下简称 CMIC Ashifield），是 UDG 和 CMIC Holding 的合资公司。总部 UDG 是位于爱尔兰的在保健行业提供外包服务的国际供应商，并于 2014 年通过资本参与日本企业进军日本。CMIC Ashfield 利用日本企业的知名度和 UDG 的技术，在日本不断扩大新事业，目前扩大到 700 人规模的企业。

2. 对日投资的成功因素。

（1）在东京都的支持下，构筑了进入日本后的成长战略。总部 UDG 从日本医药品市场规模大、金融市场稳定、社会基础设施充实、日本企业在世界上的存在感强等角度分析，将日本作为仅次于欧洲、北美的重要市场。UDG 在正式进军日本之前就已经在日本设立了少数分公司来开展业务。

在进入日本之际，UDG 得到了东京都"外国企业挖掘招商事业"的咨询支持。具体来说，在市场调查、成长战略制订的支持下，作为委托销售服务的客户，请他们制订针对不同企业的有效战略，在充分把握日本市场和构筑进军后战略的基础上，正式进军日本。

（2）通过与日本企业的合作，扎根于日本文化习惯的经营。UDG 和 CMIC Holding 合作开展事业，一方面，CMIC Holding 在日本医药品行业拥有的知名度和日本国内市场的经验，是合资公司成立后也能获得客户的主要原因之一；另一方面，UDG 拥有在世界各地开展业务的全球总公司的医药品销售市场。双方利用彼此拥有的事业特性，产生了"1＋1＞2"的协同效应。

总而言之，该公司对日投资的成功因素可以总结为以下两点：

第一，在东京都"外国企业挖掘招商事业"的咨询支持下，获得了有关战略制订以及决策等重要因素的有益信息。

第二，在日本医药品业界，CMIC 拥有的国内商业经验是 CMIC Ashifield 能够获得日本国内顾客的重要原因之一。

（六）飞利浦电子日本股份有限公司（生命科学）

1. 企业的基本信息。飞利浦电子日本股份有限公司（以下简称飞利浦日本），总公司为荷兰医疗器械、电气设备制造商 Royal Philips（以下简称飞利浦）。飞利浦日本利用经济产业省的补助事业，与昭和大学共同利用了 IoT 的远程医疗系统，有望为消除医生短缺等医院问题的解决作出贡献。

2. 对日投资的成功因素。飞利浦日本是一家总部位于荷兰的世界级医疗器械、电器制造商。飞利浦自 1953 年日本法人成立以来，已在日本销售医疗器械和家用电器 60 多年，拥有丰富的日本大学医院网络。昭和大学教授因学会前往美国时，曾见过飞利浦的远程医疗系统在大学医院的医疗现场使用，希望能进行共同研究。但是，由于预算的问题，没有达到在日本进行实证研究的程度。

飞利浦日本公司很久以前就想在日本进行 IoT 的远程医疗系统的实证研究，借着与昭和大学合作的机会，进行了追加预算的调整。在昭和大学的附属医院引进了日本第一个利用 IoT 的远程医疗系统，开始了实证研究。

另外，在日本，现在随着高龄患者的增加，医疗费用也随之增加，医生和护士人手不足成为问题，迫切需要解决。基于物联网的远程医疗系统已经在美国投入使用，其有效性也得到了认可。此次的研究成果将整理成论文在学会上发表，如果其效果得到确认，飞利浦的远程医疗系统也将在其他医院扩大引入，有望解决医生、护士人手不足等医疗业界的问题。

总而言之，该公司对日投资的成功因素可以总结为以下两点：

第一，作为共同研究及实证研究费用，被经济产业省的"2015 年度全球创新分公司设立等支援事业"所支持，成为实证研究的重大契机。

第二，飞利浦自 1953 年成立日本法人以来，长期在日本开展业务，拥有丰富的日本大学和医院网络，与昭和大学一直保持着良好的关系。

（七）强生股份有限公司（生命科学）

1. 企业的基本信息。总部位于美国，生产和销售医疗器械、药品和消费品的 Johnson & Johnson（以下简称强生）的日本法人强生股份有限公司（以下简称强生日本）利用经济产业省的补助金开设了东京科学中心。在这里，医疗工作者接受关于医疗器械的培训，为日本的医疗患者享有安全且高级的医疗服务提供支援。

2. 对日投资的成功因素。

（1）利用经济产业省的补助金，开设高级医疗器械的培训。强生总部设在美国，是一家生产和销售医疗器械、医药品和消费品的全球性企业。在世界 60 个国家拥有 265 个以上的集团企业，总员工人数约 12.64 万人，销售额约 719 亿美元。作为强生的日本法人，强生日本长年在福岛的 MIT 研究中心，针对医疗从业者进行高级医疗器械的培训。

另外，为了面向全日本医疗从业者进行医疗器械的培训，强生日本开设了东京科学中心。这个东京科学中心的开设，取得了经济产业省"平成 23 年度亚洲分公司化布局推进事业费补助金"。由于利用了经济产业省的补助金，也很容易得到强生全球总部的认可。

（2）东京科学中心开设后，用户数大幅增加。东京科学中心还与日本企业、大学、研究机构合作。例如，与东京大学合作，致力于医疗器械的革新。与此同时，与日本企业共同开发了精巧的模拟器官，并准备了能够进行与实际临床相同训练的环境等，积极推进与外部的合作。东京科学中心的使用者数量，开设 1 年后，从预想的 1 万人到了实际 2.2 万人，其主要原因是顾客的潜在需求，而经济产业省和 JETRO 对东京科学中心的积极宣传也是东京科学中心成功的原因之一。

（3）成为亚洲医疗器械创新的中心。东京科学中心与上海的创新中心合作，为了开发出不仅适合日本，还适合亚洲各国需求的产品，从国内及亚洲的医疗工作者那里收集了用于医疗器械改良的知识。不仅是开发部门，市场部门也共享了从中获得的知识，对医疗器械的开发和销售起到了作用。此外，东京科学中心还向国内外展示了日本医疗从业人员细腻的手工技艺和先进的医疗技术，被定位为亚洲医疗器械革新的中心。

该公司对日投资的成功因素可以总结为以下两点：

第一，取得了经济产业省"平成23年度亚洲分公司化布局推进事业"的补助金、设立了东京科学中心。

第二，与再生医疗新药开发中心、东京大学以及日本企业合作，致力于医疗器械的培训及创新。

（八）北美科学关联公司（生命科学）

1. 企业的基本信息。North American Science Associates Inc. （以下简称 NAM-SA），总部设在美国，是一家为医疗器械制造商提供临床前试验、临床试验、上市后调查等综合开发业务的委托服务以及有关规制和质量咨询服务的企业。2006年在东京设立了日本法人。

2. 对日投资的成功因素。

（1）提供在日本少有的医疗器械开发受托服务并支持海外发展。在日本，专门在医疗器械领域提供受托服务的企业很少，大部分是医药品领域的。NAM-SA 弥补了此类业务的空缺。NAMSA 除日本外，还在美国、法国、英国、德国、中国等主要国家开展业务，并熟知各国的制造、销售批准程序。因此，可以在医疗器械从开发到在全球主要市场上市的所有阶段提供支持。

（2）新设了研究开发设施来支持新加入医疗器械领域的日本企业。在国家和地方政府的支持下，从其他领域进入医疗器械领域的新厂商不断增加，人工关节和支架等是日本重点鼓励的领域。特别是由于日本国内产业结构的变化，以汽车行业和电器行业为代表，随着大企业工厂的海外转移和行业的衰退，很多企业虽然拥有优秀的技术，却不得不转移业务。NAMSA 日本为这些企业进军医疗器械领域提供了很多帮助。

（3）进行进一步加快医疗器械上市的研究。NAMSA 日本针对今后新投入市场的医疗器械，以医疗器械迅速上市的服务为目标。新投入市场的医疗器械制造商和批准机关两者往往无法定义满足什么样的条件才能证明安全性和效果，是否可以上市。通过 NAMSA 日本受托开发服务，新开发的医疗器械的上市速度加快了。

该公司对日投资的成功因素可以总结为以下三点：

第一，在日本设立新的研究开发设施时，得到了东京都"外国企业挖掘招商事业"的咨询支持。具体来说，得到了关于潜在顾客的调查和研究开发分公司的选址研究的支援。

第二，在国家和地方政府的支持下，从其他领域进入医疗器械领域的新厂商越来越多，特别是人工关节和支架等是国家重点鼓励的领域，NAMSA 抓住了这一商机。

第三，由于日本国内产业结构的变化，以汽车行业和电器行业为代表，随着大企业工厂的海外转移和行业的衰退，NAMSA 日本能够帮助转移业务的企业转行进入医疗器械领域。

（九）Booking. com Japan 股份有限公司（观光）

1. 企业的基本信息。Booking.com B. V. （以下简称 Booking）于 2009 年进军日本，是世界上最大的仅在网上进行交易的住宿预约网站。它重视服务人员的培养，对酒店和客人都提供细致的服务，与日本国内约 10 000 家酒店及旅馆合作，成功地使日本子公司的销售额从 2012 年开始的 4 年间增长了 8 倍。

2. 对日投资的成功因素。

（1）为满足海外客户去日本旅游的需求，开拓了日本市场。Booking 于 2009 年设立了日本分公司，为了满足从海外到日本的游客的需求，开拓了很多合作伙伴的酒店和旅馆等。虽然从 2005 年开始开设了日语网站，但当时只刊登了希尔顿和喜来登等世界级酒店连锁的日本分公司。因此，在日本设立分公司，增加合作的酒店和旅馆，让海外的游客可以在日本全国各种各样的酒店、旅馆住宿是可行的。

（2）提供"日本风"的细致服务。Booking 在日本市场，并不是照搬总部制度，而是因地制宜，开展适合日本的细致服务。例如，地方营业员进军日本的时候，非常注重面对面交谈合作事宜这件事。因为打电话给酒店和旅馆谈合作，很多情况下是不容易被接受的。营业员尽可能前去合作伙伴所在地，面对面交流合作事宜。因此，为了在地方也能面对面交谈，在大阪、福冈、札幌、那霸设立了 4 家分公司。

另外，在很多企业将呼叫中心业务外包给其他公司时，日本分公司的 330 名员工中 190 人全部是本公司所属的双语呼叫员工，这种体制为国内外客户提供了周到的服务。Booking 日本充分利用在世界各国开展观光商务的优势，提出了容易被外国人接受的服务菜单和费用的提案。例如，在欧美，住宿费是指房间单价，但是在日本住宿费是按照人数单价来计算的，所以很多情况下外国人难以理解。因此，对不懂国外标准服务的合作伙伴，给予应对外国游客的建议。通过提供如此细致的服务，不仅是海外游客，使用"Booking.com"的日本用户近年来也急剧增多。

（3）日本酒店、旅馆的接待体制正在发生变化。2009 年 Booking 进军日本时，曾一度苦于日本酒店、旅馆方面对外国游客的反感。例如，不让一定数量以上的外国人住宿等，对外国人的住宿设置很多限制。最近入住体制正在改善，限制外国人住宿的场所变少了，逐渐出现了对外国人住宿有好感的酒店。这样的变化将助力今后 Booking 日本的商务发展。

该公司对日投资的成功因素可以总结为以下三点：

第一，"Booking. com"可在全球 200 多个国家和地区在线预订 110 多万套住宿设施。每年有 2.85 亿人使用，从日本到海外旅行时预约酒店也很方便。在日本企业提供的住宿预约网站上，因为没有像"Booking. com"这样可以预约海外住宿设施的日语对应网站，所以投放广告之后，在被认知的同时，在日利用者数量也稳步增长。

第二，日本分公司的客服人员都能用英语应对，为国内外客户提供了细致的服务。

第三，日本分公司会尽量与合作伙伴面对面洽谈。在合作伙伴的酒店中没有可以使用英语提供服务的工作人员的情况下，日本分公司的客服人员将提供对应服务。因地制宜，开展"日本风"的细致服务。

（十）Connect World Wide Japan 股份有限公司（观光）

1. 企业的基本信息。Connect World Wide International Inc.（以下简称 CWW）总部位于美国，2010 年成立了分公司 Connect World Wide Japan（以下简称 CWW Japan），正式进军日本。为服务东京奥运会，在向日本当地旅馆提供服务很难适应日本住宿设施的外国客人以及营销方面的支援的同时，致力于从外国人的角度发掘日本人没有注意到的被埋没的日本魅力。

2. 对日本投资的成功因素。

（1）为服务东京奥运会，向不擅长接待外国游客的酒店提供协助。CWW Japan 是总部位于美国，面向旅馆、旅行相关行业展开营销支援的公司。日本分公司设立之初，日本的入境、出境都具有世界屈指可数的市场规模，再加上为了举办东京奥运会，在包括东京近郊在内的日本各地的住宿设施中，接待外国住宿客人的需求不断提高。但在很多住宿设施中对外国住宿客人的服务和营销知识不足，因此 CWW 有发挥优势的空间。

另外，作为 CWW 的方针，海外分公司的运营在当地保持独立。在当地培植值得信赖的合作伙伴是很重要的。在 CWW Japan 设立时，委托了在日本做了多年生意，CWW 也信赖的人就任 CWW Japan 的董事长，以便顺利地开展事业。

该公司接受了在东京都的"外国企业发掘·招商"项目的支援。具体来说，与在东京都内运营 100 间以上的中大规模连锁宾馆进行商务匹配，奠定了扩大日本事业的稳固基础。

（2）经向东京相关部门咨询相关情况后，决定进军日本。CWW Japan 向日本的住宿设施和旅行相关业者提供的服务大致分为营销支援和营业支援两种。营销支援主要包括运用检索引擎的网站来制订营销战略以及广告出稿业务的计划和市场信息的收集。营业支援包括旅行商品、小册子、促销商品等的新开发，制订增收、增加市场份额的战略。

CWW Japan 的优势，在市场营销和营业方面的专业性自不必说，对英语圈（北美、欧洲）游客的需求和嗜好非常熟悉，还有从向世界各地的观光相关业者提供服务中获得的对多种文化应对方法的见解和经验。例如，即使不是常见的有名的观光地，即使是乍一看没有观光价值的地方，在外国人的眼里也是有魅力的地方，但是日本人却注意不到，将这类地方进行旅行企划，向外国人宣传。

（3）从外国人的视角再度发掘日本的魅力。举办东京奥运会，住宿设施、旅行相关业者对外国住宿客人的服务和营销措施的学习是不可缺少的。同时，以此为契机，用只有外国人才有的视点发掘被埋没的日本的魅力，从旅游业和地区发展的方面来看也有很大的价值。这对 CWW Japan 来说，是绝佳的发展机会。

该公司对日投资的成功因素可以总结为以下三点：

第一，在东京都的"外国企业发掘·招商"的支援下，与在东京都内运营 100 间以上中大规模连锁酒店进行商务匹配，成为扩大在日事业的契机。

第二，包括东京近郊在内的日本各地的住宿设施中，尽管应对外国住宿客人的需求不断高涨，但很多住宿设施对外国住宿客人的服务和市场营销知识不足，因此 CWW 有发挥优势的空间。另外，选择在日本做了多年生意，对日本市场有很深了解的人作为日本法人的社长。

第三，通过与国家或地方自治体的旅游部门以及全国联网的旅游相关企业建立合作伙伴关系，获得了客户。

（十一）Skyscanner Japan 股份有限公司（观光）

1. 企业的基本信息。Skyscanner Limited（以下简称 Skyscanner）是一家运营"Skyscanner"的英国企业，该公司对全世界的航空公司和旅行代理店的机票、酒店、租车信息进行统一比较检索。2015 年与雅虎株式会社（以下简称雅虎）成立合资公司——Skyscanner Japan 股份有限公司（以下简称 Skyscanner Japan），进军日本。在开发满足日本市场需求的服务的同时，也为提高日本旅行的便利性作出了贡献。

2. 对日本投资的成功因素。

（1）入境旅客逐年增多。与其他旅行搜索网站相比，"Skyscanner"的机票选择范围更广，拥有可以批量搜索庞大数据的技术，全世界每月有 6 000 万人使用，应用程序下载量超过 5 000 万次。机票的检索对象涉及 1 200 家以上航空公司、旅行社等，检索范围不仅可以从国内出发，还可以从海外城市向海外城市进行检索，另外，在没有确定目的地的情况下，也可以通过"所有场所"功能在对象期间进行目的地检索，可以在几秒钟内检索最低价的路线和日程。

Skyscanner 在日本法人设立前就在亚太地区的统括分公司新加坡组成了日本团队，推进了日本市场的发展。为了更好地捕捉当地的市场需求，将检索服务本土化，开始考虑设立日本法人。在设立日本法人的 2015 年之前，进入日本的游客数量大幅增多，也成为 Skyscanner 进军日本的巨大动力。要想在日本市场获得成功，并不能单独进入，与有信赖力、在国内已经拥有很多用户的合作伙伴组合是最合适的。因此，与在日本拥有超高知名度的搜索门户网站运营商雅虎设立合资公司，成立 Skyscanner Japan。在这次合作中，Skyscanner Japan 以提高知名度和增加用户量为目的，另外，雅虎将"Skyscanner"的旅行相关检索技术编入雅虎运营的"Yahoo! 检索"中，目的是充实旅行检索结果的功能。

（2）通过与雅虎合作，向市场提供高级服务。Skyscanner 一边进行面向日本的"Skyscanner"网站及应用软件的开发，一边推进与雅虎的合作。例如，在"Yahoo! 检索"中输入出发地或目的地，再加上"机票"这样的字，则在检索结果中显示"Skyscanner"的"机票检索"功能等。

与"Yahoo! 检索"内的检索功能相结合，获得了大量用户。同时，从雅虎获得容易被日本用户接受的网站和应用程序的设计经验技术、与日本企业合作的建议等，这些收获在展开日本市场时发挥了巨大作用。通过这样的合作，2016年 Skyscanner Japan 用户数与前一年相比增加了 61.7%，用户数量大幅增加。

该公司对日投资的成功因素可以总结为以下两点：

第一，日本在旅游行业是世界第三大市场规模，而且入境出境市场也在增长，这一成长性可以视为商机。另外，Skyscanner 虽然在世界各国开展了服务，但更注重提供适合当地的服务，在日本也捕捉到了日本特有的市场需求，将网站及应用程序定制为日本人接受的形式。

第二，与日本知名度极高的搜索门户网站的运营企业雅虎建立了合作伙伴关系，从雅虎获得了容易被日本人接受的网站和应用程序的设计和操作性等诀窍。

（十二）Anvil Group·Japan 有限责任公司（服务）

1. 企业的基本信息。总部设在英国，为海外出差人员提供安全服务的 The Anvil Group Limited（以下简称 Anvil）于 2015 年成立了 Anvil Group·Japan 有限责任公司（以下简称 Anvil·Japan）。Anvil·Japan 提供的安全服务，将对今后有需求的海外出差者和派驻人员的安全管理作出贡献。

2. 对日投资的成功因素。

（1）抓住了海外安全意识提高的时机。Anvil Group 是以英国为分公司，在全球开展旅行风险管理、海外警卫及危机回避服务等安全服务的企业。2015 年在东京设立了亚洲第一家分公司。在亚洲，除了日本以外，新加坡和中国香港也成为了候补，但最终选择了日本。原因之一是日本的市场规模很大，但至今为止日本企业没有为安全支付对价的习惯。但是，由于近年来世界形势的变化，日本企业也意识到员工安全问题的必要性，这样的氛围越来越强烈。于是，Anvil Group 将这种环境的变化视为进军日本的商业机会。

另外，Anvil·Japan 董事长和 Anvil 之前就有工作上的来往，值得信赖，这也是决定进军日本的理由之一。第一次在日本做生意的 Anvil，在设立 Anvil·Japan 时，接受了日本贸易振兴机构和东京都等行政机关的支援。

（2）一贯的危机管理服务确保日本海外出差及派驻人员的安全。Anvil 提供的安全服务，在没有为安全支付对价习惯的日本是有新颖性的服务，同时，由于世界形势的不稳定，今后让员工去海外出差和驻扎的企业的这种需求有望增加。Anvil 访问者跟踪功能可以在数字地图上实时显示出差人员的位置，也可以在地图上查看筛选器，例如，国家风险级别，用一贯的危机管理服务确保海外出差和驻外人员的安全。Anvil 开发了出差者安全管理系统，功能包括从企业海外出差的政策制订到训练、追踪、伴身警卫和有事时的安全确保，可以提供一站式的危机管理服务。当然也可以根据企业的要求定制服务内容。此外，Anvil 的服务在总部所在的英国获得了很高的评价，被评为商界最具声誉的"女王奖 2015"。

（3）与提供海外医疗支持的日本企业进行业务合作，降低海外的安全风险。与向日本企业提供海外医疗支持的国内企业 A 公司进行业务合作。A 公司提供的服务被称为医疗协助，例如，出差者生病时，帮助其回日本等服务。Anvil 提供的安全服务，加上 A 公司的医疗支持，可以降低出国出差、出国赴任的风险。

除此之外，还与日本的保安公司合作，提供海外重要人物来日本时的警卫服务，提供对海外的安全管理课程以及对日本企业的海外出差人员和派驻人员的训练服务。

该公司对日投资的成功因素可以总结为以下三点：

第一，从日本贸易振兴机构那里得到了临时办公室、会计师和顾问的介绍等支援。另外，东京都运营的商务接待员帮助完善了工人的雇佣合同。

第二，抓住了日本海外安全意识提高的时机。另外，Anvil·Japan 董事长和 Anvil 之前就有工作上的来往，值得信赖。

第三，与提供海外医疗支持的 A 公司达成了业务合作，实现了协同效应。

（十三）EMNET Japan 股份有限公司（服务）

1. 企业的基本信息。韩国的大型网络广告代理店 EMNET Co.，Ltd（以下简称 EMNET），2007 年在日本外包服务巨头 A 公司的支持下，成立 EMNET Japan 股份有限公司（以下简称 EMNET Japan）进入日本，以中小企业为中心开展网络广告服务。

2. 对日投资的成功因素。

（1）得到日本投资合作方的协助。EMNET 得到投资合作方 A 公司的业务支援。在 A 公司的协助下，办理了相关手续，并开拓了销路，使日本的事业步入了正轨。另外，在日本采购软件和工具时，除了 A 公司之外，还得到了有合作关系的日本大型广告代理店的资金支持。

（2）通过教育培养拥有通用技能的人才。EMNET Japan 同时也对韩国企业进行了面向日本的广告支援，但日本企业带来的销售额比例更大，顺利地获得了在日本的新顾客。实际上，在开展日本事业的时候，总公司也认识到日本的市场规模比韩国更大，扩大事业的机会更多，因此 EMNET Japan 从总公司得到了积极的投资。

另外，EMNET Japan 致力于员工的研修教育，以便达到一定水平的广告运用能力。因此，每位员工除了经营活动之外，还可以从事广告运用的实务。日本的网络广告代理店大多分别存在营业负责人和广告运用的负责人，但由于 EMNET Japan 是由营业和广告运用均擅长的员工与顾客进行交涉，所以能够更直接地满足顾客的需求。除此之外，该公司制订计划，培训没有经验的人才，使之掌握营业和广告运用的通用技能。同时将在 EMNET Japan 工作的人才一部分派遣给同行业的其他公司，以业务委托的形式提供服务。

（3）专门面向中小企业的支援，为顾客的销售额增加作出贡献。EMNET Japan 的顾客以中小企业为中心，通过运用在韩国、中国以及日本各地积累的广告经验提供服务，为地方中小企业的销售额增加作出了贡献。虽然在地方没有分公司，但可以通过出差或电话来应对。因专注于项目规模小、大企业并不看重的市场，销售额得以顺利增长。

该公司对日投资的成功因素可以总结为以下两点：

第一，EMNET 预计日本的网络广告市场是韩国的 3 倍左右，除此之外，在日本市场，面向中小企业经营搜索联动型广告的企业很少，所以决定进军日本。事实的确如此，面向中小企业的广告服务公司的竞争在日本并不激烈，成功提高了销售额。

第二，进军日本的时候，与日本外包服务巨头 A 公司建立了投资合作关系，以及获得了有合作关系的大型广告公司代理店的资金支援，使其在日本的事业走上了正轨。

（十四）伯克利伐格股份有限公司（服务）

1. 企业的基本信息。Edenred SA 总部位于法国，在世界 42 个国家（地区）提供面向企业员工的福利服务，主打服务是"票务餐厅"。顾客企业向本公司的员工发放 Edenred SA 提供的 IC 卡和餐券，员工在用餐时可以享受折扣。Edenred SA 预测到日本市场的发展潜力，以收购已经在日本经营的伯克利伐格股份的形式进军日本。该公司通过利用互联网和与日本企业的合作，在日本的事业很快就进入了正轨。

2. 对日投资的成功因素。

（1）日本福利服务市场有望增长。Edenred SA 主要在欧洲和美国开展业务，但对日本的市场很感兴趣。虽然目前面向日本企业的福利服务市场规模不大，但企业可以利用 Edenred SA 的服务让公司员工享受税额扣除的好处。另外，由于同样的服务在日本没有普及，所以市场有很大的增长前景。因此长期来看，进军日本是有利可图的。另外，Edenred SA 总部的 CEO 认为日本有电子货币的先进技术，是容易产生创新的环境，因此在日本设立分公司可以推进 Edenred SA 产品的电子化。

（2）通过收购现有的福利服务企业进军日本。计划进军日本时，Edenred SA 收集了相关信息，2012 年日本只有 1 家竞争对手。最终通过获取在日本提供福利服务的伯克利伐格的全部股份，进入日本。伯克利伐格从 1987 年开始在日本提供福利服务，2012 年拥有 40 000 家加盟伙伴店。此外在收购伯克利伐格和扩大投资时，利用日本贸易振兴机构的支援，获得了日本的福利制度和相关市场的信息以及合作企业候选人等的介绍。

（3）与日本企业建立合作关系，为扩充服务和增加销售额作出贡献。伯克利伐格为了维持收购前获得的许可和知名度，在保持公司名称不变的情况下成为 Edenred SA 的日本法人，提供面向企业的福利服务。Edenred SA 利用被收购公司的知名度开展商务活动。被收购公司之前取得的许可帮助公司省去了相关劳力，取得股份不久便使日本的事业进入轨道。

另外，伯克利伐格利用开发电子货币的大型通信公司的技术，开发了在本公司的福利服务中使用的 IC 卡餐券，也给通信公司带来了交易手续费的利益。通过与同业的福利提供企业的合作，除了实现了两家公司的服务扩充之外，还增加了可以使用餐券的店铺，也有助于增加加盟店铺的销售额。

该公司对日投资的成功因素可以总结为以下三点：

第一，伯克利伐格进行投资合作和扩大事业时，利用了日本贸易振兴机构的支援，得到了日本福利制度和相关市场的信息以及合作企业候选人等的介绍。

第二，做好了充分的准备工作，在进入日本之前就开始收集信息，并且在确认能为日本企业及其员工提供好处的基础上决定进军日本。

第三，与原本在日本开展福利服务事业的伯克利伐格公司进行投资合作，利用该公司拥有的顾客、加盟店合作伙伴、许可资质等，在日本顺利开展事业。

（十五）EF Education First 股份有限公司（服务）

1. 企业的基本信息。EF Education First Ltd（以下简称 EF），是世界上最大的私立教育机构，是在世界 53 个以上国家开展语言教育、留学、在线英语学习等各种项目，运营 500 多个事业部门和直营语言学校的全球性企业。1965 年在瑞典成立，现在总部设在瑞士。1973 年设立了日本分公司 EF Education First Japan 股份有限公司（以下简称 EF Japan），50 年间以日本人的海外留学支援为中心发展事业，并在 2015 年与东京大学开始了世界上第一个"脑科学"第二语言学习的共同研究，利用研究成果构筑语言学习的诀窍，以在日本提供创新的学习方法为目标。

2. 对日投资的成功因素。

（1）重视日本市场，积极投资。EF 进军日本的时候，日本是亚洲最大的英语学习市场，留学生的数量也是最多的，但是从 20 年前开始留学生急剧减少。

现在日本的全部留学生数减少到鼎盛时期的 1/3 左右。但是，EF 非常重视日本市场，即便在这样的市场环境中也进行了广告和营销等很多投资。EF 进军日本 50 年来，每年的销售额都在稳定增长。并且，2016 年 EF 在全球范围内发行的宣传册首页首次向英语圈以外的国家介绍了日本留学项目，可以看出 EF 对日本市场的重视。

（2）与东京大学共同研究世界上第一个"脑科学"第二语言学习机制。EF Japan 2015 年开始与东京大学共同研究语言学习的大脑机制，这是世界的首次探索。EF Japan 利用 MRI 技术，比较语言学习前后学生们的脑结构，调查使用第二语言期间的脑功能以及学习经验的作用。EF 是世界上最大的语言教育机构，向东京大学提供庞大的语言学习数据。

该公司对日投资的成功因素可以总结为以下两点：

第一，EF 重视日本市场，积极地进行广告和市场营销。由于持续强化日本市场，EF 自进军日本 50 年以来，每年的销售额都在增长。

第二，与东京大学的共同研究以及与 2020 年东京奥运会、残奥会的官方语言训练合作伙伴关系等也是成功的主要原因。

（十六）CENIT Japan 有限公司（ICT）

1. 企业的基本信息。CENIT AG（以下简称 CENIT）是一家总部设在德国的公司，主要业务包括提供利用机器人实现工厂自动化的方案，并对生产技术系统进行革新，实现数字化工厂。该公司在瑞士、法国、罗马尼亚和美国设有营业点。2011 年，CENIT 在东京成立了日本子公司，CENIT Japan 股份有限公司（以下简称 CENIT Japan）。CENIT Japan 在日本贸易振兴机构和广岛的支援下，与中坚汽车零件制造商建立了合作关系，并利用经济产业省补贴项目，进行利用物联网的数字工厂的实证研究。

2. 对日投资的成功因素。

（1）应日本客户的强烈需求而建立的第一个亚洲分公司。日本是 CENIT 在亚洲的第一个分公司，推动此举的正是客户强烈的需求。因为日本客户更加喜欢及时地面对面沟通。CENIT 在决定建立亚洲首个分公司时，其实还在日本、中国的北京和上海之间犹豫。经过考虑，还是决定在日本设立分公司。主要是因为日本拥有安心的商业环境、较高的平均教育水平和较好的商业道德。

（2）以 JETRO 和广岛县组织的商业配对会议为契机，与一家中型汽车零部件制造商开展物联网实证研究。在 CENIT Japan 成立之前，CENIT 与日本贸易振兴机构就在日本开展业务进行磋商，并获得了有关在日本投资的基本数据。JETRO 和广岛组织的商务匹配会的目的是希望广岛的企业通过与物联网、机器人、电池、医药和移动应用相关的外国企业合作，加强技术和销售能力。在这次会议上，CENIT 与当地一家实力雄厚的汽车零部件制造商进行了商谈，并决定对利用物联网的数字工厂共同进行实证研究，实现技术和销售的共赢。

（3）来自 1 000 多家全球企业的生产技术帮助日本企业提高生产效率和质量。成立 28 年以来，CENIT 向制造业的 1 000 多个全球客户销售产品开发解决方案，建立系统并提供服务。在这个过程中，该公司积累了丰富的经验，并为日本分公司提供基于 IT 的解决方案，以提高其工厂的生产力。

该公司对日投资的成功因素可以总结为以下三点：

第一，以 JETRO 和广岛县组织的商业配对会议为契机，与一家中型汽车零部件制造商进行物联网实证研究。在开展这项研究时，向经济产业省的"全球创新中心建设支持项目"申请了物联网示范研究项目，并被采纳。

第二，在成立日本子公司之前，CENIT 与 JETRO 就在日本开展业务进行磋商，并获得了有关在日本投资的基本数据。

第三，成立 28 年来，CENIT 一直在向制造业的 1 000 多个全球客户销售产品开发解决方案、建立系统并提供服务。CENIT Japan 意识到，日本也需要 CENIT 在优化产品开发过程中的专业知识。

（十七）Concur 有限公司（ICT）

1. 企业的基本信息。Concur Technologies，Inc（以下简称 Concur）是一家提供基于云端的商务旅行管理和费用报销服务的美国公司。由于 Concur 的产品在日本有很大的市场规模，继英国、澳大利亚、德国和法国等英语圈国家之后，在已进入日本市场的 A 公司的支持下，Concur 于 2011 年成立了日本子公司，并为日本提供了一项名为电子费用报销的新服务。

2. 对日投资的成功因素。

（1）与日本的公司合作设立日本子公司。当 Concur 开始考虑进入日本市场时，委托过去帮助 Concur 上市的银行编制一份合作候选公司名单。从收到的候选名单中，Concur 选择与 A 公司合作，为其进入日本市场提供支持。Concur 委托 A 公司为其子公司寻找一位日籍总经理。有一些外国企业在决定子公司总经理时，只注重英语沟通能力，而忽略了业务执行能力和人脉关系。然而，Concur 通过 A 公司社长的私人关系找到一位同时具备英语沟通和业务执行能力的候选人。

之后在 2011 年，Concur 与 A 公司合资成立了一家日本子公司，并进入日本市场。

（2）利用新闻发布会提高知名度。在设立日本子公司初期，该公司使用了由 JETRO 的投资日本商业支持中心提供的临时办公室，这有助于公司首次进军日本时降低固定成本。另外，Concur 认为产品实力、营销手段和知名度是企业成功的三个关键，由于公司在日本缺乏知名度，所以经常举行新闻发布会提高公司知名度。

（3）与日本企业合作，通过云端费用管理来节约成本。与日本知名咨询公司 B 和系统集成商 C 合作，将 Concur 的成本管理服务融入业务改进和外包服务，以此提高合作公司的服务质量。Concur 将 B 公司和 C 公司的业务改进和外包技术与 Concur 云端成本管理服务相结合。与这两家公司的合作都是通过日本子公司总经理的人际关系促成的。另外，A 公司也参与了子公司的管理，并帮助其从更客观的角度制订经营策略。

该公司对日投资的成功因素可以总结为以下三点：

第一，利用 JETRO 提供的办公室，减少了进入日本市场时的固定成本费用。

第二，通过 A 公司社长的人脉关系，直接选定了总经理候补候，使该公司获得了一位既有英语沟通能力又有业务执行能力的人。

第三，作为股东的 A 公司参与公司的管理，使公司能够从客观的角度制订管理策略。

（十八）DocuSign Japan 有限公司（ICT）

1. 企业的基本信息。DocuSign，Inc（以下简称 DocuSign）是一家提倡电子签名和无纸化办公以提高运营效率的领先数字交易管理（DTM）公司，总部在美国。在发现日本的市场潜力后于 2015 年进入日本。在与日本企业合作，使其产品本土化的同时，通过经销商和合作伙伴的间接销售来发展其业务。

2. 对日投资的成功因素。

（1）得到东京都的支援，确认了日本的市场前景后进军日本。DocuSign 是向世界 188 个国家的 1 亿多名用户提供方案的美国企业。在进军日本之前，先与日本企业接触，确认了日本电子签名解决方案的市场前景后，决定进入日本市场。2014 年 10 月，从多家日本企业募集了作为进军日本市场的启动资金后，于 2015 年设立营业点，正式进入日本市场。并得到了东京都的"外国企业发掘·招商事业"的市场调查等咨询支援，将其作为决策的参考信息。另外，在 2015～2016 年，利用日本贸易振兴机构对日投资·商业支持中心提供的办公室，减少了办公室租金成本。DocuSign 在进入日本市场之前，就得到了日本大型服务公司和系统集成商的投资和支持，并在法律应对、介绍经销商、测试产品、发现漏错等方面提供协助。

（2）以经销商和合作伙伴销售为重点开展在日业务。目前，该公司设在东京，在寻找日本企业作为合作伙伴的同时，从事销售和营销活动，以获得新客户。同时子公司还需要获得在日本开展业务所需的认证和许可，并研究和分析有关电子签名和电子交易管理的法律和法规。

员工是通过子公司内部人员或与公司有关系的中介介绍的。日本的业务是通过经销商和合作伙伴的渠道开展的，提供日语接待、售后和日元交易等服务。在日本，DocuSign 这样按月收费的软件通常由代理商来销售，因此公司采取了与合作伙伴合作的策略。虽然总部直接销售大部分软件，但也了解日本市场的特殊性。该公司没有地方办事处，其政策是通过出差和与当地经销商合作进行销售。

（3）为日本市场开发本土化产品。DocuSign 的 DTM 方案可以用电子文件传输、签名取代文件封存和邮寄等业务，从而提高工作效率。与欧洲、美国和其他国家相比，文件的数字化在日本的普及程度仍然较低。在这种情况下，作为全球 DTM 软件的知名公司，DocuSign 因其易用性、支持能力和处理大规模数据的能力而受到高度评价。进入日本市场后，有望提高日本企业的业务效率和数字化程度。

另外，DocuSign Japan 还在日本进行新的研究开发。日本有自己的习惯和审批程序，如印章文化、多人审批和同时审批。因此，需要了解这些独特的习惯和程序，单独开发符合日本用户需求的产品。DocuSign Japan 为了提供更适合日本文化的方案，与拥有印章相关知识和技术的日本公司合作，并进行联合开发。

该公司对日投资的成功因素可以总结为以下三点：

第一，利用 JETRO 提供的办公室，减少了办公室租金成本。同时该公司还获得了东京都政府"外国企业发掘·招商事业"项目的咨询支持。

第二，在进入日本市场时，获得了一家管理咨询公司提供的市场调查，并将其作为决策的参考信息。

第三，在日本，DocuSign 这样按月收费的软件通常由代理商来销售，通过经销商和合作伙伴进行的间接销售，可以提供日语接待、售后和日元交易等服务。

（十九）NNG 导航有限公司（ICT）

1. 企业的基本信息。NNG Software Developing and Commercial LLC.（以下简

称 NNG）是一家设计、生产和销售汽车导航软件的匈牙利公司，为世界十大汽车制造商中的七家提供导航软件。NNG 的日本分公司 NNG 导航股份有限公司（以下简称 NNG 导航）成立于 2014 年，旨在满足日本汽车制造商的需求，强化支持系统，提高产品开发能力。

2. 对日投资的成功因素。

（1）以日本大型汽车制造商的需求为契机进军日本。NNG 于 2014 年成立了其日本子公司 NNG 导航，标志着其进入日本市场。在日本子公司成立之前，NNG 在日本就与日本大型汽车和汽车导航系统制造商有密切的业务往来，因此，进军日本的主要原因是为了强化与这些制造商的业务关系。

进入日本市场的另一个目的是利用在日本市场获得的知识进行全球研究和开发。日本消费者比较挑剔，并且日本的汽车导航的安装率超过 80%，使其成为世界上最先进的汽车导航市场，在这样的市场中能够获得改进 NNG 技术的信息。NGG 聘请了一位日本人担任日本子公司的总经理，努力适应日本的商业习惯。另外，NGG 还利用由东京都政府运营的东京工作中心来招聘具有行业经验的高级人才。

（2）发布面向日本市场的最先进的车载导航系统。NNG 导航目前有 7 名员工，但在位于布达佩斯的总部有一个超过 60 人的专门负责日本市场的团队，并且打算继续扩大负责日本市场的队伍。公司还致力于打造符合日本市场特性的产品。事实上，到目前为止，已经制作了 70 多件面向日本市场、含有新功能的产品。

此外，2015 年，该公司在日本推出了 Nav Fusion 平台，这是一个能够自由定制的车载导航系统。该系统实现了汽车导航系统、智能手机和云端之间的连接，提高了便利性和安全性，并实现了最新数据的共享。此外，维护信息可以自动发送给司机和经销商，维护预测和服务预约可以自动进行，它还配备了能够进行双向交流的语音识别功能。这些尖端技术能够推动日本汽车导航市场的技术革新。

（3）未来将与日本汽车制造商共同开发产品。NNG 进入日本后，可以直接与日本的大型汽车制造商进行交易。今后，不仅可以满足日本汽车制造商强化支持的要求，将来还打算给日本向海外出口的汽车提供汽车导航软件，并与日本的汽车制造商和汽车导航制造商共同开发产品。

该公司对日投资的成功因素可以总结为以下三点：

第一，利用东京都政府运营的东京工作中心来招聘具有行业经验的高级人才。

第二，在 NNG 导航成立之前，就已经与日本汽车制造商开展了业务。NNG

对日本市场有充分的了解，在 NNG 位于匈牙利的总部有一个由 60 多人组成的专门负责日本市场的团队。另外，聘请了一位日本人作为日本子公司的总经理，对商业习惯进行整合，从而顺利进入日本市场。

第三，在日本子公司成立之前，该公司已经与一些大型日本汽车和汽车导航系统制造商有业务往来，为进入日本市场后的业务关系打下良好基础。

（二十）Sprinklr Japan 有限公司（ICT）

1. 企业的基本信息。总部位于纽约的 Sprinklr 公司是全球最大的社交媒体管理软件开发商和供应商。社会媒体管理软件是通过社会媒体收集、分析个人消费者需求并向消费者发送适当信息，目的是帮助公司实时管理与消费者的接触点。2014 年成立了 Sprinklr Japan 股份有限公司（以下简称 Sprinklr Japan）。除了销售点，2016 年还建立了一个新的研发基地，以提高日本公司社交媒体营销的投资回报率。

2. 对日投资的成功因素。

（1）日本市场的需求。在 2014 年成功增资后，Sprinklr 决定将业务扩展到亚洲。之所以选择日本，是因为日本拥有最大的社交媒体营销市场，而且 80% 的日本企业使用社交媒体，但缺乏管理社交媒体的人才，因此 Sprinklr 预计日本市场对其产品会有需求。此外，该公司决定通过与 Recruit 控股有限公司等合作进入日本市场，因为通过合作伙伴进入市场会更快，而且能与客户更好地沟通和理解客户的文化。

（2）获得日本客户。Sprinklr Japan 的成立使公司获得了进入日本市场之前没有的日本客户。在进入日本之前，Sprinklr 不支持日语，在日本的业务量很小，只向全球公司在日本的分公司提供英文版本的产品。建立分公司后，公司获得了几十个新客户，现有的全球客户也引进了日本版本的产品。目前客户数净增，超过了 50 家。获得客户的原因是公司建立了子公司，确保有一定数量的员工和办公设施等，赢得了客户的信任。

（3）通过在日本的研究开发，日本企业对社会媒体营销的投资回报率提高。Sprinklr Japan 于 2016 年 3 月开始了其研发工作。在日本建立研发基地得到了东京都政府"外国企业发掘·招商事业"项目的支持。具体而言，Sprinklr Japan 主要是在研究日本公司社会媒体的最新趋势，协助招聘人员从事研发工作，获得招聘补贴，寻找合适的办公室方面得到了支持，然后在日本开始研发工作。研发主题有三个方面：

一是开发适应日本独特文化的社交媒体软件；二是开发符合日本企业特有的社交媒体使用方法的功能；三是开发符合日本消费者特有的表达方式的功能。

Sprinklr Japan 与一家拥有日文文本分析技术的日本公司合作，将该公司的技术与 Sprinklr 的信息传输管理技术相结合，专门为日本公司开发社交媒体管理软件。Sprinklr Japan 在日本的研究和开发将能够识别日本社交媒体上的消费者信息，进行适当的发布，分析消费者的反应并改进发布内容。此外，社会媒体营销将通过自动化使得许多以前需要人类判断的任务变得更加高效，日本企业可以期待从社会媒体营销中获得更好的投资回报率。

该公司对日投资的成功因素可以总结为以下三点：

第一，得到了东京都政府"外国企业发掘·招商事业"项目的支持。具体来说，Sprinklr Japan 主要是在研究日本企业社会媒体的最新趋势、招聘从事研究和开发的人员、获得招聘补贴以及寻找适合的办公室等方面得到了支持，并决定在日本开展研究和开发工作。

第二，有 80% 的日本企业使用社交媒体，但缺乏管理人才是一个问题，因此对 Sprinklr 产品有需求。

第三，由于市场要求较高，因此选择通过合作伙伴进入市场，并确保与客户的密切沟通和文化理解。

(二十一) Through Tek 有限公司（ICT）

1. 企业的基本信息。Through Tek Co.，Ltd.（以下简称 TUTK）是一家总部设在中国台湾的公司，主要从事远程查看和控制映像数据的应用程序开发。它专门提供了一个名叫"KALAY"的应用程序，能够从手机等设备上远程查看监控画面，使人们在外出时能查看家中情况，提高安全性。该公司目前在八个国家（日本、中国、美国、新加坡、德国、西班牙、英国和意大利）开展业务，其应用程序与 500 多万台设备（如智能手机）相连，每月使用次数超过 8 000 万次。自成立日本子公司以来，TUTK 在日本市场的销售额迅速增加，在与日本公司合作的同时，积极开发新产品和服务。

2. 对日投资的成功因素。

（1）着眼于最先进的技术和老龄化社会，决定进军日本。TUTK 进入日本市场的原因是希望使自家的应用程序用于其他领域来扩大业务。由于整个亚洲老龄化比较严重，因此 TUTK 将老年人看护服务作为本公司的发展重点。特别是在日本，提供尖端健康管理产品的公司不仅遍布亚洲，而且遍布世界各地，对未来通过连接互联网显示健康状况数据的需求越来越大。例如，随着老龄化的发展，独居老人的数量越来越多，与老人分开居住的家庭人员想要随时了解他们的健康状况，预计老人看护和紧急呼叫服务的市场将继续增长；另外，以 2020 年东京奥运会和残奥会的举办为契机，对包括监控摄像头在内的安全系统的需求日益增长。综上理由，TUTK 决定进入日本市场。

（2）在东京都政府的支持下顺利设立分公司，日本市场的销售额以年均50% 的速度增长。在进入日本市场时，根据东京都政府"外国企业发掘·招商事业"项目提供的管理和监测服务的市场调查，确定了目标市场。TUTK 还利用"东京一站式中心"检查在日本设立公司所需的文件，并就子公司成立后的相关税务和雇用申请进行咨询。

日本子公司成立后，第一步是强化对现有客户的支持，并加强了与公司成立前的潜在客户的联系。由于日本客户在与外国企业交易时，将日本子公司的存在作为信誉的参考，日本子公司的建立为扩大 TUTK 在日本的业务作出了巨大贡献，日本市场的销售额正以每年 50% 的速度增长。

除了销售产品外，TUTK 还与从事监控摄像机硬件开发的日本中小型公司合作开发产品，向日本电信公司和安全服务提供商（如保安公司）销售网络监控摄像机。除了两家硬件制造商之外，TUTK 目前还与三家应用开发商形成了相互兼容的应用合作关系，加强了与日本企业的合作。

该公司对日投资的成功因素可以总结为以下三点：

第一，根据东京都政府"外国企业发掘·招商事业"项目提供的管理和监测服务的市场研究数据，确定了目标市场。

第二，随着老龄化的发展，独居老人的数量越来越多，"看护老人的服务"市场存在较大潜力。与此同时，2020 年东京奥运会和残奥会的举办对包括监控摄像头在内的安全系统的需求日益增长，进入日本市场的机会大大增加。

第三，通过与拥有监控摄像头和卓越传感器技术的日本企业的合作，实现了业务上的顺利发展以及技术上的相互补充。

（二十二）AKA 合同公司（制造·基础建设）

1. 企业的基本信息。AKA 合同公司是 AKASTUDY LIMITED（以下简称AKA）的日本子公司，总部在美国，于 2015 年进入日本市场，从事人工智能引擎和人工智能机器人的规划、制造和销售。AKA 非常重视日本市场，其主打商品机器人"Musio"于 2016 年率先在日本进行销售。它还与许多日本企业建立了合作关系，为日本企业创造商业机会。

2. 对日投资的成功因素。

（1）日本是亚洲最具吸引力的机器人和英语教育市场。AKA 进入日本市场的背后有两个原因。第一个原因是日本的机器人和英语教育市场比其他亚洲国家有更大的潜力。AKA 认为日本是世界上最大的家用通信机器人市场之一。尽管中国和东南亚拥有更大的英语教育市场，但由于东京奥运会的召开和政府加强中小学英语教育，因此从增长潜力和需求来看日本更具有吸引力。第二个原因是日本公司最近一直在积极推销新型机器人产品，如丰田的小型互动机器人 "KIRO-BO mini"，以及夏普的移动机器人电话 "RoBoHoN"。另外，在文化方面，交流型机器人也经常出现在日本人熟悉的动画片中，如《阿童木》。基于上述原因，AKA 认为日本在文化上是更容易接受通信机器人的。所以，AKA 决定进入日本市场。

（2）致力于机器人的开发，通过与日本企业的合作来完善销售、维护等业务。AKA 的日本子公司与日本企业在机器人开发以外的领域进行合作，扩大其销售和售后服务。例如，已经与一家电信企业签订了关于 "Musio" 的销售和呼叫中心业务的合作协议。此外，还与一家大型教材公司合作开发英语教材，并将维修工作外包给一家大型电子产品制造商，通过与日本公司的合作来完善业务。

（3）行政机关提供的宣传和咨询支持。AKA 在日本发展其业务的同时，充分利用了行政机关提供的服务。例如，在接受 JETRO 的采访并在报道发表后，又被一家日本大型报社采访，这有助于 AKA 的宣传。此外，AKA 在东京都政府 "外国企业发掘·招商事业" 项目的咨询支持下进行了市场调研，为成长战略的制订提出意见。通过这些帮助，与消费电子、游戏、电子商务和角色相关产业领域的公司进行了有效接触，并明确了目标。

该公司对日投资的成功因素可以总结为以下三点：

第一，尽管中国和东南亚拥有更大的英语教育市场，但从市场增长潜力和需求来看，日本更具吸引力。使用人工智能进行英语教学的机器人，在日本市场具有新颖性，容易被接受。

第二，AKA 除机器人开发以外的制造、销售的工作都是采取外包的形式进行，目的是使其能够专注于教育内容等的开发。

第三，得到了东京都政府 "外国企业发掘·招商事业" 项目的咨询支持，通过市场调研和增长战略的制订，确定应该进入的行业。

（二十三）Elementary Japan 有限公司（制造·基础建设）

1. 企业的基本信息。Elementary Analysensysteme GmbH（以下简称 Elementary），总部设在德国法兰克福，是一家专业的元素分析仪制造商。其产品适用于广泛的领域，包括研发、食品、化学、制药、环境和能源行业。Elementary 通过一家贸易公司在日本开展业务已超过 30 年，并于 2015 年成立了日本分公司 Elementary Japan 有限公司（以下简称 Elementary Japan），旨在进一步扩大其在日本的销售。

2. 对日投资的成功因素。

（1）在日本商业经验丰富，拥有一定的客户基础。Elementary 早在 30 多年前就通过经营各类分析设备的外资贸易公司向日本的一些私营公司、大学和研究机构提供产品，拥有约 500 台的交付记录。事实上，包括 Elementary 在内的外国企业与日本公司进行交易时，由于商业习惯存在较大差异，往往会通过贸易公司而不是直接销售。然而，贸易公司的性质决定了其产品种类繁多，主要销售哪种产品完全由贸易公司决定，这使得它们难以对客户变化的需求作出快速和灵活的反应。因此，Elementary 认为，由于在日本的商业经验丰富，对市场也有一定了解，存在一定的客户基础，可以自己进行销售，因此，2015 年为了进一步扩大事业规模，决定在日本设立分公司 Elementary Japan。

（2）重视日本市场，配备了展厅和仓库等设施。除办公室外，Elementary Japan 的横滨办事处还配备了展厅和维修零件仓库。之所以选择设备齐全的办事处，是基于 Elementary 对日本商业习惯的理解，在日本销售分析仪器，如果没有完善的展厅和仓库等设施、演示和产品支持体系的话，难以获得客户的信任。包括办公室、展厅、仓库和示范设备在内，对日本子公司的投资超过 2 亿日元，这对一个中等规模的外国企业来说初期投资是很大的。此外，由于业务的性质，设备投资是不可避免的，一旦公司建立了基地，不能轻易搬迁，虽然目前只有 7 名员工，但他们已经搬进了一个 200 平方米的办公室，为业务扩张做准备。这也表明 Elementary 非常重视日本市场。

此外，在通过贸易公司进行销售时很难推广自家的产品，建立子公司不仅能够按照自己的战略进行经营，还能更快地作出决定。例如，在定价方面，可以实施平行进口的战略，也有价格下降 60% 的产品。这使该公司能够为日本客户提供更便宜、更全面的服务，为进一步的业务扩张创造了一个良性循环。在日本设立分公司意味着 Elementary 被视为符合严格标准的公司，也提高了信用度。

（3）为了能在日本长期扎根并取得成功作进一步的准备。Elementary 公司计划通过新产品进一步满足包括工业标准等在内的日本市场的需求，还将加强与大学等机构间的研究开发合作。Elementary 还将进一步扩展在销售和技术服务方面的合作伙伴。

该公司对日投资的成功因素可以总结为以下两点：

第一，设立日本分公司之前的 30 多年，Elementary 通过一家贸易公司销售元素分析仪，拥有日本私营公司、大学和研究机构等客户群，并对日本市场有充分的了解。

第二，Elementary 拥有 120 年的技术开发历史并以创新为导向，投入大量资金进行科学研究与试验开发，符合日本这个技术驱动型国家的需求。此外，Elementary 考虑到在日本的商业活动中最重要的是信任，所以积极进行设施等方面的投资。

（二十四）ABB 有限公司（制造·基础建设）

1. 企业的基本信息。ABB LTD（以下简称 ABB）是一家制造工业用电器的制造商，总部位于瑞士。日本子公司 ABB 有限公司成立于 1960 年。由 ABB 有限公司和三家日本企业合资运营，拥有约 750 名员工，销售和服务网络覆盖 15 个城市。ABB 不断与日本企业合作，利用日本大型企业的销售和售后服务网络，在日本市场开发领先的技术产品。

2. 对日投资的成功因素。

（1）充分利用日本大企业营业及售后服务网络。在日本开展业务时，ABB 从 1998 年开始，就与日本一家大型重型电机制造商建立了合资企业，之后也积极与日本公司建立合作和投资伙伴关系。ABB 通过与长年开展类似业务的公司合作，利用日本公司的可靠性和其遍布全国的销售和售后服务网络来发展其业务。在可靠性方面，ABB 提供产品的寿命长达数十年的关键在于已在日本经营多年，与拥有足够售后服务网络的公司合作，为其客户提供稳定的服务。从这个角度来看，日本存在一些适合与 ABB 合作的大型制造商。

ABB 除了在 1998 年与一家大型重型电气机械制造商建立了合资企业外，还在 1999 年与另一家大型重型电气机械制造商建立了一家火力发电和液化天然气接收站的控制设备制造商。2015 年，又与一家大型电气机械制造商在高压直流输电（HVDC）领域建立了一家合资企业。2016 年，还与一家大型租赁服务公司合作，开展了双臂机器人的租赁业务。ABB 在日本大型企业的协助下，加强了在日本的营业和售后服务，实现了销售额的增加。

（2）与日本大型制造商合作，将电力自动化的关键技术引入日本。ABB 有限公司于 2015 年与日立成立有关 HVDC 的合资公司。该合资企业结合了两家公司的优势，即日立的销售和售后服务网络、项目管理专业知识、质量保证流程和 ABB 尖端的 HVDC 技术和系统建设能力。同时，这次的合作使双方受益，对 ABB 来说，扩大了在日本的销售渠道（利用销售网络，通过与日立合作获得其他日本公司的信任）。对日立来说，可以将 ABB 最先进的 HVDC 技术和系统建设能力与自己的网络相结合，其能够提供的开发和建设技术将变得更加成熟，这将有助于增加新的订单和销售。

该公司对日投资的成功因素可以总结为以下两点：

第一，通过不断与类似业务的日本大企业合作，充分利用日本大企业营业及售后服务网络，吸引新客户。

第二，在利用日本企业的可靠性和遍布全国的销售和售后服务网络的同时，也为日本企业提供先进技术，使双方受益并实现长久合作。

（二十五）日本 Cabot Microelectronics 有限公司（制造·基础建设）

1. 企业的基本信息。Cabot Microelectronics（以下简称卡博特微）是一家研究、开发、制造和销售半导体和各种基础用磨料的美国公司，于 2002 年在三重县津市建立了日本 Cabot Microelectronics 有限公司（以下简称卡博特微日本）。该公司将在销售、生产和研发相结合的基础上，满足日本国内半导体制造商的需求。

2. 对日投资的成功因素。

（1）日本市场需求量大且选址具有优势。在三重县津市设立公司的原因：第一，投资成本低。就建厂来说，选择在地价低的地方建厂更划算。第二，地理因素。三重县是日本的地理中心，方便与日本全国各地的客户都保持较好的联系。第三，三重县有许多技术型高中以及有许多具有化学背景的人员。可见选址是具有优势的。另外，从同类型企业来看，世界前十名中有五六家是日本企业，可以看出日本市场对半导体磨料的需求量很大。

（2）使用经济产业省的补助金并将美国总部的部分研发职能转移到日本。2005 年，亚太技术中心在津市地芸浓町成立，开始在日本进行研究和开发。当时，卡博特微唯一的研发机构在美国，但中国台湾和韩国的半导体市场正在迅速增长，因此打算在亚洲建立一个应用实验室，为研发工作奠定基础。当时日本的半导体市场的实力是最强的，所以选择了在日本设立公司。2013年，卡博特微利用"亚洲分公司化选址立地推进项目"的补助金，在亚太技术中心建立了一个新的研发点，开发用于节能装置的超硬材料的磨料。一些原本只在美国总部进行的研发职能，已经转移到日本。卡博特微预计随着物联网和自动驾驶技术市场的增长，半导体的供应量将增加，并希望在未来进一步扩大该工厂。

（3）重视与社区的沟通。卡博特微日本非常重视与当地社区的沟通交流。该公司每年都会组织接力赛，每次都有大约300名当地居民参加。此外，员工们每年参加五六次与三重县相关的农业支持活动，并与当地人一起开展各种农业活动。

该公司对日投资的成功因素可以总结为以下三点：

第一，选址具有优势。投资成本低、地理位置便利，以及许多本地人有很强的技术和化学背景。

第二，在三重县政府的介绍下，充分利用经济产业省的补助金，建立一个新的研发基地。

第三，卡博特微日本重视与当地社区的沟通，其员工也积极与当地人互动，与当地居民建立了良好的关系。

（二十六）DSM Japan Engineering Plastics 有限公司（制造·基础建设）

1. 企业的基本信息。Royal DSM N. V.（以下简称 DSM）是一家总部设在荷兰的全球性公司，业务涉及生命科学和材料科学。DSM 在日本有三个子公司，其中 DSM Japan Engineering Plastics 有限公司（以下简称 DJEP）成立于2003年，旨在发展 DSM 的材料科学业务。2013年，在行政机关的支持下，该公司在横滨建立了日本技术中心，研究和开发用于汽车和电器的新一代塑料。

2. 对日投资的成功因素。

（1）充分利用与日本企业的合作，扩大在日业务。自从进入日本市场以来，DSM 的子公司通过与日本企业合作，发展在日业务。就 DJEP 而言，DSM 先是于1997年与一家日本公司建立了合资企业，在日本获得了销售网点并且知名度提高，于2003年单独出资成立 DJEP。

DJEP 的优势在于它的全球供应能力，它还与日本企业进行投资合作，目的是引进日本企业的技术能力并将其扩展到全球。2010年，一家日本化学公司的尼龙树脂业务与大江电机的聚碳酸酯业务进行了交换，尼龙树脂业务并入 DJEP。因此，DJEP 能够满足作为全球供应尼龙树脂的日本跨国公司的需求，销售额也随之增加。通过这种方式，DSM 成功地与日本公司合作，发展其在日本的业务。

（2）在横滨市设立"日本技术中心"，从日本走向亚洲。2013 年，DJEP 在横滨建立了日本技术中心。建立该中心的原因是为了建立一个能够更有效、更快速地向 DJEP 的主要客户——日本汽车制造商和电子制造商提供产品和技术服务的体系。近年来，许多日本制造商在海外建立了生产基地，而产品规格往往是沿用日本的标准。为此，DJEP 在其日本研发基地提供了一致性应用程序开发流程，并配备了最新的分析仪和测试设备。它建立了一个能够根据需求快速提供产品的测试信息的体系，并努力扩大销售渠道，加强对现有客户的支持。

此外，通过将日本技术中心的研发成果提供给客户，DJEP 预计亚洲市场会有进一步增长。同时，业界的关键技术和工程师都集中在横滨，这也有助于 DJEP 在日本建立基地。今后，位于横滨的日本技术中心打算与技术实力较强的日本中小型公司进行开发合作，扩大业务范围。

（3）在国家和地方政府的支持下建立新的研发基地。对 DJEP 来说，经济产业省和横滨市的大力支持对研发基地的建立起到了很大的推动作用。该中心得到了国家和地方政府的补贴，这也有助于与 DJEP 的客户建立信任。

该公司对日投资的成功因素可以总结为以下三点：

第一，DJEP 利用经济产业省的"亚洲分公司化选址立地推进项目"和横滨市的"促进优先产业在横滨市重点产业立地推进补贴制度"，在横滨市建立日本技术中心。

第二，日本有许多汽车和电子制造商在全球开展业务，但产品规格往往沿用日本的标准。在这种情况下，像 DJEP 这样能够向全球供应产品的公司，准确把握住了日本企业的需求，即在日本提供快速产品测试信息。另外，DJEP 有能力雇用不仅熟知化学知识，还熟知机械、部件有关知识的工程师，这些工程师可以用技术术语与客户进行深入的技术讨论，以便根据客户的需求单独开发产品。

第三，该公司通过与高技术能力的日本中小型企业联合开发，扩大了新业务的范围。

（二十七）赢创日本有限公司（制造・基础建设）

1. 企业的基本信息。Evonik Industries AG（以下简称赢创），是一家总部位于德国的化学品制造商，业务遍及 24 个国家（地区）。该公司在 1969 年就进军日本，并从那时起与日本企业建立了合资企业赢创日本有限公司（以下简称赢创日本），与商业伙伴一起发展业务。赢创日本将日本的技术和赢创的技术相结合，并在全球范围内扩张。与此同时，在地方建立了工厂，为当地就业和地方经济作出了贡献。

2. 对日投资的成功因素。

（1）与日本领先的公司建立合资企业，为技术创新和海外扩张作出贡献。赢创在日本建立合资企业来开展业务的理由主要有：第一，比起 100% 由外国企业控股，与实力强大的日本企业合作更容易进行交易。第二，其目的是通过将日本的优势技术与赢创的技术相结合来实现技术革新。

此外，赢创日本在 2011 年成立专门负责新业务和投资合作的部门，以跨越业务部门的界限，适应市场，寻找合适的业务伙伴。由于公司过去没有积极发展新业务，为了进一步发展在日本的业务，专门设立了这个部门来研究日本市场和日本公司。随着新业务发展部的成立，赢创日本积极与其他公司、大学和研究机构合作。

（2）对当地的就业和经济作出贡献。赢创与日本公司建立合资企业，不仅获得了双赢，还为当地的就业和经济作出了贡献。此外赢创日本还在地方对工厂进行大规模投资，提高了工厂的产能，进一步扩大了对亚洲市场的供应。

（3）在政府的支持下在地方建立工厂。赢创日本还积极利用行政机关的支持来开展其业务。赢创日本在建立赢创日本单硅烷工厂时得到了三重县和四日市的支持，该工厂所生产的单硅烷，是一种用于制造太阳能电池和其他产品的特殊气体。四日市为该工厂的建设提供了全面的支持，包括选址审查、相关法律法规的许可工作流程、工厂建设具体时间表的建议、与当地居民的协调和招聘活动。

该公司对日投资的成功因素可以总结为以下三点：

第一，得到了三重县、四日市等行政机关的全力支持，包括工厂的选址和设备投资的补贴。

第二，成立专门负责新业务和投资合作的部门，以跨越业务部门的界限，适应市场，寻找合适的业务伙伴。

第三，日本拥有许多技术实力雄厚的企业，其中存在适合作为商业伙伴的企业。

（二十八）GE Healthcare Japan 有限公司（制造・基础建设）

1. 企业的基本信息。GE 是一家总部设在美国的大型公司，主要制造和销售与飞机、医疗保健、电力等行业有关的产品。GE Healthcare Japan 有限公司（以下简称 GE Healthcare Japan）是成立于 1982 年的日本分公司，但是总公司在日本开展业务已有 100 多年的历史，并与许多日本企业和大学进行了合作。

2. 对日投资的成功因素。

（1）在青森县的共同开发提案下，实施产学官合作。2014 年，GE Health-care Japan 与青森县、弘前大学签署了一项联合研究协议。该协议内容为建立一个发现以阿尔茨海默病为主的大脑疾病迹象并制订相关预防措施的机制。GE 的目标是在全球范围内开发阿尔茨海默病迹象检测和制订预防措施，并特别强调日本市场是一个老龄化较为严重的国家，特别重视日本市场。

（2）难以商业化的产品，已投入实际应用并扩展到世界。2012 年，日本 Carbon 出资 50%，GE 和一家法国飞机发动机制造商各出资 25%，成立了一家量产碳化硅连续纤维的合资公司——NGS Advanced Fiber 有限公司（以下简称 NGS），并于 2016 年建成新工厂。这种碳化硅连续纤维是由一个名为"GE 全球搜索"的部门发现的，该部门位于 GE 全球总部，是一个在全球范围内发现新技术的专门机构。碳化硅连续纤维是一种陶瓷纤维，即使在上千摄氏度的高温中也能保持优异的强度和弹性模量，主要应用于航空航天领域，未来有望在不同领域应用。碳化硅连续纤维已被决定用于下一代飞机发动机系列的陶瓷基复合材料部件，将有助于减轻机身重量，提高耐用性和燃油效率。碳化硅连续纤维虽然难以商品化，但通过与 GE 的生产技术相结合，将日本的技术推向了世界。

该公司对日投资的成功因素可以总结为以下三点：

第一，GE Healthcare Japan 十分重视日本在医疗保健领域的市场，因为日本是一个老龄化问题较为严重的发达国家，并正在寻找政府和学术界的合作伙伴。

第二，青森县是日本预期寿命最短的地区，也是医疗卫生挑战最多的地区之一，正在研究从"如何长寿"到"如何健康地变老"，旨在创造一个可以使老年人充满活力生活的社会。作为其中的一部分，GE Healthcare Japan 对阿尔茨海默病的研究很感兴趣。

第三，弘前大学在脑科学领域具有权威地位，能够在完善前述机制各项功能的同时进行研究和开发。例如，它提供了过去 12 年的研究数据，GE Healthcare Japan 则负责分析大数据。

（二十九）Faurecia Japan 有限公司（制造·基础建设）

1. 企业的基本信息。Faurecia 是世界上销量最大的汽车零部件制造商之一，特别是在座椅等内饰系统方面，拥有顶尖技术。总部在法国。2001 年，在日本成立子公司 Faurecia Japan 有限公司（以下简称 Faurecia Japan）。2012 年在 JETRO 和横滨市的支持下，在横滨建立了一个研发机构，进行汽车座椅的性能评估测试和原型设计。该公司一直与日本主要汽车制造商合作，开发满足他们需求的产品。Faurecia 根据日本大型汽车制造商的需求开发产品，并将其分销到世界各地的分公司。

2. 对日投资的成功因素。

（1）在横滨设立研发基地。自 2001 年成立日本子公司以来，Faurecia 与日本企业合作，在日本开发汽车座椅和汽车内饰产品。同年，与日本大型汽车座椅和内饰部件制造商建立了一家合资企业，开发、生产和销售面向日本大型汽车制造商的汽车座椅。通过这种方式，公司稳步扩大了在日本的业务，不仅与日本企业形成了合作，还支持日本合作伙伴进行海外扩张。但是，由于日本子公司没有开发体系，为了迅速响应日本客户并建立更牢固的关系，2012 年在横滨市设立了研究开发基地。

虽然单从成本上看，中国和印度等城市比日本更具吸引力，但对 Faurecia 来说，在日本建立研发基地意义重大，因为日本大型汽车制造商是十分重要的客户。之所以将分公司设在横滨，是因为合资公司和长期合作公司的总公司都在横滨市，使得业务更加便利。而且与东京相比，租金和水电费等运行成本更低，办公空间更大。此外，横滨市的补贴制度也是决策的一个因素。

（2）建立新的研发机构时利用政府机构的补贴和支持。Faurecia Japan 在横滨建立研发基地时得到了 JETRO 和横滨市的支持。首先，JETRO 提供了关于各种激励措施的信息，该公司申请了"2012 年亚洲分公司化立地推进事业费补贴"项目并被选中。这是支持全球公司在日本建立高附加值基地的补助，包括设施建设费、设备安装费、设施租金等。JETRO 还提供了在日本进行商业活动所需的信息，包括日本汽车市场的概况、汽车相关工程师的信息以及可参加的校园招聘活动清单。此外，还得到了横滨市"企业立地等促进特定地区的支援制度"提供的补贴。

（3）在横滨研发的产品分销至全世界。来自法国的专业工程师已经进驻研发基地，将最先进的技术和知识引入日本，以追求欧洲的质量、耐用性和座椅的舒适性。例如，研发出世界上首个可以检测驾驶员困意和压力并可以通过座椅通风系统的气流来缓解的汽车座椅，已被日本汽车制造商采用。此外，开发的产品将应用于日本大型汽车制造商的海外基地，支持日本企业的海外业务。

建立这个新的研发基地给 Faurecia Japan 带来的最大好处是，能够加强与全球市场份额较大的日本汽车制造商的合作。受益于与日本企业的合作，2014 年与日本大型汽车制造商的交易同比增长超过 20%。此外，Faurecia Japan 计划进一步扩大其在横滨的子公司，并打算未来继续在日本进行投资。

该公司对日投资的成功因素可以总结为以下两点：

第一，在横滨建立研发基地时，收到了 JETRO 提供的各种激励措施及商业活动的信息，并得到了"2012 年亚洲分公司化立地推进事业费补贴"。

第二，Faurecia 与日本大型汽车座椅制造商和内饰件制造商成立合资公司，扩大了业务范围。Faurecia 新成立的研发基地和许多合作伙伴公司的总部都设在横滨。

（三十）华邦电子有限公司（制造·基础建设）

1. 企业的基本信息。华邦电子股份有限公司（以下简称华邦）是一家中国台湾的企业，以代工方式生产半导体存储器，并于 2001 年在日本设立子公司。在聘请日本工程师，成立子公司的基础上，于 2010 年在日本设立研发基地。在与日本大型制造商密切沟通的同时，专注于定制半导体存储器的研发和合同制造。

2. 对日投资的成功因素。

（1）着眼于日本先进的 IT 技术，以强化存储器市场为目的设立日本分公司。自 1987 年成立以来，华邦一直从事半导体存储器的研究、开发、制造和销售。1995 年，华邦与日本一家大型半导体制造商建立了技术合作关系，以提高其技术能力，当时主要从事用于 PC 的标准 DRAM 业务。华邦扩大了与一些日本客户的业务关系，并进一步扩大了与一些日本半导体制造商的合作。在这种情况下，为了更好地为日本客户提供服务，并与合作伙伴公司建立更密切的关系，成立日本公司的念头应运而生。2001 年 1 月，经总公司董事会批准，在神奈川县横滨市成立了全资子公司华邦电子有限公司。

（2）聘请日本大型制造商出身的员工以加强与日本企业之间的关系。日本子公司成立后，以消费电脑通信市场为中心，不断扩大销售业务。此外，招聘了许多优秀人才，以全面进入车载业务。因此，华邦在日本基地建立了从销售到售后服务的一体化体系。目前，包括工业业务在内的车载业务已成为日本子公司的核心业务，并实现了平衡的业务结构。这些成就让公司总部看到了日本子公司的重要性，有助于吸引新的投资。

（3）进一步推进研发。2010 年底，华邦在日本建立了研发基地，以开发新产品。在招聘人才方面，也顺利地聘请到优秀的设计人员，在较短时间内构建了产品设计体系。本着区别于其他主要制造商的经营方针，在日本子公司也顺利地取得了投资成果。

该公司对日投资的成功因素可以总结为以下两点：

第一，在进入日本市场之前，通过与日本制造商的合作，熟知了日本的商业习惯，顺利进行了销售渠道开发等各种商业基础设施的建设和维护。

第二，在建立研发基地的过程中，华邦招募到优秀的日本员工，不仅包括设计师，还包括营销人员，使其能够建立一个从研发到营销、产品技术和质量有保证的业务体系。

二、外国企业对日投资的成功因素的总结

对以上 30 家外国企业的调查中，我们逐一分析和总结了每一家企业对日本投资的成功因素，并从这些成功因素中归纳出最具共性的四点，即行政机关的支持、对日本市场的正确认识、优秀人才的确保以及寻找互补的合作伙伴。

1. 行政机关的支持。日本行政机关为在日投资提供各种支持，为企业进军日本和扩大投资提供了便利。

（1）提供市场信息。日本政府可以提供关于市场趋势、行业情况、消费者需求等方面的信息，帮助外国企业全面了解日本市场并做出准确的商业决策。政府机构如经济产业省和外务省等负责向外国企业提供这些信息。

（2）人才招聘与支持。日本政府通过一系列举措支持外国企业在日本招聘和留用优秀人才，包括提供劳动力和移民政策的指导，协助企业与高校和职业培训机构建立联系，以及提供培训和技术援助等。这些支持可以帮助外国企业获取适应日本市场的人才资源。

（3）文化和商业配对支持。政府机构还可以协助外国企业融入日本文化和商业环境，提供相关信息和资源，帮助企业了解日本的商务礼仪、惯例和沟通方式。此外，政府还可以介绍具有互补功能的合作伙伴，促进商业配对和合作，提供商务支持，帮助企业拓展业务网络。

（4）提升知名度和信任度。通过与行政机关合作并得到其支持，外国企业可以提高在日本的知名度和信任度。政府的介绍和背书可以帮助外国企业在与日本企业进行交涉时建立起更好的信任关系，从而更好地开展业务合作。

总而言之，日本行政机关的支持为外国企业投资和扩大在日本的业务提供了便利。政府的相关支持措施可以帮助外国企业充分了解市场、招聘优秀人才、与合适的合作伙伴进行商业配对，并提高自身知名度和信任度。这些支持措施对于

外国企业在日本市场的成功投资至关重要。

2. 对日本市场的正确认知。对于外国企业来说，正确认知日本市场的吸引力和本公司产品及服务的适应力是进军任何市场的重要问题，对此，日本行政机关一直在努力提供更全面的市场信息支持。

日本行政机关通过网站等渠道提供了更广泛和细分的市场信息，以帮助外国企业更好地了解日本市场的机会和挑战，有助于企业作出更明智的投资决策。政府的网站可能包含各种市场研究报告、行业分析、消费者趋势、竞争情报以及商业环境的综合信息等。

此外，日本行政机关还积极与地方政府和相关行业协会等合作，共同提供针对特定市场部门的详细信息。这样的合作可以提供更深入的洞察力，例如，特定行业的市场规模、市场趋势、法规要求、竞争对手情况等。这种按市场部门细分的信息对企业来说非常有价值，可以帮助他们更准确地评估市场潜力，并基于此做出投资决策。

虽然市场信息的提供仍然是一个不断发展的领域，但日本行政机关正不断努力提供更丰富和细化的市场信息，以帮助外国企业更好地了解和进军日本市场。对于资源和预算有限的企业来说，利用行政机关提供的这些市场信息可以节省时间和成本，为其在日本开展新业务提供更有效的支持和指导。

3. 优秀人才的确保。确保优秀人才对外国企业来说是一个重要问题，特别是在日本。外国公司在日本可能面临招聘拥有多种技能的人才（如技术、销售和语言技能）的困难。为了解决这个问题，有必要考虑一系列可能的措施。

（1）充分利用行政机关的支持和补助。日本的行政机关为吸引外国企业和人才提供了一些支持和补助措施，例如招聘补助、人才培训补贴等，外国企业可以积极了解并利用这些机会。这些措施可以在招聘过程中提供经济上的帮助和支持。

（2）聘用外部专家。为了满足多种技能需求，外国企业可以考虑聘用外部专家或招聘代理机构。这些专家和机构通常拥有丰富的行业经验和网络资源，可以帮助企业快速找到符合要求的人才。外部专家可以提供专业的人才招聘服务，在从筛选候选人到组织面试和签约等环节提供支持。

（3）建立合作关系。外国企业可以与当地大学、研究机构、行业协会等建立合作关系，共享人才资源。通过与这些机构进行合作，企业可以直接接触到具备相关技能和专长的人才，例如，通过实习项目、校园招聘或合作研发等方式引入人才。

（4）培养和发展本地人才。外国企业可以投资于人才培训和发展计划，培养和提升本地人才的技能，包括提供培训机会、参与学术合作项目、提供职业发展规划等。通过这种方式，可以更好地满足企业自身的人才需求，并根据业务发展的需要培养本地团队。

（5）建立有吸引力的工作环境和文化。外国企业可以通过提供具有竞争力的薪酬福利、良好的工作环境和文化来吸引优秀人才。关注员工的专业发展和个人发展需求、提供良好的福利待遇、灵活的工作安排和有挑战的职业发展路径等，可以提高企业的吸引力。

综上所述，通过充分利用行政机关的支持和补助，与外部专家合作，与当地机构建立合作关系，培养本地人才以及提供有吸引力的工作环境和文化，外国企业可以更好地解决在日本优秀人才的难题。

4. 寻找互补的合作伙伴。对于外国企业来说，获得商业伙伴是一条成功的捷径，可以在早期阶段获得日本客户并沿用以往的商业习惯发展业务。虽然许多外国企业在进入日本市场时都在寻找合作伙伴，但与日本企业建立关系并不容易，特别是寻找地方企业或中小型企业作为合作伙伴时，可能本身就不容易。以下是几种可能寻找互补的商业合作伙伴的途径。

（1）行业展会和商业活动。参加行业展会、商业活动和交流会议是与日本企业建立联系的一个重要途径。这些活动提供了一个平台，让外国企业与日本企业进行面对面的交流和互动，有机会找到具有互补优势的合作伙伴。

（2）商业协会和商会。加入相关的商业协会和商会可以帮助外国企业接触到更多的日本企业。这些组织通常通过组织会议、研讨会和社交活动，为企业提供建立合作伙伴关系的机会。

（3）参与商业配对项目。一些行政机构和商业组织会组织商业配对项目，旨在促进外国企业和日本企业之间的合作。这些机构会根据企业的需求和兴趣，帮助寻找具有互补优势的合作伙伴，并提供支持和指导。

（4）寻求专业咨询和中介服务。在日本有一些专门的咨询和中介机构，可以帮助外国企业寻找合适的商业合作伙伴。这些机构通常具有丰富的市场经验和专业网络，在商业配对过程中提供支持和指导。

（5）社交媒体和在线平台。利用社交媒体和在线平台，如 LinkedIn、专业论坛和商业网络，可以扩大在日本寻找合作伙伴的范围。通过发布相关信息、参与讨论和建立联系，外国企业可以吸引潜在的合作伙伴。

同时，行政机构在促进商业配对方面扮演着重要角色。他们可以组织商务洽谈会、商业对接活动，提供商业信息和数据库，并提供支持和咨询服务，帮助外国企业和日本企业建立互利共赢的关系。

总之，寻找互补的合作伙伴需要外国企业积极参与各种商业活动，利用行业展会、商业组织、咨询机构等资源，同时亦可依赖行政机构的支持和推动来提供商业配对机会。通过多种途径，外国企业可以增加与日本企业建立合作关系的机会，进一步推动双方的业务发展。

上述这四个因素共同作用，可以提高对日投资的成功机会，并降低投资风险。当外国企业在日本市场注重政府支持、准确理解市场需求、拥有优秀人才和与合适的合作伙伴合作时，可以更好地实现业务目标，并实现可持续的成功。

三、对中国企业的借鉴意义

通过对上述 30 家企业成功因素的分析和总结，可以为中国企业带来以下的借鉴意义。

1. 拓展市场机会。了解外国企业对日本的投资意向和行为可以帮助中国企业捕捉到日本市场的机会。外国企业的投资可能带来新的商机和合作机会，为中国企业开拓日本市场提供有益的信息和洞察。

（1）投资方向。了解外国企业在日本的投资方向可以揭示市场上的机会和趋势。例如，某些外国企业可能对日本的新兴产业、高科技行业或特定的地区感兴趣。通过关注外国企业的投资领域，中国企业可以发现潜在的合作机会，并调整自己的市场战略以迎合这些趋势。

（2）商业合作。外国企业的投资可能带来新的商机和合作机会。当外国企业进入日本市场时，它们通常需要与当地企业建立业务联系和合作关系。中国企业可以利用这个机会寻找与外国企业合作的可能性，提供产品或服务，或共同开展项目。这种合作可以为中国企业在日本市场上建立声誉、拓展客户群以及共同开发新市场提供机会。

（3）洞察市场趋势。外国企业对日本市场的投资行为可能反映了市场趋势和需求变化。通过跟踪外国企业的投资行为和战略，中国企业可以洞察市场的发展方向和趋势，及时调整自己的业务策略和产品定位，以满足市场需求。为了获取这些信息和洞察，中国企业可以进行市场研究、关注行业报告和新闻、参加行业展会和商业活动，以及建立与外国企业的业务联系和合作关系。此外，与政府机构、商业组织和专业咨询机构合作也可以获取有关外国企业在日本市场的投资意向和行为的信息和洞察。

（4）吸取经验教训。外国企业在进入日本市场时可能经历了一系列的挑战和学习过程。了解外国企业的经验教训可以帮助中国企业避免类似的错误和困难。

总而言之，了解外国企业在日本市场的投资意向和行为对于中国企业拓展市场机会至关重要。通过获取相关信息和洞察，中国企业可以找到潜在的合作机会，洞察市场趋势，并从外国企业的经验教训中受益，从而更好地开拓日本市场。

2. 学习经验和最佳实践。外国企业对于进入日本市场可能积累了丰富的经验和知识，包括市场营销策略、供应链管理、产品定位等方面。通过了解外国企业的投资行为，中国企业可以从以下几个方面借鉴外国企业的成功经验和最佳做法，提升自身的国际化能力。

（1）市场营销策略。外国企业通常在进入日本市场时会制订针对当地消费者的市场营销策略，包括了解消费者习惯、喜好和文化特点，以及采用适当的市场推广手段和渠道。中国企业可以研究外国企业的市场营销策略，根据其在日本市场的成功经验调整自己的策略，以更好地吸引和满足当地消费者的需求。

（2）供应链管理。外国企业可能在进入日本市场时面临供应链管理方面的挑战，包括物流、质量控制和供应商管理等。通过了解外国企业在日本的供应链管理策略和实践，中国企业可以学习到高效的物流运作、严格的质量控制标准，以及与供应商建立稳定合作关系的重要性。这些经验可以帮助中国企业优化自己的供应链管理，提高产品的交付效率和质量水平。

（3）产品定位。外国企业在进入日本市场时通常会根据当地消费者的需求和偏好对产品进行调整和定位。中国企业可以借鉴外国企业在产品定位方面的经验，了解如何根据日本的市场需求进行产品特性和定价的调整，从而更好地满足当地消费者的需求。

（4）品牌建设。外国企业进入日本市场后，会致力于品牌建设和提升品牌知名度。他们可能采用多种推广手段，如市场宣传、赞助活动和社交媒体营销等。通过研究外国企业在日本市场的品牌建设策略，中国企业可以学习到有效的品牌推广方法和策略，从而在日本市场树立自己的品牌形象。

总而言之，通过了解外国企业在日本市场的投资行为和成功经验，中国企业可以学习和借鉴他们在市场营销、供应链管理、产品定位和品牌建设方面的最佳做法。这将有助于提升中国企业的国际化能力，并更好地适应和开拓日本市场。

3. 竞争与合作。外国企业的投资在一定程度上会对本地企业构成竞争压力，中国企业了解外国企业在日本市场的投资情况后可以及时调整自身战略，提高竞争力。此外，中国企业也可以寻求与外国企业进行合作，共同在日本市场发展，实现互利共赢。

外国企业在日本市场的投资可能带来竞争压力，如在品牌知名度、市场份额和技术实力等方面的竞争。通过了解外国企业在日本市场的投资情况，中国企业可以更好地了解竞争对手的优势和策略，从而有针对性地调整自身的发展战略和市场定位，提高自身在日本市场的竞争力。

除了竞争，中国企业还可以积极寻求与外国企业的合作机会，共同在日本市场发展，实现双方的互利共赢。通过与外国企业合作，中国企业可以借鉴其先进的管理经验、创新能力和技术优势，提升自身的国际化水平。合作还可以带来资源共享、市场拓展和风险分担等好处，有助于双方在竞争激烈的日本市场中更好地发展。

在竞争和合作的背景下，中国企业还可以采取其他策略来提高其在日本市场的竞争力和国际化能力，例如：

（1）不断创新。注重产品和服务的创新，不断满足日本消费者的需求，并与市场趋势保持同步。

（2）加强品牌建设。构建具有辨识度和竞争力的品牌形象，提升在日本市场的认知度和好感度。

（3）提升质量和服务水平。注重产品质量和用户体验，提供出色的售后服务和支持，以增强竞争力。

（4）深入了解日本市场。研究日本市场的文化、消费者行为和法规政策，并根据市场需求进行灵活调整。

总而言之，了解外国企业在日本市场的投资情况可以帮助中国企业在竞争中及时作出调整并提高竞争力。同时，积极寻求与外国企业的合作，共同开拓日本市场，可以达到资源共享和互利共赢的效果。

4. 改善投资环境。外国企业对日本的投资活动代表着对日本投资环境的评估和反馈。中国企业了解外国企业投资时面临的挑战和困难后，可以帮助日本政府和相关机构改善投资环境，提供更好的投资机会和待遇，进一步促进和吸引更多的外国投资。

（1）改善投资环境。中国企业了解外国企业在日本投资时可能面临的挑战，例如，法律法规、准入限制、行政审批程序、知识产权保护等方面的问题。这些困难对中国企业来说也可能是共通的问题。通过与日本政府和相关机构的沟通和合作，中国企业可以传递外国企业的反馈，帮助日本改善投资环境，降低投资壁垒，加强法治保障，提供更好的经营条件和市场机会，进一步吸引外国投资。

（2）促进互利共赢。通过了解外国企业投资时面临的挑战和困难，中国企业可以与外国企业共同寻求解决方案，开展合作，形成互利共赢的局面。例如，在政府层面上，中国企业可以与日本政府共同推动双边投资协议的签署和实施，为中日两国企业提供更好的投资环境和保护机制。

（3）促进投资合作。中国企业可以利用自身的资源和经验，在日本市场与外国企业展开项目合作，共同投资开展业务。这种合作不仅可以为中国企业带来新的市场机会和技术经验，也可以提升日本投资环境的吸引力，为外国企业提供更好的投资机会。

总而言之，中国企业了解外国企业在日本投资时面临的挑战和困难，可以为日本政府和相关机构改善投资环境提供有价值的反馈和建议。通过积极参与和合作，中日两国企业可以共同推动投资合作，实现互利共赢的局面，促进日本的经济发展和国际竞争力的提升。

综上所述，了解外国企业对日本的投资行为对中国企业来说具有战略意义。这种了解可以帮助中国企业把握市场机会，学习经验和最佳实践，应对竞争压力，开展合作，并推动投资环境的改善，从而实现更好的发展和获取竞争优势。

参考文献

［1］浜本道正.1995.日本型会計システムの特質とその成立基盤［J］.會計,147（4）：1 - 16.

［2］濱田明子.2018.BEPS プロジェクト後の独立企業原則と源泉地国の課税権［J］.明星大学経済学研究紀要,49（1・2）：39 - 47.

［3］薄井彰.2015.会計制度の経済分析［M］.中央経済社.

［4］渡辺和夫.2004.戦後における財務諸表体系の変遷［J］.商学討究（小樽商大）,（3）.

［5］冈田裕正,谢少敏,邱义红.2010.日本企业会计制度及其国际化进程［J］.新会计,（2）.

［6］岡田裕正.2003.資産負債アプローチの計算構造［J］.経済学研究（九州大学）,69（3・4）.

［7］岡田裕正.2010.収益費用アプローチの計算構造［J］.経営と経済（長崎大学）,90（3）.

［8］光冨眞哉.2019.日立における鉄道ビジネスのグローバル化［J］.明治大学社会科学研究所紀要,57（2）.

［9］広瀬義州.2011.財務会計［M］.10 版.中央経済社.

［10］吉村政穂.2016.移転価格税制と無形資産——BEPS 最終報告書の公表を受けて［J］.租税研究,471 - 493.

［11］角ヶ谷典幸.2011.ホリスティック観：国際会計の概念フレームワーク,国際会計研究学会・スターディ・グループ中間報告書［R］.

［12］角ヶ谷典幸.2011.日本の会計制度改革—会計ビッグバンと財務報告のコンバージェンス［J］.會計,180（3）：45 - 59.

［13］井出裕子.2018.移転価格税制における「評価困難な無形資産」に係る［J］.千葉商大論叢,56（2）：143 - 199.

［14］弥永真生 . 2007. コンメンタール会社計算規則・商法施行規則［M］. 商事法務.

［15］末永英男 . 2016. 法人税法会計論［M］. 8 版 . 中央経済社.

［16］年金積立金管理運用独立行政法人 . 2019. ESG に関する情報開示についての調査研究［R］.

［17］平松一夫 . 2012. 会計基準・会計教育の国際化と日本の対応［J］. 會計，181（1）：93 – 105.

［18］斉藤真哉 . 2005. 財務諸表の構成要素［J］. 企業会計，57（1）.

［19］斉藤真哉 . 2012. 財務諸表の体系の変化［J］. 企業会計，64（1）.

［20］企業会計基準委員会 . 2006. 討議資料財務会計の概念フレームワーク［R/OL］. https：//www. asb. or. jp/jp/wp-content/uploads/begriff_20061228. pdf.

［21］企業会計基準委員会 . 2007. 企業会計基準委員会と国際会計基準審議会は2011 年までに会計基準のコンバージェンスを達成する「東京合意」を公表［EB/OL］. https：//www. asb. or. jp/asb/asb_j/press_release/overseas/pressrelease_20070808. pdf.

［22］企業会計基準委員会 . 2008. 東京合意に掲げた短期コンバージェンス項目の終了にあたって［R/OL］. https：//www. asb. or. jp/asb/asb_j/press_release/overseas/pressrelease_20081226. jsp.

［23］企業会計基準委員会 . 企業会計基準［EB/OL］. https：//www. asb. or. jp/jp/accounting_standards/accounting_standards. html.

［24］企業会計審議会 . 1998. 連結財務諸表制度の見直しに関する意見書［R］.

［25］企業会計審議会企画調整部会 . 2009. 我が国における国際会計基準の取扱いについて（中間報告）［R/OL］. http：//www. fsa. go. jp/news/20/20090616 – 1. html.

［26］企業会計審議会企画調整部会 . 2013. 国際会計基準（IFRS）への対応のあり方に関する当面の指針［EB/OL］. https：//www. fsa. go. jp/news/24/sonota/20130620 – 2/01. pdf.

［27］千代田邦夫，李文忠，李敏 . 2006. 日本会計［M］. 上海：上海財経大学出版社.

［28］日本たばこ産業ホームページ：https：//www. jti. co. jp/.

［29］日本たばこ産業株式会社 . 2009. アニュアルレポート.

［30］日本財務省.2022. 国の税金の仕組み［EB/OL］. http：//www. mof. go. jp.

［31］日本朝日グループホールディングスホームページ：https：// www. asahigroup-holdings. com/.

［32］日本国税庁.2007. 法人の減価償却制度の改正に関するQ&A［EB/ OL］. http：//www. nta. go. jp /shiraberu/zeiho-kaishaku/joho-zeikaishaku/hojin/h19/ genkaqa. pdf.

［33］日本国税庁.2007. 平成19年度法人の減価償却制度の改正のあらまし［EB/OL］. http：//www. nta. go. jp/shiraberu/zeiho-kaishaku/johozeikaishaku/ho-jin/h19/genka. pdf.

［34］日本国税庁.2012. 平成23年12月改正法人の減価償却制度の改正に関するQ&A［EB/OL］. https：//www. nta. go. jp/publication/pamph/hojin/kaisei-gaiyo2011/pdf/1112kaisei_ faq. pdf.

［35］日本国税庁.2017. 平成27年度分会社標本調査［EB/OL］. http：// www. nta. go. jp/publication/statistics/kokuzeicho/kaishahyohon2015/pdf/kekka. pdf.

［36］日本国税庁.2017. 移転価格に関する国税庁の取組方針［EB/OL］. https：//www. nta. go. jp.

［37］日本国税庁.2022. 第146回国税庁統計年報書（令和2年度版）［EB/OL］. https：//www. nta. go. jp/publication/statistics/kokuzeicho/r02/R02. pdf.

［38］日本国税庁.2022. 調査結果の概要［EB/OL］. https：// www. nta. go. jp/publication/statistics/kokuzeicho/kaishahyohon2020/pdf/kekka. pdf.

［39］日本国税庁.2022. 移転価格税制の適用に当たっての参考事例集［EB/OL］. https：//www. nta. go. jp.

［40］日本金融庁，東京証券取引所.2015. Japan Corporate Governance Code.

［41］日本金融庁.2004.2004年3月期におけるいわゆるレジェンド問題について［EB/OL］. http：//www. fsa. go. jp/news/newsj/15/singi/f－20040617_ sir/04. pdf.

［42］日本金融庁.2009. 欧州連合（EU）における会計基準の同等性評価について［EB/OL］. http：//www. fsa. go. jp/inter/etc/20090107. html.

［43］日本金融庁.2014. Japan Stewardship Code.

［44］日本金融庁.2017. Japan Stewardship Code.

［45］日本金融庁.2018. Japan Stewardship Code.

［46］日本金融庁 . 2020. Japan Stewardship Code.

［47］日本経済安定本部 . 1949. 企業会計制度対策調査会中間報告［R］.

［48］日本経済産業省 . 2021. 令和 4 年度税制改正に関する経済産業省要望［R］.

［49］日本経済貿易工業部 . 2017. Guidance for Collaborative Value Creation［R］.

［50］日本経済団体連合会 . 2003. 会計基準に関する国際的協調を求める（概要）［EB/OL］. http：// www. keidanren. or. jp/japanese/policy/2003/096/gaiyo. html#ref1.

［51］日本貿易振興機構 . 2022. http：//www. jetro. go. jp/invest.

［52］日本取引所グループ，東京証券取引所 . 2021. ESG 情報開示実践ハンドブック［R］.

［53］日本取引所グループ. 2022. IFRS 適用済・適用決定会社数［EB/OL］. http：//www. jpx. co. jp/equities/improvements/ifrs/02. html.

［54］日本取引所グループ. 2023. 上場会社数・上場株式数［EB/OL］. http：//www. jpx. co. jp/listing/co/index. html.

［55］日本総務省 . 2015. 平成 26 年経済センサス——基礎調査（確報）結果の公表[EB/OL]. http：//www. stat. go. jp/data/e-census/2014/pdf/kaku_yoyaku. pdf.

［56］日本租税研究協会 . 2017. 移転価格ガイドライン——多国籍企業と税務当局のための移転価格算定に関する指針［R］.

［57］日立評論ホームページ：https：//www. hitachihyoron. com/jp/.

［58］日立製作所ホームページ：https：//www. hitachi. co. jp/.

［59］若杉明 . 2004. 最新財務諸表論［M］. ビジネス教育出版社.

［60］若杉明 . 2012. 資本会計制度の変遷［J］. LEC 会計大学院紀要，（10）：69.

［61］山田辰巳 . 2009. 会計基準の国際的統一の意義と課題［J］. 企業会計，61（8）.

［62］神山弘行 . 2013. 無形資産と課税——近年の国際的潮流とその課題［J］. 租税研究，79 – 92.

［63］石井徹 . 2021. 特集国際課税の動向と執行の現状：移転価格における無形資産の取扱い等を踏まえて［J］. 国際税務，14 – 26.

［64］石人瑾，根本光明 . 1996. 中日会计审计制度比较：日本的会计与审计

制度［M］．上海：立信会计出版社．

　　［65］首藤恵．2002.アングロアメリカン型企業ガバナンスと機関投資家の役割［M］．会計環境学出版会．

　　［66］汤森路透：https：//www.thomsonreuters.com/en.html.

　　［67］世界证券交易所联合会．2018.ESG 指南与评价指标［Z］．

　　［68］藤田昌也，奥薗幸彦．2008.会社法分配可能額の計算［M］．同文舘．

　　［69］田昆儒，昆诚一．2002.中日会计模式比较研究［M］．北京：经济科学出版社．

　　［70］田中建二．2021.財務会計入門［M］．6 版．中央経済社．

　　［71］窪田真之．2012.投資家から見た統合報告書の利用価値［J］．企業会計，（10）．

　　［72］望月文夫．2005.移転価格税制における残余利益分割法：無形資産に対応した方法の模索［J］．経営学研究論集，22（2）：53 – 70.

　　［73］望月文夫．2014.最適方法ルールと日本の利益分割法に関する考察［J］．経営学研究論集，61（1）：479 – 500.

　　［74］望月文夫．2016.OECD の無形資産と今後の展開について［J］．租税研究，393 – 419.

　　［75］相澤哲．2005.新・会社法——旧新対照条文［M］．商事法務．

　　［76］蟹江章．2001.会計基準の設定主体と設定プロセスのあり方に関する一考察：わが国における現状，動向および課題［J］．経済学研究（北海道大学），51（2）：73 – 96.

　　［77］新貝康司．2015.JT の M&A 日本企業が世界企業に飛躍する教科書［M］．日経 BP 社．

　　［78］新井清光，白鳥庄之助．1991.日本における会計の法律的及び概念的フレームワーク［J］．JICPAジャーナル，（435）：28 – 33.

　　［79］新井清光，川村義則．2011.新版現代会計学［M］．12 版．中央経済社．

　　［80］新井清光．1999.日本の企業会計制度：形成と展開［M］．中央経済社．

　　［81］永野則雄．2000.ケースブック会計学入門［M］．新世社．

　　［82］永野則雄．2007.ケースブック会計学入門［M］．3 版．新世社．

　　［83］斎藤静樹．2010.コンバージェンスの岐路とIFRSの求心力［J］．企業

会计，62（2）：6－13.

［84］斎藤静樹. 2007. 投資の成果とリスクからの解放［J］. 企業会計，59（1）.

［85］佐藤正勝. 2020. 移転価格税制の主要な改正の内容——BEPS 対応の総仕上げ［J］. 会計プロフェッション，（15）：43－67.

［86］PwC あらた有限責任監査法人. 2021. ESG 情報開示における日本企業の現状と課題［R］.

［87］Baker, C. R., Biondi, Y., Zhang. 2010. Disharmonyin International Accounting Standards Setting: The Chinese Approach to Accounting for Business Combinations［J］. Critical Perspectiveson Accounting, 21（2）：107－117.

［88］Cools, M., Emmanuel, C. 2006. Transfer Pricing the Implications of Fiscal Compliance［J］. Handbook of Management Accounting Research,（2）：573－585.

［89］Cools, M., Slagmulder, R. 2009. Tax-Compliant Transfer Pricing and Responsibility Accounting［J］. Journal of Management Accounting Research,（21）：151－178.

［90］Cools, M. 2003. Increased Transfer Pricing Regulations what about the Managerial Role of Transfer Pricing?［J］. International Transfer Pricing Journal, 10（4）：134－140.

［91］Franks, J., Mayer, C. 1997. Corporate Ownership and Control in the U. K., Germany, and France［J］. Journal of Applied Corporate Finance, 9（4）：30－45.

［92］Gernon, H., Wallace, R. S. C. 1995. International Accounting Research: A Review of its Ecology, Contending the Ories and Methodologies［J］. Journal of Accounting Literature, 14（1）：54－106.

［93］GSIA. 2019. 2018 Global Sustainable Investment Review［Z］.

［94］Hackethal, A., Schmidt, R. H., Tyrell, M. 2005. Banks and German Corporate Governance: On the Way to a Capital Market based System［J］. Corporate Governance, 13（3）：397－407.

［95］Hellmann, A., Perera, H., Patel, C. 2010. Contextual Issues of the Convergence of International Financial Reporting Standards: The Case of Germany［J］. Advances in Accounting, 26（1）：108－116.

［96］Hofstede, G. 2001. Cultures Consequences: Comparing Values, Behaviors,

Institutions, and Organizations across Nations [M]. 2nd ed. London: Sage Publications.

[97] Hoshi, T. , Kashyap, A. 2001. Corporate Financing and Governance in Japan: The Road to the Future [M]. Gambridge: The MIT Press.

[98] IIRC. 2021. The International (IR) Framework [R/OL]. https: //integratedreporting. org/wp-content/uploads/2021/01/International Integrated Reporting Framework. pdf.

[99] Kaplan, S. N. 1997. Corporate Governance and Corporate Performance: A Comparison of Germany, Japan and the U. S [J]. Journal of Applied Corporate Finance, 9 (4): 86 - 93.

[100] Karr, S. S. 2008. Climbing the Learning Curve [J] . Financial Executive, (6): 46 - 49.

[101] Kikuya, M. 2001. International Harmonization of Japanese Accounting [J]. Standards Accounting [J]. Business & Financial History, 11 (3): 349 - 368.

[102] Koga, C. , Rimmel, G. 2006. Accounting Harmonisation and Diffusion of International Accounting Standards: The Japanese Case [M] //Godfrey, J. M. , Charlmers, K. Globalisation of Accounting Standards Cheltenham: Edward Elgar Publishing: 218 - 237.

[103] Konzelmann, S. J. 2005. Varieties of Capitalism: Production and Market Relations in the USA and Japan [J]. British Journal of Industrial Relations, 43 (4): 593 - 603.

[104] Leuz, C. , Wustemann, J. 2003. The Role of Accounting in the German Financial System Working Paper, (16): 1 - 48.

[105] OECD. 2014. Two - Part Report to G20 Developing Working Group on the Impact of BEPS in Low Income Countries [R].

[106] OECD/G20. 2018. OECD/G20 Inclusive Framework on BEPS [R].

[107] OECD/G20, 2015. Base Erosion and Profit Shifting Project Aligning Transfer Pricing Outcomes with Value Creation, ACTIONS 8 - 10: 2015 Final Reports [R].

[108] OECD/G20, 2015. Base Erosion and Profit Shifting Project Explanatory Statement, Final Reports [R].

[109] Perera, H. , Baydoun, N. 2007. Convergence with International Financial Reporting Standards: The Case of Indonesia [J]. Advancesin International Account-

ing, (20): 201 – 224.

[110] Rossing, C. P., Pearson, T. C., Nesimi, A. 2016. Strategic Control of Transfer Pricing in a BEPS Context [J]. International Transfer Pricing Journal, 23 (3): 223 – 231.

[111] Schmidt, R. H., Spindler, G. 2002. Path Dependence, Corporate Governance and Complementarity [J]. International Finance, 5 (3): 311 – 333.

[112] Schmidt, R. H., Spindler, G. 2006. On the Convergence of National Corporate Governance Systems: A Note on Braendle and Noll [J]. The Journal of Interdisciplinary Economics, (17): 83 – 97.

[113] Schmidt, R. H., Tyrell, M. 2004. Information Theory and the Role of Intermediariesin Corporate Governance [J]. Working Paper Series (Finance & Accounting), (142): 1 – 31.

[114] Tsunogaya, N., Okada, H., Patel, C. 2011. The Case for Economic and Accounting Dualism: Towards Reconciling the Japanese Accounting System with the Global Trend of Fair Value Accounting [J]. Accounting, Economics, and Law, 1 (2): 1 – 53.

[115] Vogel, S. K. 2006. Japan Remodeled: How Government and Industry are Reforming Japanese Capitalism [M]. New York: Cornell University Press.

[116] WBCSD. 2019. Reporting Matters 2019 [R/OL]. https://www. wbcsd. org/Programs/Redefining-Value/External-Disclosure/Reporting-matters/Resources/Reporting matters-2019.

[117] Zarb, B. 2006. The Quest for Transparency in Financial Reporting [J]. The CPA Journal, 76 (9): 30 – 33.